建築のデザイン・コンセプト
ARCHITECTURAL
DESIGN
CONCEPTS

今井公太郎・大河内学・南 泰裕・山中新太郎 著

デザイン=溝端 貢

CONTENTS

はじめに／本書の利用方法　004

I　幾何学
01　内と外の境界線　008
02　空間に孔をあける　014
03　曲面で構成する　022
04　キューブの演算　030
05　連続体　036

II　象徴
06　表層と装飾　044
07　柱から考える　050
08　形態のメタファー　058
09　言語と記号　064
10　世界を埋め込む　070

III　経験
11　時間の積層　078
12　異化作用　082
13　透明性　088
14　中庭　096
15　知覚の現象学　102

IV　環境
16　光と部屋　110
17　空間を覆う　116
18　開放と閉鎖　124
19　内部に環境をつくる　130
20　地形と建築　136

V　関係
21　フレキシビリティ　142
22　組み立てること　150
23　有機的建築　156
24　群　164
25　フォームとシェープ　170

マスターピース 50 作品解説　176
おわりに　193
クレジット　194

建築のデザイン・コンセプト

執筆分担

今井公太郎
01 07 11 12 16 19 22 25

大河内学
02 03 06 17 20 21 23

南 泰裕
04 08 09 14 15

山中新太郎
05 10 13 18 24

企画・編集協力

槻橋 修

はじめに／本書の利用方法

　本書は、建築の初学者が、設計に臨むための教科書・参考書である。設計の演習や課題で、初学者にとって最も困難な壁は、何を手掛かりに考え始めたらよいかがまったく分からないという点であろう。深く考えるほど、「設計者は何をすればよいのか？」「問題は何なのか？」「設計者は必要なのか？」といった根源的な問いが湧いてくる。設計は、数学のように出題者から明確な問題が与えられて、それを解けばよいという類のものではない。むしろ「与えられた条件の中で、問題を自分で発見し、それを自ら鮮やかに解いてみせる」＝「コンセプトを表現する」ことで、問題を見出した設計者の状況分析力、設定した問題の展開可能性、問題に対する具体的な解答のセンスがいかに優れているかを、同時に表現するようなものである。だから、案を指導者に見せるとまず、「コンセプトは何ですか？」と聞かれる。しかし、設計の初学者は、既存の問題設定、あるいはコンセプトにどのようなものがあるのかを知らないので答えに窮する。そこで本書では、設計のための基礎知識として、基本的なコンセプトについて具体的に解説を試みている。そして、設計のコンセプト・メーキングに入るきっかけとして読者が本書を利用することを期待している。

　建築を設計するにはコンセプトが必要である。建築のコンセプトが成立する条件は、その建築を建てる意味、造形のルールなどの抽象的な原理（アルケー）に加えて、構造や素材、方法、環境的な工夫など、具体的な技術（テクネー）の両方の水準でのアイデアを組み合わせる必要がある。したがって、本書ではその両面において、バランスよく知識を配置することを心掛けた。抽象的な話に終始せずに、可能な範囲で現実的、技術的な話題を取り入れるためには、優れた設計の事例を用いるのが適切である。このため著者らは合議して、世界的なレベルにあると考えた、優れたコンセプトを伴う建築作品をマスターピースとして選んでいる。これらはコンセプトを解説するために便宜的に選んだものである。優れた作品は、さまざまな観点で同時に優れており、複数のコンセプトを同時に表現していることが多い。そのため、本書においてはコンセプトとの対応においても、便宜的な選定になっている。選ばれた作品は、歴史家やジャーナリズムだけでなく、社会からも高く評価され、愛されている作品が少なくない。ここで選定された作品は、これから設計を学習し、将来、建築家としてプロになりたいと考えている人であれば、是非とも知っておいてはしいものばかりである。

　1つの優れた事例を取り上げて詳しく解説しようとすると、個別の事情の話になってしまい、かえってコンセプトが抽出しづらくなる。そこで、本書では、2つの作品を比較しながら、それらを貫くコンセプトについて議論を進めている。この方法は、建築批評家のコーリン・ロウが「透明性」について議論するために、ワルター・グロピウスが設計したバウハウス・デッサウ（1926年）と、ル・コルビュジエが設計した国際連盟のコンペ案（1927年）を比較して、「虚の透明性」という独自のコンセプトを抽出した方法を大いに参考にしている（『マニエリスムと近代建築』コーリン・ロウ、伊東豊雄・松永安光訳、彰国社、1981年）。

これらのことから、本書には以下の特長が与えられている。

25のデザイン・コンセプト

　本書では、現代建築の設計のためには不可欠と考えられる25個のコンセプトと、巧みにそのコンセプトを表現しているマスターピースを、それぞれについて2つ選んで、コーリン・ロウの方法にならって、それらを比較しながらそのコンセプトの展開可能性について考えていく。25のコンセプトは著者らによって恣意的に選ばれたもので、実際には、もっと多くの重要なコンセプトがあるので、ほかにどういうコンセプトが挙げられるべきか、ぜひ読者にも考えてほしい。

5つのカテゴリー

　25のコンセプトはその性質に応じて、幾何学、象徴、経験、環境、関係の5つのカテゴリーに分類されている。コンセプトによっては、複数にまたがるものがあるが、25個を並置するだけでは把握しづらいので、比較的近いコンセプトをグループにして整理していると考えてほしい。

50のマスターピース

　25のコンセプトに、2作品を対応させることで、50のマスターピースを選定している。各コンセプトの最初の見開き頁で、写真が向き合う2つのマスターピースが、なぜそのコンセプトに対応して選定されているのか、解説の中で明らかにされている。解説では、この2作品以外の事例にも適宜触れている。ただしメインの50作品の解説については、コンセプトと独立して、巻末に資料としてまとめている。必要に応じて、そちらを参照してほしい。

　本書で扱っている設計のコンセプトは一定期間、設計を学習した人であれば、自然に了解されるものばかりであろう。しかし、初学者にとっては、一体何を手掛かりに設計したらよいかが分からないのであるから、こうした既存の問題を提示し、それに対する優れた解答を示すことが設計の教科書・参考書としてふさわしいと考えた。真に優れた設計は、これまでになかった新しいコンセプトを創造的に表現するものであるが、最初の段階からそうした創造性を発揮することはなかなか困難であるし、実は、ほとんどの主要な問題にはすでに解答が用意されているのだから、まずそれを学ぶのが創造の前段階として必要なことだと考えている。

　本書の具体的な使用方法は、さまざまに考えられる。建築意匠や設計論の教科書として、各コンセプトを授業の単元として用いることもできるし、学生諸君が設計課題のテーマ設定をするときに、参考書として活用することもできるだろう。あるいは、マスターピースの解説や図面を設計の参考資料とすることもできるので、ぜひ、有効に活用していただきたい。

2013年7月　著者一同

GEOMETRY
I 幾何学

建築の形態には多くのバリエーションがある。四角い建築、曲面で覆われた建築、あるいは孔のあいた建築など、多種多様な形の建築デザインが、世界中で挑戦的に試行されている。設計者はどのようにして、形を決定しているのだろうか。この章では、形を決定する論理とその展開可能性について考えてみよう。

01 内と外の境界線

図1｜ロンシャンの礼拝堂

境界線の発見

　建築は内と外を分節する。内側には利用者のための空間があり、これを成立させることが建築の主な役割である。設計者は、利用者や所有者から要求される機能や要望を満たすように、内部空間をデザインしなければならない。それだけでなく、環境、予算、法律など建築を取り巻く複雑な条件も満たしながら、建築のコンセプトを具現化する内部空間の原理を提案しなければならない。一方で、建築は外側から眺められる存在でもある。設計者の意図にかかわらず、巨大な彫刻として公の場に不可避的に現れる建築の姿が周囲の環境に与える影響は大きい。したがって、設計者はその姿のデザインにも全責任を負わねばならない。建築の姿によって、何らかのメッセージを社会に発信するのである。

　このように、建築の内部と外部はそれぞれの論理で組み立てられるので、どのようにしてこれをうまく調停するかが設計者に課せられた使命になってくる。条件を満たすような、内と外の1本の境界線を発見することは、ほとんど不可能に思えるほど困難な作業である。都合のよい境界線の描き方を発見することは、建築デザインの要となる作業なのである。

　ここに挙げた2つの建築は、1つは有機的な曲線による境界線で囲まれ、もう1つは、多面体の無機的な幾何学によって内外の境界線が決定されている。ともにダイナミックな造形で、見る方向によって姿が大きく変化する。内部空間には、組立て方のルールと秩序があり、その性質によって利用者は密度の高い空間体験を享受することができる。規模も構造も時代もまったく異なる2つの作品であるが、ともに内外の境界線の描き方に深い独創性を見ることができる。むやみに造形的なわけではなく、ある特定のルールに基づいて、境界線が描かれているのである。

01 Boundary between Interior and Exterior

図2｜シアトル市立中央図書館

境界に「逃げ」を設ける

　この2つの建築の境界線を詳細に見てみると、それぞれ、独特の方法によって、建築の形態が、決定されていることが分かる。

　ル・コルビュジエが設計したロンシャンの礼拝堂（1955）[図1] は、人の祈りの姿や「大きな貝殻」[1]などさまざまな有機物にたとえられることがあり、見る者の想像を喚起する形態の建築である。凹凸の曲面や、奥行きの深い開口がランダムに穿たれた多孔質の壁など、個性的な表情をもついくつかの部分の壁が、寄せ集められた集合体のようにつくられている。いわば混成的なキュビスムの巨大彫刻のようである。内部空間は、開口やスリットから入る光で満たされ、外部の力強い形態と、匹敵するほどの印象的な空間になっている。注目すべき点は、ところどころにあるスリットが、隣り合っている表情が異なる面を分節し、その間を調停する「逃げ」[2]になっていることである。これは境界線の裏表、すなわち内部と外部に、共通している [図3]。スリットによって、面の連続性を断ちながら、同時に、各部分における形態の変化の自由を獲得して、壁は折れ曲がる。そして、蛇行する内外の境界線が、1本の曲線として開きながら閉じることによって内部空間が成立している。屋根はそれらを緩やかにつないで、まとまりを与えている。しかも、屋根と壁の間にも忘れることなくスリットが設けられているのである。

立体的な「逃げ」

　レム・コールハース（OMA）が設計したシアトル市立中央図書館（2004）[図2] は、ロンシャンの礼拝堂と比較すると、規模も形態の幾何学もすべての点で異なるが、断面図 [図4] を見ると、ロンシャンと類似して、折れ線ではあるが、凸凹した形の外形によって全体が被覆されていることが分かる。無機質な多面体のガラス・カーテン

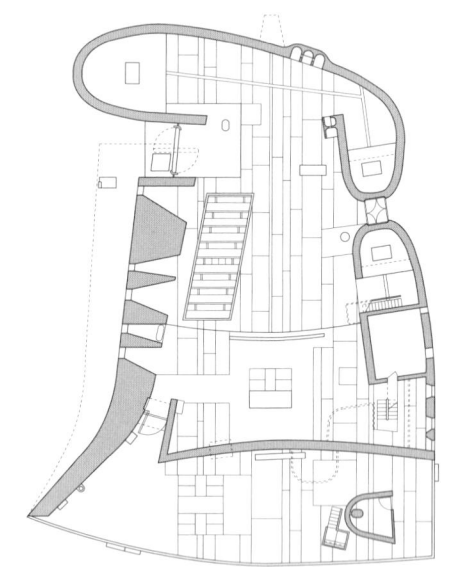

図3｜ロンシャンの礼拝堂、平面　S＝1:500

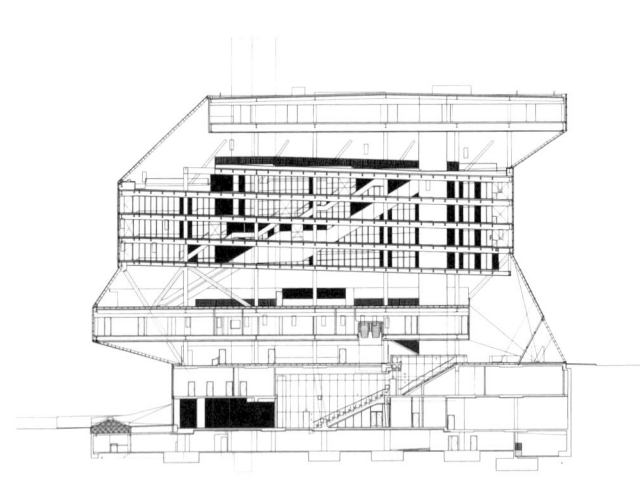

図4｜シアトル市立中央図書館、断面　S＝1:1200

ウォールの外壁の幾何学は、階ごとにずれて積層された矩形平面が包絡されるように形が定められている。形態のルールとして、ヴォリュームの頂点群の包絡処理の結果、生まれる斜めの面の存在を許すことによって、その部分が"unstable spaces"[3]と呼ばれる4つの大きな緩衝空間（バッファ）になり、内部空間は立体的に連結するようにつくられている。

　全体の形態をコントロールする上で、任意の頂点群をグループとして選択できるという設計の自由度があり、凸凹の度合いをコントロールすることで、内部空間の連続と不連続を制御することができる。

　ロンシャンの礼拝堂では、スリットによる外壁の面内方向における逃げの効果を用いながら、表裏一体の外壁が独創的な分節線の発見によって、姿も内部空間のデザインも同時に満たしているが、シアトル市立中央図書館では、緩衝空間がヴォイドとして内外の中間に設けられる。これが不連続な頂点群の選択という新しい方法によって、包絡面の面外方向への立体的な逃げになることで、両者の空間を調停している。共通しているのは、解として一意に定まる線を発見しようとしているのではなく、空間の許容力を念頭に置きながら、2次元あるいは3次元の逃げを設け、内外の条件をうまく満たすように境界線の位置を調整できていること、あるいはその方法を表現していることである。

　逃げは、組み立てられるもの同士が衝突するとき、その間に立って両方を成立させるインターフェース[4]である。したがって、内外の衝突に対してのみ有効なわけではなく、あらゆるものの境界に対して現れるより一般的な概念である。複数の構造体が衝突する部分に設けられるエキスパンション・ジョイントや材料同士が衝突する目地、あるいは、素材の精度誤差・熱膨張を逃げるためのあき寸法など、建築にとどまらず、工業製品などの人工物の、あらゆるアセンブルデザインのディテールにおいて要請される重要概念である。この2つの事例では、「逃げ」が建物の形態を決定づけるスケールにまで及んでいるのである。

静かな境界線という選択

　もちろん、こうしたダイナミックな形態の作品とは反対に、静かな形の境界線を採用する場合もあり得るだろう。動的か静的か、いずれの表現が正しいということはない。選択の根拠は、設計者の意図だけで決まるわけでもない。敷地条件や求められる建築の役割に大きく依存する。その建築が街のシンボルになることが期待されており、積極的・英雄的な姿を与える必要があるときもあれば、あらかじめ豊かな街並みや自然環境が与えられ、建築が無理をして自らの存在を主張するのではなく、周囲の環境になじむように、ひっそりとした姿がふさわしい場合もあるからである。

境界線の太さを変える

　次にその他の内外の調停の方法を見てみよう。1つは、境界線の太さ、すなわち、建築の外壁の厚みを変化させ

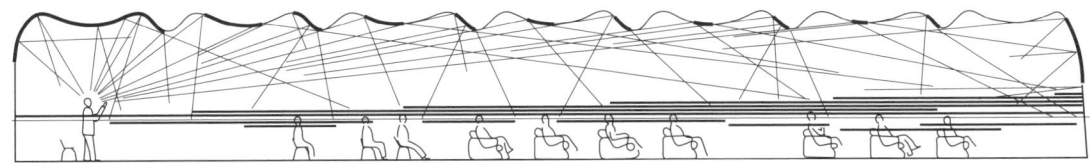

図5 | ヴィープリの図書館の音楽室、断面

る方法である。ある建築のヴォリュームを仮定し、内外から別々に掘り進めていって、余った部分を建築の厚み、すなわち境界線とする考え方である。そうすれば、厚みそのものが「逃げ」となり、内部、外部ともに条件を満たす形が得られる。たとえば、アルヴァ・アアルト設計のヴィープリの図書館の音楽室（1935）[図5・6]の断面では、内外を無理に1本の境界線の裏表にフィットさせようとするのではなく、その差は線の太さで吸収してしまうという考え方に基づいている。建物の外形が比較的単純な直方体でできているのに比べて、天井面の断面の幾何学は、音を発話者から客席までうまく反射して伝えるような形態が選択されている。その結果、大きな天井懐の寸法がデッドスペースとして残る。つまり、境界線を内外それぞれ2本のダブルラインと考え、別々の論理で設ける。デッドスペースができてしまうのだが、スペースの無駄になるのではないかと貧しく考えてしまうと、このように決断することが難しい断面形状ではある。同じく、アアルト設計のヘルシンキ工科大学の講堂（1964）[図7-9]の断面では、キャンパスを見下ろす屋根面のアンフィシアターと内部の講堂の断面形態には、緩やかな対応関係をつくって

図6 | ヴィープリの図書館の音楽室

図7 | ヘルシンキ工科大学の講堂

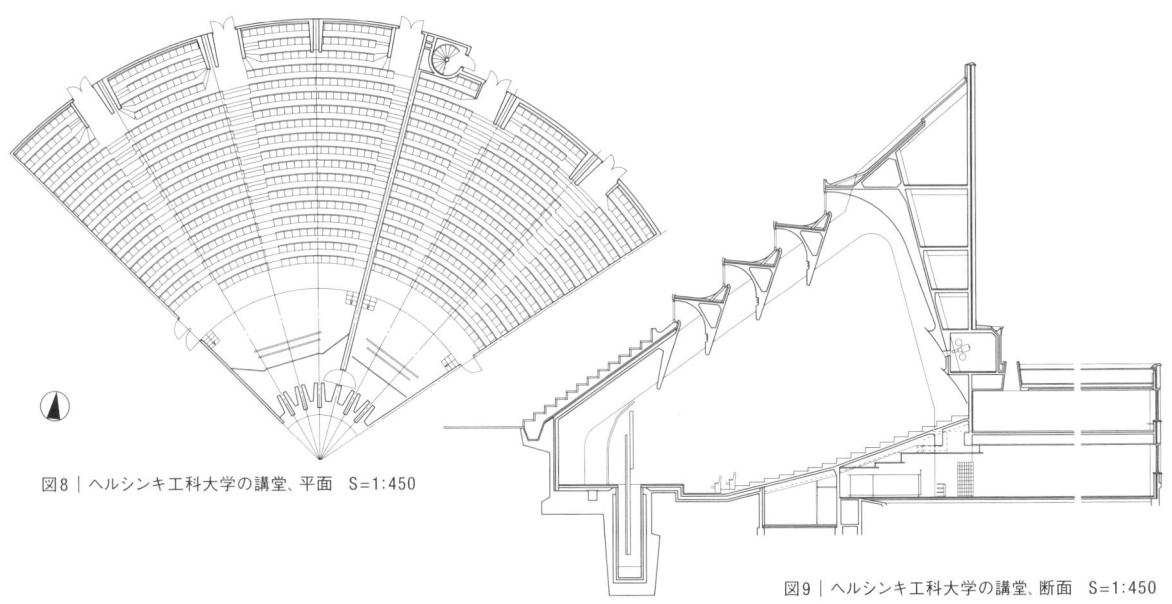

図8 | ヘルシンキ工科大学の講堂、平面　S=1:450

図9 | ヘルシンキ工科大学の講堂、断面　S=1:450

01 Boundary between Interior and Exterior

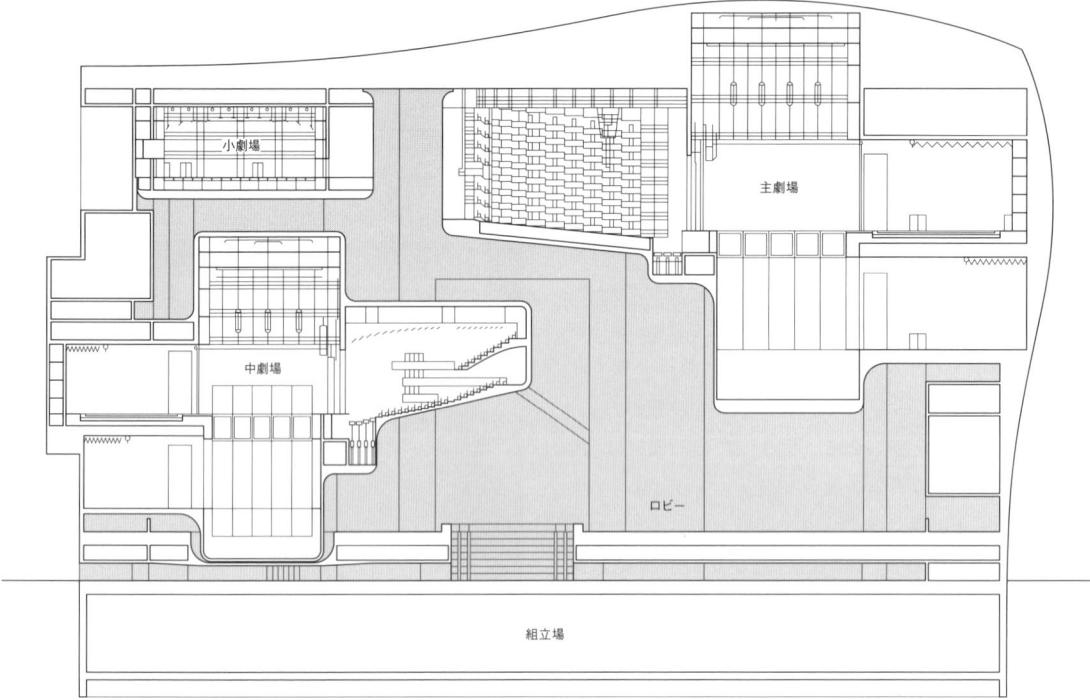

図10 ｜ 第二国立劇場設計競技応募案、断面　S=1:1000

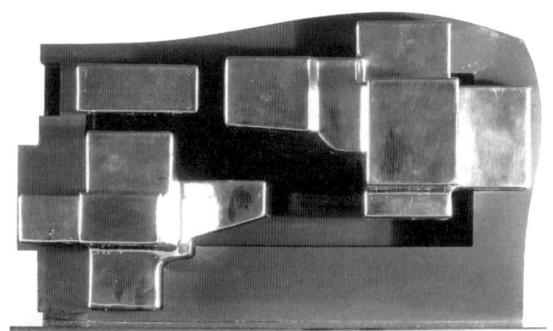

図11 ｜ 第二国立劇場設計競技応募案、模型

いる。まったく内と外の幾何学がかみ合わないものを衝突させているわけではない。

境界線をかみ合わせる

パズルピースのように、内部空間のヴォリュームのかみ合せを工夫して、外の姿をコントロールする方法もある。ジャン・ヌーヴェルが設計した第二国立劇場設計競技応募案（1986）［図10・11］では、オペラホールの舞台に付随するフライタワーやバックステージ、奈落のヴォリュームを1つのパッケージとし、複数ある劇場のパッケージ群をお互いに組み合わせ、多少の逃げをもたせながら、マッシブな黒い箱舟のような全体の外形の中に収めるように設計されている。黒い箱舟の外形も内部のフライタワーに突き上げられ、屋根と外壁の一部が、微妙な曲線のフォルムになっている。逃げの空間となった、劇場のパッケージ同士の間や外形と劇場パッケージの間には、ホワイエ空間やエレベータホールなどが立体的に入り組んで設けられており、全体の空間を連続的に統合している。

同様の試みとして、MVRDVが設計したダブルハウス（1997）［図12・13］では、2軒の住居を、住居としては高層の4層の凸凹した断面とし、お互いにかみ合わせることで、外形を矩形に保ちながら、同時に内部は敷地の間口を立体的にフル活用するように空間を配置している。襞のような空間は、室容積に対して表面積が大きく、人間にとって豊かな体験ができる空間である。境界線は内と外の間に引かれるだけでなく、内と内の間にも引かれている。家のヴォリュームそのものがお互いに外形に対しての逃げとして機能しているわけである。

以上のように、内外の境界線について考えることは、内部と外部の調停という基本的な問題から、空間のシス

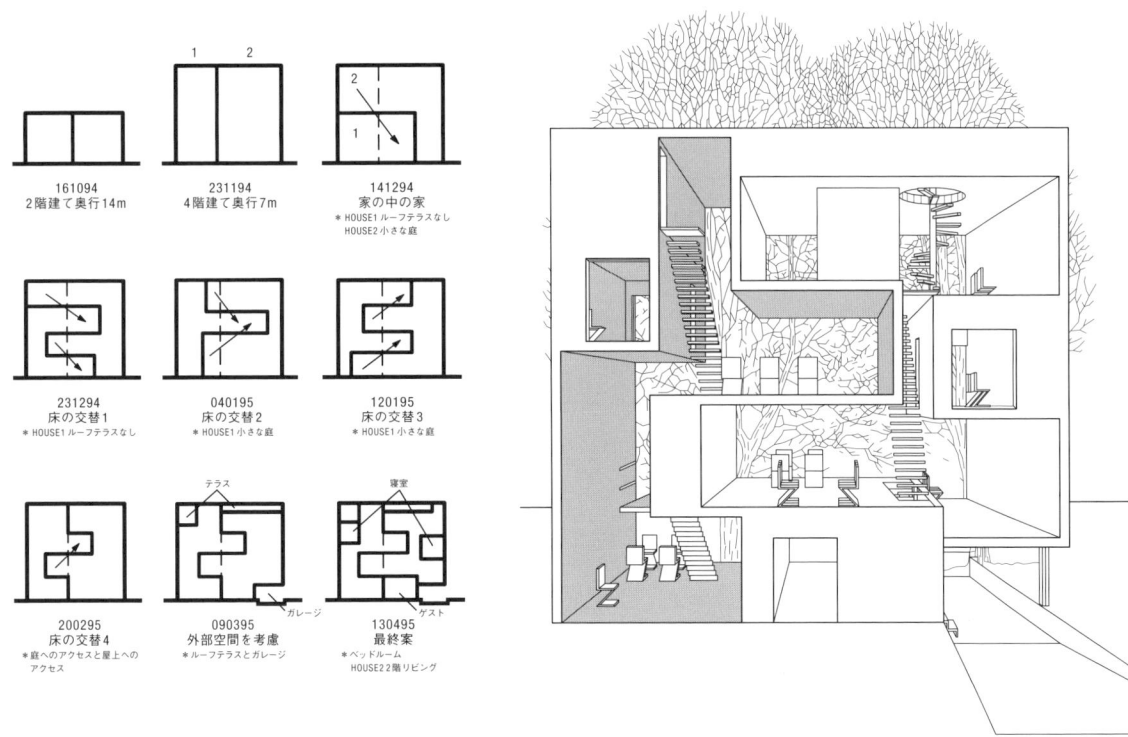

図12｜ダブルハウス、構成のプロセス

図13｜ダブルハウス、パース

テム、造形、群、さらに、環境や設備系など非常に重要な多くの問題について、同時に考えることにつながっており、この問題に関して、建築の存在を左右するさまざまな思考と方法論が展開されていることに気づかされるのである。

1）『ル・コルビュジエ──幾何学と人間の尺度（建築巡礼12）』富永譲、丸善、61頁
2）「逃げ」とは、「納まりのための部材の位置関係の余裕」（『建築大辞典』）である。
3）*SEATTLE PUBLIC LIBRARY OMA/LMN*, ACTAR, p.26
4）「インターフェース」は、「本来の意味では、異なった装置同士を結び付けるための仲介装置」（『建築大辞典』）である。

02 空間に孔をあける

I 幾何学

図1 | ブリオン・ヴェガ墓地

空間に孔をあけること

　屋根、壁、床といった囲みの要素によって外部空間と区別された内部空間が生まれる。この閉じた空間は、建築の初原的な形態であるが、完全に閉鎖された空間のままでは建築として成立しない。あらゆる建築は、屋根、壁、床などの境界面に孔をあけ、外界と光、風、音、視線、人、モノなどの交換を行うことにより、初めていきいきとした建築として生命を与えられる。つまり、建築の境界面に孔を穿つ行為は、建築をつくる上で最も本質的なことであると言ってよい。通常、建築の境界面に穿たれた孔は、窓や天窓、吹抜けなどの開口として現れる。建築の発祥から今日に至るまで、開口の表現は常に建築家の関心の対象であったため、歴史的に優れた試みがなされてきた。近代では、建築の屋根、壁、床といった表皮に孔をあけるという操作に専念していたが、現代になって3次元的な孔を構想する動きが現れた。すなわち、境界面に2次元的な孔をあける方法に対し、空間をソリッドな塊と見なし、これに3次元の孔をあけることで空間を生成する方法である。それでは、2次元の孔と3次元の孔の本質的な違いは何か。またどのような空間的効果が期待できるのか。歴史から優れた穿孔の方法を学び、空間に孔をあけることの意味を再考する。

2次元的な孔と3次元的な孔

　ブリオン・ヴェガ墓地（カルロ・スカルパ、1975）[図1・3]は、北イタリア・トレヴィゾ地方にあるブリオン家のための墓地である。墓地の周囲には高さ2,300mmのRCでできた塀を巡らせている。墓地の内部には700mm程度盛土をし、周囲とレベル差をつくることで、墓地から見える風景を遠方の風景だけに限定している。そこには、周囲に広がる村の日常的な風景と隔絶された別世界を塀の内側に構築しようとするスカルパの明確な意志がうか

02 Opening in Space

図2 | カーサ・ダ・ムジカ

図3 | ブリオン・ヴェガ墓地、平面

がえる。訪問者は共同墓地からブリオン家の墓地に入るためにエントランス棟を通過する。蔦に覆われた突当りの壁は、ブリオン家の墓地と外界を隔てる境界であり、そこには象徴的な2重円の開口が穿たれている。この孔により芝生で覆われた墓地の景色が切り取られ、これから墓を訪れる人の期待をいやが応でも高める効果がある。エントランスの内部をよく観察すると、スカルパはRCの塀だけでなく、複数の方法を駆使して、多重の境界をつくり上げていることに気づく。1つ目は、エントランス棟の床と墓地の庭とのレベル差である。このレベル差は小さな階段によって接続されているが、空間のシークエンスの変わり目にレベル差を意図的に設けることで、境界性を強化している。2つ目は、塀の内側に並行に流れる小さな水路である。この水路も塀と相まって境界の役割を果たしている。このように小さな境界を重ねることで、境界を強化するとともに、段階的で複雑な境界性を演出している。このように、孔をあけるという行為は、ただ孔を

図4 | カーサ・ダ・ムジカ

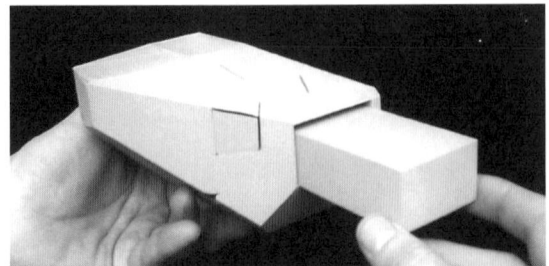

図5 | カーサ・ダ・ムジカのスタディ模型

あけることで完結することなく、常に境界の設計とともに構想されるものである。

カーサ・ダ・ムジカ（レム・コールハース、2005）[図2・4]は、ポルトガル第2の都市、ポルトに計画されたコンサートホールである。この建築は大きな多面体のヴォリュームから、2つのホールとパブリックな機能のヴォリュームをくりぬくという手法によって構成されている[図5]。最も大きなシューボックス型のメインホールの孔は、隣接するボアヴィスタ・プラザの中心に向けてくりぬかれ、建物全体を貫通するトンネル状の大空間となっている。通常、コンサートホールは、音響をはじめとする内部空間の機能的要請から閉鎖的な建築になってしまうことが多いが、この建築では、さまざまな方向から立体的な孔を穿つことで、周囲の環境（特に広場）と断絶されることなく、ホールの内部と外部の間に空間のつながりを生み出している。また、カーサ・ダ・ムジカと同様の手法を用いたレム・コールハース（OMA）の住宅作品にY2K [図6]がある。

この2つの作品を比較すると、同じ穿孔行為でありながら、カーサ・ダ・ムジカのように、空間に3次元的な孔をあける方法は、ブリオン・ヴェガに代表される厚みをもたない2次元の境界面に孔をあける方法と明らかに異なるトポロジー的な方法である。このことは位相幾何学におけるトーラスと呼ばれる円環体を想起すると分かりやすい。トーラスの中央には確かに孔があいているが、トポロジー的に解釈すると、閉曲面ということになり、トーラスの境界面に孔はあいていない。カーサ・ダ・ムジカの造形手法は幾何学を用いた新しい建築的試みである。

都市における境界と孔

次に建築から都市に目を向けてみよう。世界のあらゆる都市には都市門が存在する。中でもベルリンのブランデンブルク門やパリの凱旋門は、都市のシンボルとしてよく知られている。都市門は都市の境界にあけられた孔であり、都市における境界の所在を示している。グラン・ダルシュ（フォン・スプレッケルセンほか、1990）[図7]は、新凱旋門とも呼ばれ、パリ市の郊外へのスプロールの結果、再開発されたパリ近郊のラ・デファンス地区に建つ超高層オフィスビルである。この建築は、カルーゼル凱旋門とエトワール凱旋門が形成するパリの歴史軸（シャン

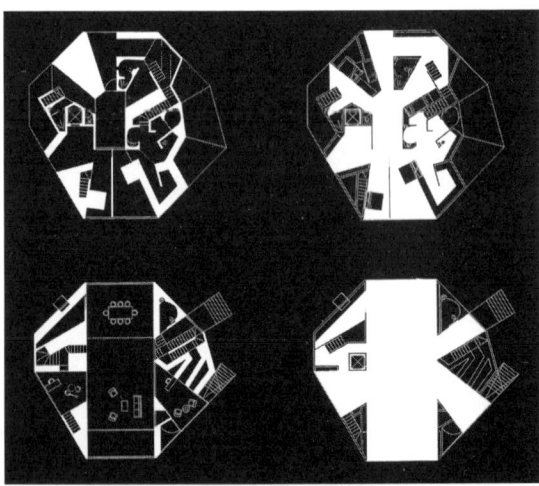

図6 | Y2K、平面

図7 | グラン・ダルシュ

図8｜水の教会

ゼリゼ通り）の延長線上に建ち、軸線上に建つことを強く意識した巨大な門型の建築、つまり、「現代の都市門」として都市的スケールの計画のもとに位置づけられている。建物は1辺がおよそ110mの立方体に近いヴォリュームをもち、都市軸が貫通する方向に合わせて、全体のマッスから巨大で立体的な孔がくりぬかれている。この都市門の所在が、パリ市内と郊外との境界であることを示し、門は境界にあけられた孔であることを表現している。

壁に孔をあける

　壁に孔をあける目的には、眺望の確保、採光、通風、人やモノの交通などがあり、実際には窓や建具として現れる。水の教会（安藤忠雄、1988）[図8・9] は、北海道の雄大な自然の中に建つ礼拝堂である。説教台の背後に壁一面の大きな窓があり、開閉できる仕組みになっている。その先には水盤が広がり、さらに先には森が続いている。大開口を設けることで内部と外部が連続した空間となり、水盤の中に自立する鉄骨製の十字架が、外部の水盤も礼拝堂の一部であることを表象している。内部から正面を見ると、窓によって外部の風景が切り取られたピクチャーウインドーとなる。こうした室内への風景の取込みを「借景」と呼び、日本の伝統的な建築に見られる美学である[図10]。

　ロンシャンの礼拝堂（ル・コルビュジエ、1955）は、しばしば「光の容器」と称され、その壁に穿たれた孔は、眺望を得るためというよりは、採光のために考えられている。

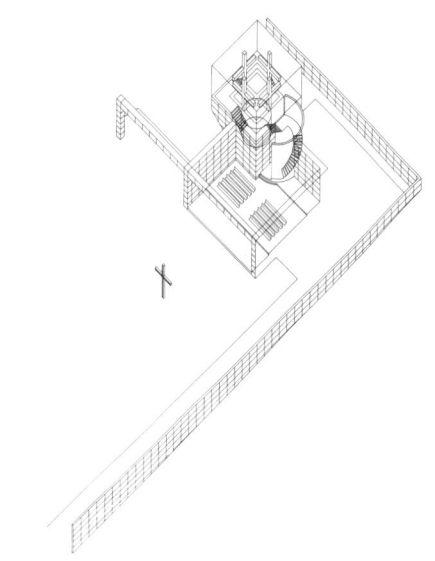

図9｜水の教会、アクソメ

図10｜桂離宮古書院月見台

図11｜ロンシャンの礼拝堂

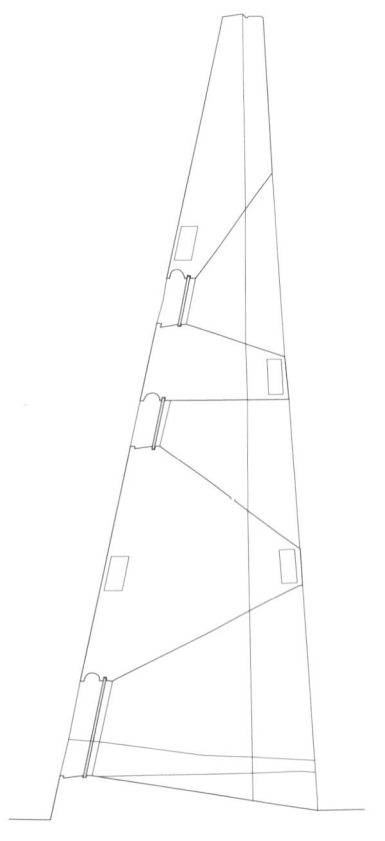

図12｜ロンシャンの礼拝堂、開口部断面

礼拝堂の緩やかに湾曲した重厚な壁に大小さまざまな大きさの孔が不規則な配置で穿たれ、開口の奥に美しいステンドグラスがはめ込まれている［図11］。孔は四角錐の形状で、外部から内部に向かって末広がりに開いており、壁が十分に厚いため、開口のだきが大きく取られている。光の現象において、開口のだきは重要な効果をもたらす。つまり、開口のだきは受光面としての役割を果たし、孔が光で満たされるのだ。壁の断面図［図12］を見ると分かるように、一見すると壁構造のように見えるが、実は柱梁構造であり、壁の中に柱が埋め込まれている。壁の下部は厚く、上部に向けて徐々に薄くなっている。壁に穿たれた孔は上部にいくほど、だきの寸法が小さく、下部にいくほど大きくなる。このように巧妙に計算された多種多様な孔から差し込む光が複雑に輻輳(ふくそう)する空間は、まさに光のオーケストラのようである。

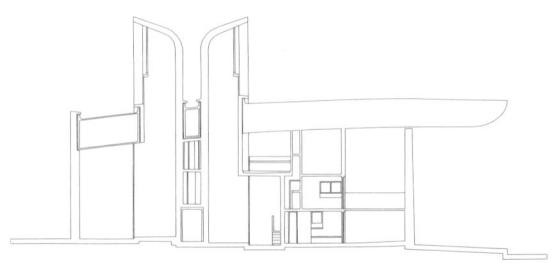

図13｜ロンシャンの礼拝堂、断面

図14 | ラ・トゥーレットの修道院

コルビュジエは内部空間における光の操作が大変巧みであったが、ロンシャンとラ・トゥーレットに共通することは、ソリッドな壁や屋根に孔を穿つことで生まれる「だき」の部分を受光面として重視しており、「立体的な孔」の特性を活かした独特の光の現象を実現したことにある。

フォーラム2004（ヘルツォーク・アンド・ド・ムーロン、2004）［図15・16］もソリッドなヴォリュームにあけられた多数の3次元的な孔が重要な表現上のテーマになっている。この建築は三角形のヴォリュームを宙に浮かべ、下部のピロティを広場として利用している。屋根からピロティまで建物を上下に貫通する孔は、室内に光を取り込むと同時に、広場を明るくする天窓の役割を果たしている。孔の痕跡はいびつな多面体である。外壁には孔の切断面が現れており、多孔質なヴォリュームを外周部で無作為に切断したような表現となっている［図15］。孔の内周面はさまざまな素材（ガラス、軒天から連続するエッチング加工を施した金属パネル、外壁と同素材の吹付け

屋根に孔をあける

屋根に設けた開口を天窓（トップライト）と言う。天窓は敷地の周辺環境や方位にとらわれず、明るい光を取り込むことができ、奥行きが深い平面や天井が高い空間においては特に効果的である。

ラ・トゥーレットの修道院（ル・コルビュジエ、1959）［図14］の礼拝堂には、3つの大きな天窓がある。外部から見ると「光の大砲」と呼ばれる傾いた円錐形の筒が屋根に貫入している様子が分かる。内部から見ると3つの天窓は円筒状にくりぬかれており、鮮やかな原色に塗装されている。光で充填された天窓は断面の色彩によってより一層存在感が増し、礼拝堂の漆黒の闇の中で柔らかな光のヴォリュームが宙に浮かぶように見える。

再びロンシャンの礼拝堂を見てみよう。前に述べた南側壁面の採光が特に注目を浴びるが、そのほかにもコルビュジエはこの建築でさまざまな採光手法を駆使している。アルコーブになった小礼拝室の上部に半円形の断面をもつ採光塔（光の筒）が設けられている［図13］。この光の筒の壁面はざらざらとした石灰質のテクスチュアで仕上げられており、光のグラデーションが効果的に演出されている。このように天窓は高い場所に設け、吹抜けとセットでデザインすると、空間の演出として高い効果が期待できる。

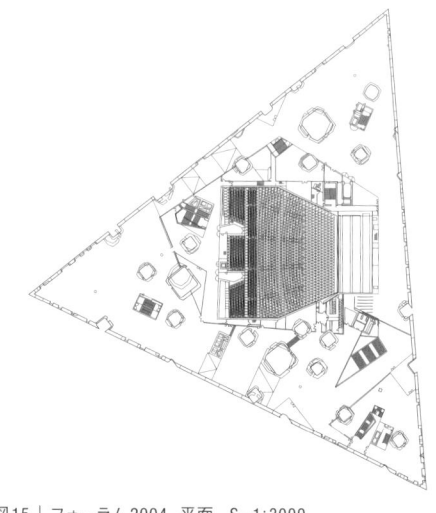

図15 | フォーラム2004、平面　S=1:3000

図16 | フォーラム2004

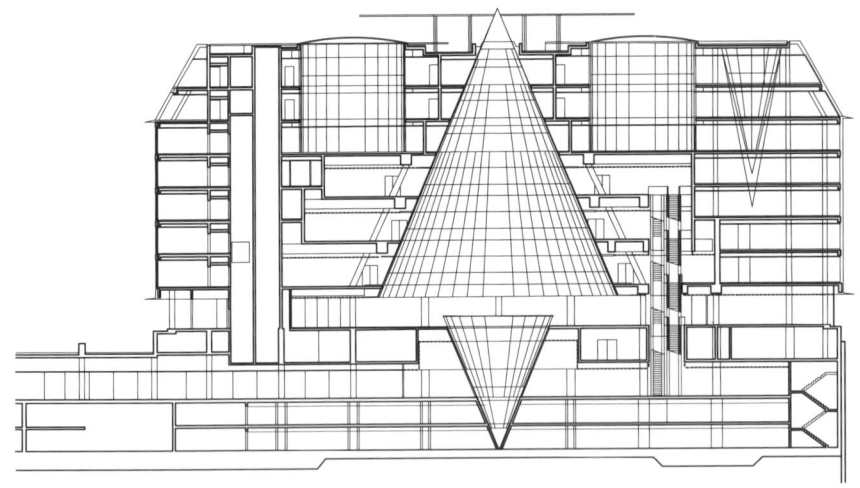

図17 | ギャラリー・ラファイエット、断面　S=1:800

タイル)で仕上げられ、それぞれの孔に個性を与えている。

床に孔をあける

　床に孔をあけることにより、床により分断される上下の空間につながりをもたせることができる。いわゆる吹抜けである。優れた吹抜け空間の事例は多数あるが、ここでは、建物をソリッドなヴォリュームと見立て、複数のスラブを貫通する孔を設計した事例を見ていく。

　ギャラリー・ラファイエット(ジャン・ヌーヴェル、1996)[図17]は、ベルリンにある百貨店である。建物の内部中央に、1階から屋上まで届く円錐形にくりぬかれた吹抜けがあり、円錐の頂部は屋根を突き抜けて天窓の役割を果たしている。これに呼応する形で、1階から地下4階まで逆円錐形の吹抜けが設けられている。これら大小2つの円錐形の表面には、ホログラムフィルムが貼られており、上部からの自然光と人工照明により複雑な反射と映り込みが生まれ、幻想的でつややかな空間をつくり出している。

　シモンズ・ホール(スティーヴン・ホール、2002)[図18]は、マサチューセッツ工科大学の学生寮である。外観はグリッド状の規則的なファサード、内部はスラブの単純な積層というコンベンショナルな構成であるが、内部を縦横無尽に侵食するアメーバ状のヴォイドがこの建築の性格を決定づけている。内部はあたかも洞窟のような空間になっており、従来の吹抜けの形式とは一線を画した新しいヴォイドを実現している。

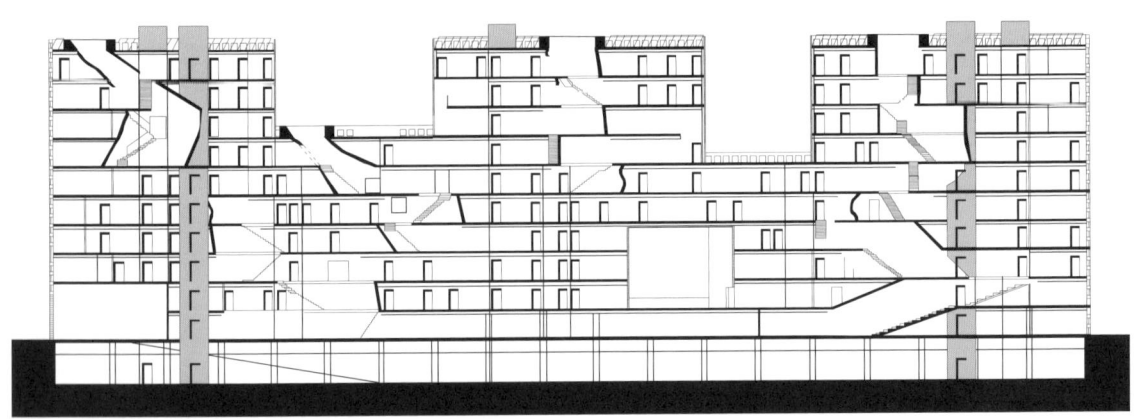

図18 | シモンズ・ホール、断面

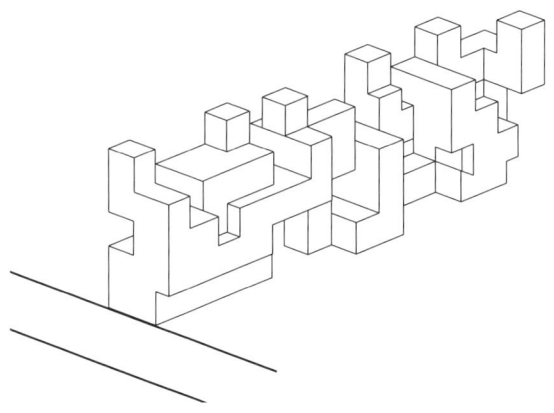

図19 | スペースブロックハノイモデル

ポーラス(多孔質)な建築

　スペースブロックハノイモデル(小嶋一浩+東京理科大学小嶋研究室+東京大学曲淵研究室、2003)[図19]はベトナムのハノイに建つ実験集合住宅である。高密度かつ高温多湿の地域に建つため、スペースブロックと言われるモデリング手法を使って内部と外部をポーラスに組み合わせ、通風をよくし、パッシブな計画に基づくローエミッションな建築を実現している。このようにポーラスな形態とすることで、外壁率(表皮の面積)を大きくする、空隙の大きなヴォリュームをつくる、通風や採光をよくするなど、環境と呼応した快適な建築を実現することができる。

参考文献
『建築の詩人 カルロ・スカルパ』斎藤裕、TOTO出版、1997年

03 曲面で構成する

図1│シドニー・オペラハウス

2つのオペラハウス

　近年、曲面を用いた建築が注目を浴びている。従来の平面のみで構成された箱形の建築と異なり、曲面の建築には滑らかさ、柔らかさといった魅力があり、中には大変奇抜な造形も少なからず見受けられる。コンピュータの目覚ましい発達と施工技術の向上を背景に、単純な幾何学でできた曲面と異なり、自由曲面のように、簡単に記述できない複雑な曲面を採用した幾何学をもつ建築が登場してきた。曲面の建築の流行は、建築の形の自由度が一気に広がり、建築デザインが新しい時代に突入したことを象徴している。

　20世紀には、球体の一部やHPシェルといった幾何学的な曲面を用いた建築が数多くつくられた。幾何学的な形態を用いることで、シェルやドームに代表される合理的で強い構造になる利点がある。これは特に無柱の大空間を実現するために有効な方法である。

　しかし、建築を曲面でつくろうとすると、形を正確に記述することの難しさ、構造解析の難しさ、施工の複雑さ、経済的なデメリットなどが問題となる。こうした理由から、通常、多くの建築は単純な平面で構成されている。それでは、一見不合理に見える曲面を用いた建築がつくられるのはなぜであろうか。そこには、流動的な空間を実現できること、丸みを帯びた柔らかなデザインを表現できること、といった合理性だけでは割り切れない審美的な理由が存在するに違いない。ここでは、さまざまな曲面の建築の事例を見ながら、その表現の広がりと可能性について考える。

曲面の構造特性とデザインの融合

　20世紀に人類が創造した建築の最高傑作の1つ、シドニー・オペラハウス（ヨーン・ウッツォン、1973）（以下、シドニー）［図1］は、貝殻やヨットの帆を思わせる美しい

03 Curved Surface

図2｜台中メトロポリタン・オペラハウス、模型

屋根が印象的な建築である。建築の全体は基壇と屋根から構成される。屋根は3つのヴォリュームからなり、それぞれコンサートホール、オペラ劇場、ドラマシアターなどを内包している。コンクリートシェルの屋根はタイル打込みPCによる、リブ付きアーチの集合体である［図5］。ウッツォンは、当初、放物線を用いた薄いシェル構造の屋根を構想していたが、シェルの自重や風圧に対し、どのように支えるか決定しておらず、模型を使った風洞実験にも失敗していた。構造設計を担当したオヴ・アラップのサポートにより、放物線案に見切りをつけ、シェルの幾何学を球体の一部とする解決策を見いだした。これにより、シェルの部材を工場で製作するPCとすることができ、大幅に工期を短縮し、コストを圧縮することに成功した。PCを採用するメリットはほかにもあり、たとえば、屋根の仕上げ材として使われるタイルをPC打込みとすることで高所作業を避けることが可能になった。設計の途中で、屋根の形態を幾何学的な秩序に乗せることを決断しな

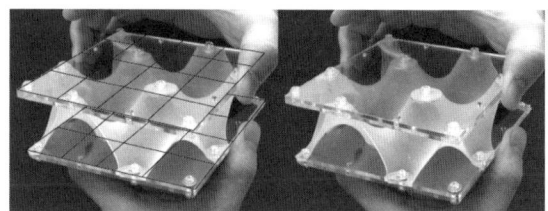

図3｜エマージング・グリッドのイメージ模型

ければ、シドニーを建設することは不可能であったに違いない。それくらい、幾何学は設計において大きな意味をもつ。

台中メトロポリタン・オペラハウス（伊東豊雄、2005-）（以下、台中）［図2］は、壁と床の区別をもたない連続する曲面からできている。その姿は珊瑚のような多孔質の物体をほうふつさせ、外部空間がそのまま内部へと入り込んだような、行止りや表裏がないひと続きの空間となっている。台中の形態は、「エマージング・グリッド」と呼ぶ

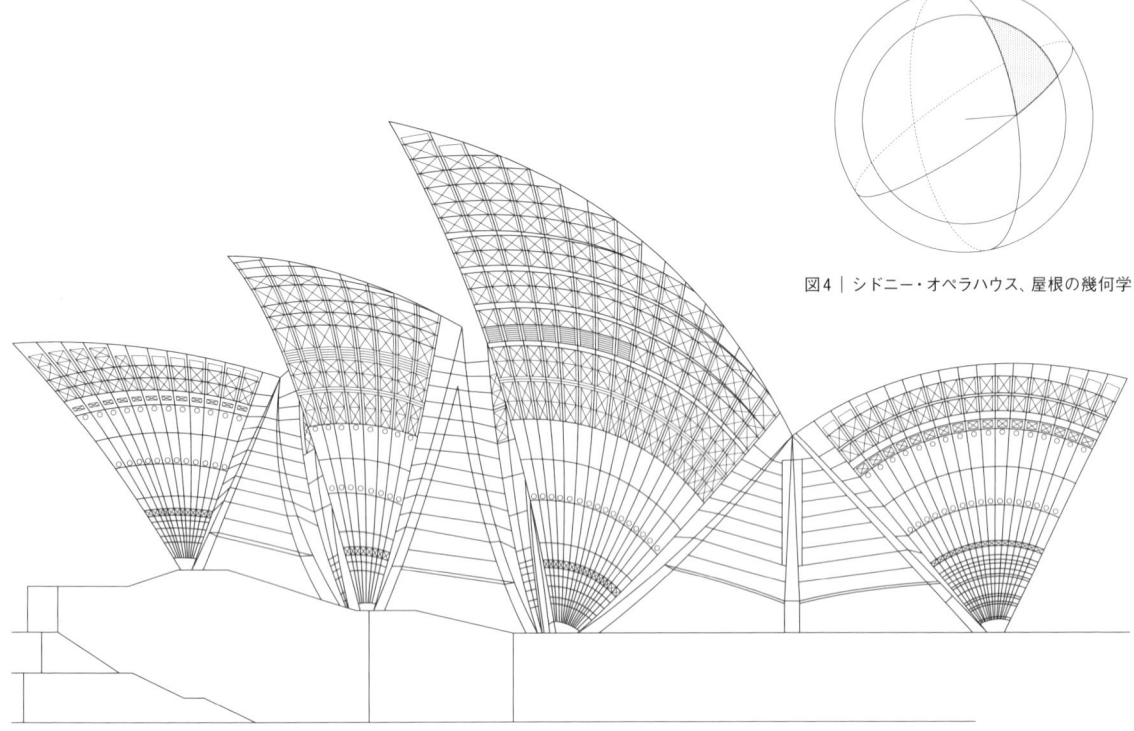

図4｜シドニー・オペラハウス、屋根の幾何学

図5｜シドニー・オペラハウス、立面　S=1:800

グリッドを変形させて生成した曲面でできている［図3］。

この2つのオペラハウスは、ともに3Dシェルの曲面を巧みに用いた構造であるが、対照的な建築的特性をもつ。シドニーは先端のプレファブ技術を駆使した、工学的に高度で洗練された、部分の集積による建築物であるのに対し、台中は、熟練した技術を必要とする現場施工を前提としており、彫塑的で、一体的な構造からなる建築物である。さらにジオメトリーに着目すると、シドニーの屋根は球体の一部という単純なものであるのに対し［図4］、台中は、複雑な形をしており、曲面全体を1つの数式で記述することはできず、局所的な数式の連続でのみ全体を記述できる形である。いずれも曲面の構造体がもつ力学的特性とデザインが高いレベルで結合した傑作であり、こうした建築を実現するためには、デザイナー（建築家）とエンジニア（構造設計者）のコラボレーションが不可欠である。

幾何学的合理性 —— シェル構造

シェル構造は、薄い曲面板からなる構造で、鉄筋コンクリートでつくられることが多い。シェル構造の代表的な形状として、球面、円筒、折板、HPシェル（ハイパーボリック・パラボライタル・シェル）などがある［図6］。シェル構造の力学的特性は、力が面内で均等に配分されることで、薄く少ない構造体で大きな空間を覆うことができることである。HPシェルは双曲放物面とも呼ばれ、鞍形が基本形である。その力学的なメリットは、膜応力状態（面外方向に応力がはたらかない）をつくり出すことにある。

東京カテドラル聖マリア大聖堂（丹下健三、1964）［図7］は、現場打ちコンクリートによる、HPシェル構造を用いた名作である。8枚のHPシェルを互いに支え合うように配置し、頂部に十字のスリットを設けつつ中心部と端部の5カ所で連結している。また、わずか厚さ120mmのシェルの剛性を高めるために、外側に2mピッチで縦横に

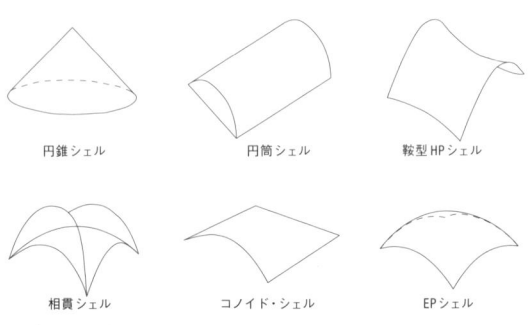

図6｜シェル構造の種類

リブが設けられている。末広がりのシェルの形状は、躯体のスラスト荷重に抵抗することに貢献しているが、地中にタイビームが設けられており、単独のHPシェルの構造体としては、厳密な構造力学的意味において成立していない。しかしHPシェルによる造形は、エクステリアにおいて蝶が舞い降りたような華麗な外観イメージを演出し、インテリアにおいては、力強いコンクリート打放しのHPシェル壁面が力強い上昇感と宗教的で荘厳な象徴性を獲得している。

メキシコの構造家、フェリックス・キャンデラもHPシェルを採用した多数の建築作品で知られている。ソチミルコのレストラン（1957）[図8・10]はその代表作で、シンメトリーな4つの鞍形HPシェルの相貫で構成されている。プランは正方形で、スパンは30m、中心から跳出しの先端までは、約21m、シェルの厚みはV字型の足元のレベルでは120mmまで補強されている。本来はシェルの端部に必要なリブを省き、わずか40mmの薄い軒先を実現することで、建物の軽さ、水辺に舞い降りた花弁のようなはかなさを表現している。キャンデラのそのほかの作品に、6連の鞍形交差HPシェルを用いたバカルディの壜詰め工場（1971）[図9]がある。

図7｜東京カテドラル聖マリア大聖堂

図8｜ソチミルコのレストラン

図9｜バカルディの壜詰め工場

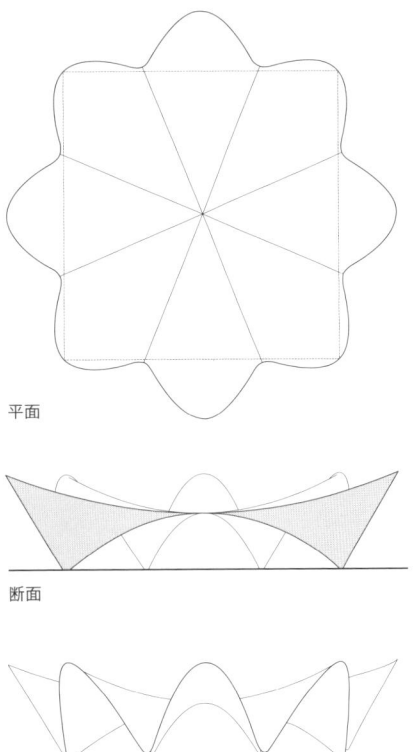

平面

断面

立面

図10｜ソチミルコのレストラン　S＝1:800

03 Curved Surface

図11｜関西国際空港旅客ターミナルビル

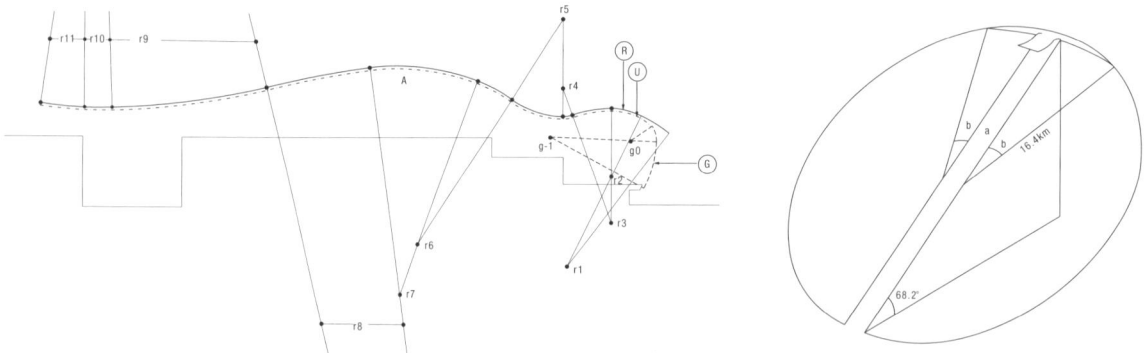

図12｜関西国際空港旅客ターミナルビル、屋根の幾何学

図13｜ウイング屋根の円弧上の勾配を決めるジオメトリー

幾何学を用いた部材の標準化

　シドニーの例が示すように、建物の形態に幾何学的な秩序を与え、部材を標準化することにより、コストダウン、施工の容易さ、工期の短縮などが期待できる。

　関西国際空港旅客ターミナルビル（レンゾ・ピアノ＋岡部憲明、1994）（以下、関空）［図11］の屋根は、飛行機の翼を想起させる緩やかな円弧による独特の形態をもつ。屋根の形態は計算しつくされたジオメトリーに従って決められている。メインターミナルビルの形態は、複数の円弧を接線で連結したものを断面形状の基準曲線とし、これを平行移動させることでできている［図12］。メインターミナルビルの左右に伸びるウイングは、半径16.4kmの環状体の頂部を切断したものとしている［図13］。この結果、少ない種類のパネルで大屋根を被覆することが可能になった。このように大規模な屋根を材料で被覆する場合に、自由曲面では、施工の手間やコストが膨大なものになってしまう。したがって単純で幾何学的な秩序を与えることで合理化する方法を選択する。さらに関空では、国際線出発ロビーの大空間を効率的に空調するために、ジェットノズルから気流を吹き出し、オープンエアダクトに沿ってスムーズな整流を形成することを試みている。オープンエアダクトの形態は、回転体の一部を切断したものであり、空調による気流を効率的に循環させるために流体力学に基づく合理的な曲線となっている。環境工学的な配慮と建築生産における合理性を同時に満たした高度なエンジニアリングの結晶である。

　北九州市立中央図書館（磯崎新、1974）［図14・15］

図14｜北九州市立中央図書館

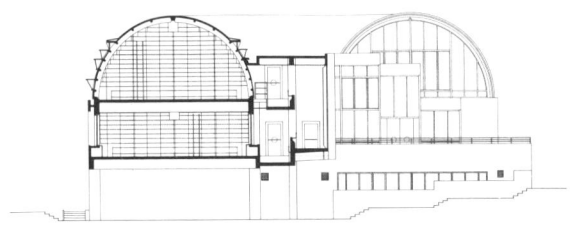

図15｜北九州市立中央図書館、断面　S＝1:2000

のヴォールト屋根は、褶曲3ヒンジ方式、合掌型のPC版構造となっている。同じ断面形をもつトンネル状の空間として、ジオメトリーをまとめた結果、PCパネルの基本形状をわずか4種類に限定している。

曲面を使った新しい建築

　アメリカの建築家、フランク・ゲーリーは、曲面を多用した有機的で自由な造形の建築をつくることで知られている。ゲーリーの代表作であるビルバオ・グッゲンハイム美術館(1997)[図16・17]は、一切の平面を排除し、曲面のみで構成したユニークな建築である。この曲面のジオメトリーは、シドニーや関空と異なり、すべて自由曲面で構成されているため、形を記述する上で大変な困難を伴う。ゲーリーはCADソフトウェアに精通し、モデリングと構造解析を行う航空力学・機械設計向けソフトを建築設計に導入しつつ、複雑な形態を構造的に成立させている。ゲーリーは設計に用いるIT技術を専門に扱う会社を設立するなど、コンピュータテクノロジーを活用した設計技術の先端を担っている。

　ゲーリーやザハ・ハディドらの作品が象徴するように、現代建築における曲面の流行は著しい。その背景としては、90年代におけるコンピュータ技術の普及と発達により、CADや3Dモデリングによって設計を行う環境が整ってきたことが挙げられる。さらに近年では、BIM（Building Information Modeling）といった、建築設計、建築生産からマネジメントまで1つの3Dモデルを共有することにより、総合的かつ効率的に建物を設計・監理できる技術が注目を浴びている。

図16｜ビルバオ・グッゲンハイム美術館

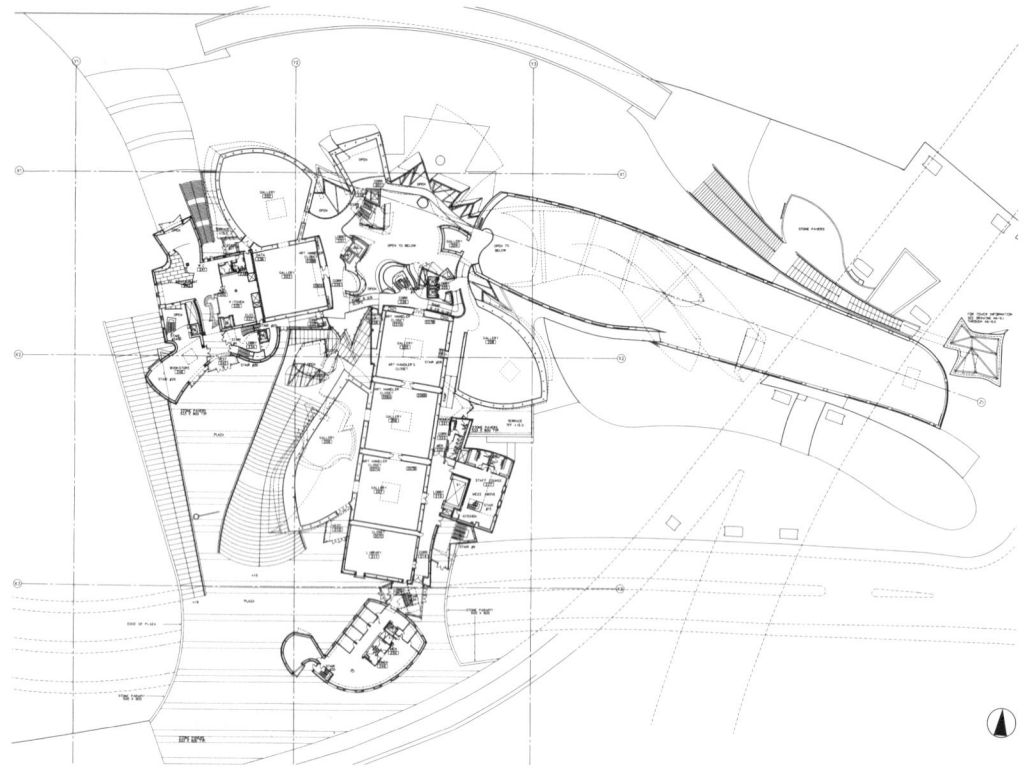

図17 | ビルバオ・グッゲンハイム美術館、平面　S=1:2000

つくられ方から見た曲面

　厳密な意味での真の曲面を施工することは、とても難しい。建築で曲面を施工する場合には、真の曲面をつくるか、擬似的な曲面として多面体をつくるかのいずれかである。乾式工法においては下地で多面体を構成し、そのまま多面体として仕上げるか、曲面の仕上げ材を貼りつけることで最終的に真の曲面として仕上げる。湿式工法においては、乾式工法よりも曲面をつくりやすいが、それでも多面体とする例も多く見られる。曲面のつくり方には、およそ以下に示す対比的な2つの方法がある。
①小さなパーツを寄せ集めて大きな曲面をつくる。
②ジョイントをつくらずに連続的に曲面をつくる。

　①は標準化されたパネルを用いることが多く、②は型枠をつくってコンクリートを連続的に打設する工法がこれに当たる。

　モバイルアート（ザハ・ハディド、2008）[図18・19]は世界を巡回する仮設の移動パビリオンである。全体は複雑な形をした自由曲面であるが、約300のポリカーボネート製の外装パネルによって組立て・解体が行われる。

　トラス・ウォール・ハウス（牛田英作＋キャサリン・フィンドレイ、1993）[図20・21]は、②に示したようなRC造の曲面建築であるが、「トラス・ウォール工法」と呼ばれる特殊な工法を採用している。鉄筋トラスを組み立て、型枠を使わずにモルタルを吹き付けることにより自由な形に構造体を打設する工法で、連続的に複雑な曲面を簡易につくれる利点がある。

図18 | モバイルアート、断面　S=1:400

図19 | モバイルアート

図20 | トラス・ウォール・ハウス、施工現場

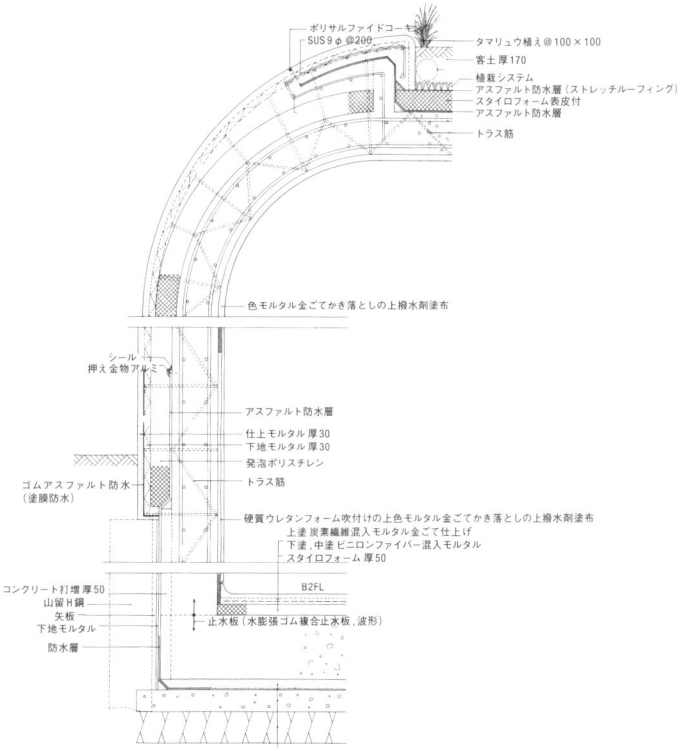

図21 | トラス・ウォール・ハウス、断面詳細　S=1:30

構造解析の発達と曲面構造

　近年、曲面の建築が盛んにつくられる1つの背景として、構造解析技術の発達も見逃せない。ドームやシェルのように幾何学的な曲面は、比較的簡単に構造設計においても扱えるが、自由曲面の場合は大変複雑なものになる。

　ROLEXラーニングセンター（妹島和世＋西沢立衛、2010）［図22］は、約195×141mからなる長方形平面の平屋建て鉄骨造である。それを支持するRC下部構造は緩やかな勾配をもち、地面からめくれ上がり、部分的に宙に浮かぶように起伏をもっており、大地と連続する大きな地形のような構造である。この下部構造は、厚さ600mmで最大スパン80mの自由曲面シェルである。この形態は、構造家・佐々木睦朗が提唱する感度解析と呼ばれる構造解析の方法によって導かれている。コンピュータによる設計支援システムがあって初めて可能になった手法である。

図22 | ROLEXラーニングセンター

04 キューブの演算

図1 | フィッシャー邸

建築的思考の極遠点

　キューブ(立方体)は、球や正四面体などと並んで、きわめて抽象的で純粋な、幾何学の基本モデルである。一方で建築は、自然環境への応答や人間の利用を映し込んで、さまざまな次元で雑多な要素が付加され、複雑な形状をなしている。建築には床や壁や屋根があり、開口部が穿たれ、ドアができ、水廻りが配される。そうした建築がつくられゆく過程で、建築は次第に幾何学から遠ざかり、不純化してゆく。

　にもかかわらず、古来より建築は幾何学を希求し、それを基準として空間を編み上げてきた。建築におけるキューブとは、そうした「理念と現実」を往還する、建築的思考の極遠点を指し示す表象であり、イデアなのである。

　建築を、厳密にキューブとして計画することはできない。しかし、キューブという理念がなければ、幾何学に依拠する建築的思考が、人類の文化史の中で、ここまで豊かに

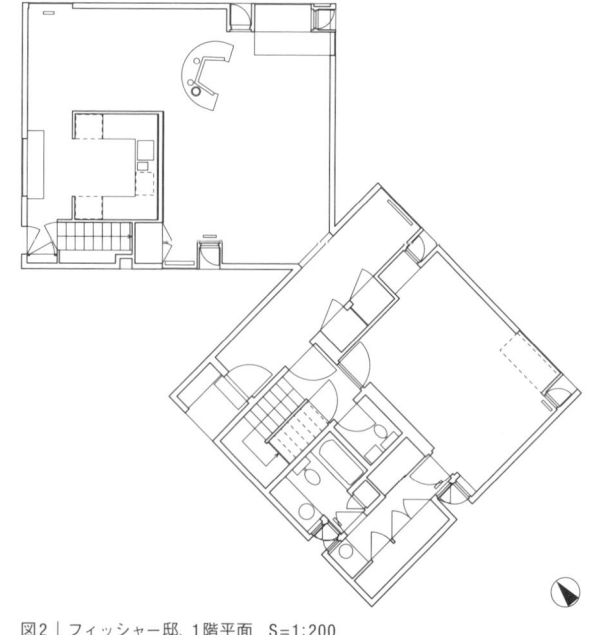

図2 | フィッシャー邸、1階平面　S=1:200

04 Cubic Operations

図3｜群馬県立近代美術館

展開することもなかっただろう。キューブという理念は、反自然的であることで建築的思考を絶えず挑発し続けてきた。その先で、キューブをいかに操作し、演算するかということが、近代以降の多くの建築家における、魅惑的なテーマとなってきたのである。

単位としてのキューブ

　フィッシャー邸（ルイス・カーン、1967）［図1・2］は、基壇としての石造部分に、木構造によるキューブが2つ、角度が振れた形で配された小住宅である。全体の居住スペースを、あえて2つの立方体に分節して「リビング・キューブ」と「スリーピング・キューブ」に分け、それを1カ所のみで接合させている。それにより、各々のキューブの独立性をより際立たせる形になっている。

　カーンは、「ルーム」というものを建築の初源的な概念としてとらえ、そこから出発して建築を草案する、という姿勢を取っていた。フィッシャー邸はそうしたカーンの方法論が、最も純化した形で表現されたものである。ここでは、居住における機能を明快に分離させた上で、その各々にキューブを対応させている。全体としては、2つのキューブが斜めにつながっているだけの、きわめて単純な配列だが、そのためにかえって配列の演算規則が際立ち、これを無限に拡張し、応用することが可能であることを感じさせる。

　これは形式的には、初期的な空間単位を想定し、それを加算していく方法で、「部分から全体へ」という志向の一類型と言えるだろう。が、この住宅をよく見てみると、実は各々のキューブが、さらに自己相同的に、小さなキューブや正方形に分割されて、居室や階段、水廻りといったスペースに分節されていることが分かる。

　したがってこの住宅は、「まず、基本となるキューブが定義され、それが空間単位となって加算や変形といった演算が行われる」一方で、「この空間単位自体が入れ子

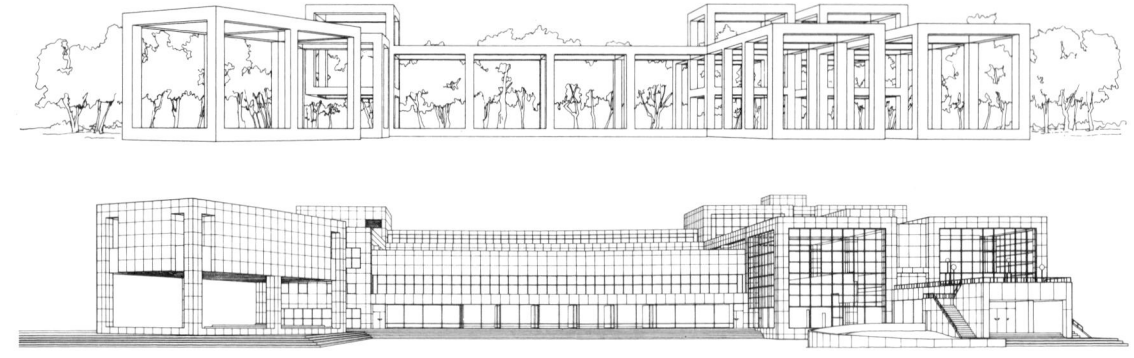

図4｜群馬県立近代美術館、立方体格子のイメージ（上）と実際のパース（下）

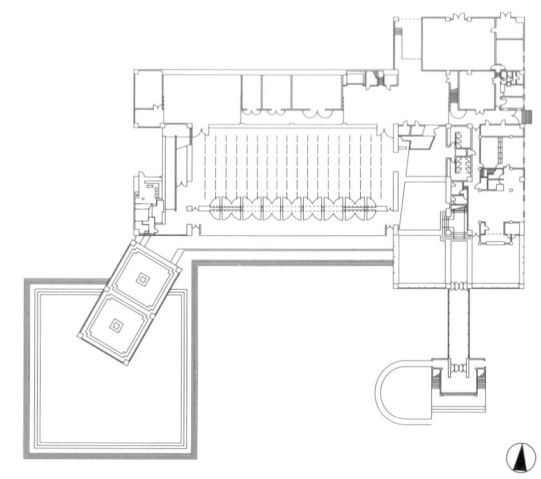

図5｜群馬県立近代美術館、1階平面

状に分節され、キューブ内に新たなキューブが見いだされる」という、外的な拡張と内的な分節といった2つのベクトルが同時に作用する演算が行われているのである。

一方、磯崎新による群馬県立近代美術館（1974）［図3-5］は、そのスケールから、キューブに関する演算がより複雑な形で遂行されている。ここでは1辺が12mのキューブを基本形として、これを反復したりずらしたり分割していくことで全体を構成し、その演算のプロセス自体が視覚的に見える状態で表出されている。立体としてのキューブは、平面としての正方形に転写された上で、その拡大、縮小、変形といった操作を通して全体の隅々にまで浸透している。ここでは、「キューブ」という理念を自在に操ることで、いかなる建築においても、この理念の操作のみによって建築にたどり着くことが可能なのだということを示そうとしているかのようである。

群馬県立近代美術館においては、キューブの演算はどちらかと言えば帰納的に見える。そこでは美術館という複雑な機能要求に対して幾何学の理念を映し込むために、演算に自由度が付与され、その手さばき自体が建築家のマニエラ（手法）として浮かび上がっている。それに対してフィッシャー邸は、その演算に厳格な気配が見え隠れしており、原初的な演算の定義が一貫しているという意味で、演繹的なものとして感じ取られる。

カーンの場合、キューブという幾何学形態が「ルーム」という概念と呼応しており、自らの建築理論と正確に対応しているので、この住宅以外のすべての建築においても、同じような理念が感じられる。だが磯崎の建築は、キューブへの偏愛はむしろ、機能や空間を超えて自律的な「幾何学への憧憬」といった次元をもっているかに見える。そのため、磯崎におけるキューブは、「あらゆるものを包含することが可能な、思考の容器の表象」のように映るのである。

反自然としてのプラトン立体

キューブは、正四面体や正八面体などと並んで、プラトン立体と呼ばれる正多面体の1つをなす、純粋立体である。幾何学的に最も単純な立体の1つであり、古来よりそこに、完全なるものの理念が多く投影されてきた。

建築家も同様であり、たとえばル・コルビュジエはその建築活動の最初期において、「暖炉」（1918）［図6］という不思議な絵画を描いている。ここには、おそらくは机の上と思われる平面上に、白い謎の立方体が描かれている。このキューブこそが、その後の初期コルビュジエにおける、「白と直角のモダニズム」を予言する表象であるとも言われている。つまり、コルビュジエにとってキューブは、近代建築の幕開けを予告する理念として見取られていたのである。

この幾何学の理念としてのキューブは、さまざまな夾雑物に満ちた現実の建築からすれば、対極に存在するものであり、そのために絵画においてこそ、より純度の高い

図6｜暖炉

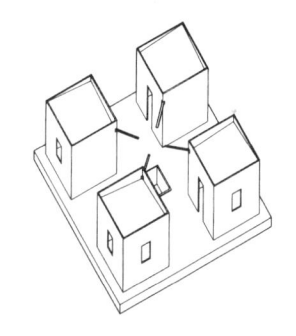

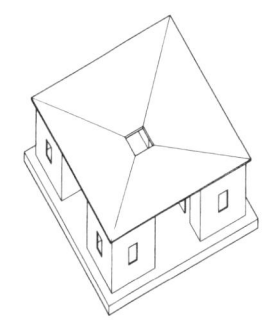

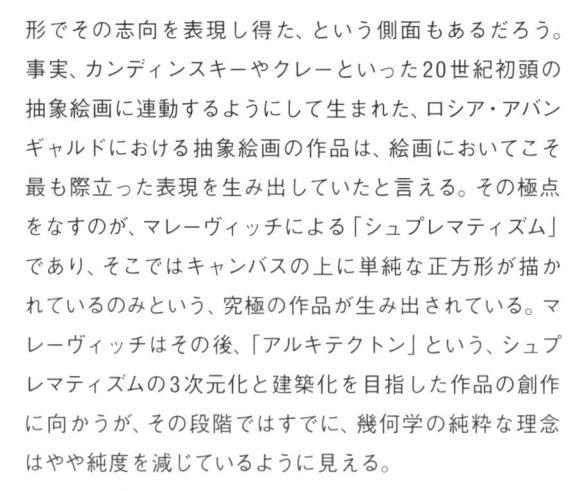

図7｜個別の屋根、そして共有の屋根のある4パートの家（ドナルド・ジャッド）

形でその志向を表現し得た、という側面もあるだろう。事実、カンディンスキーやクレーといった20世紀初頭の抽象絵画に連動するようにして生まれた、ロシア・アバンギャルドにおける抽象絵画の作品は、絵画においてこそ最も際立った表現を生み出していたと言える。その極点をなすのが、マレーヴィッチによる「シュプレマティズム」であり、そこではキャンバスの上に単純な正方形が描かれているのみという、究極の作品が生み出されている。マレーヴィッチはその後、「アルキテクトン」という、シュプレマティズムの3次元化と建築化を目指した作品の創作に向かうが、その段階ではすでに、幾何学の純粋な理念はやや純度を減じているように見える。

キューブという概念は建築家ばかりでなく、多くの芸術家をも魅了したテーマであり、ドナルド・ジャッドといったミニマリズムのアーティストや、ソル・ルウィットといったコンセプチュアル・アートの作家においても、繰り返し表れてくるモチーフである［図7］。それは、現実から最も離れている限りにおいて、反自然的な理念の表象として、絶えず表現者たちを挑発し続けてきたのである。

空間としてのキューブ

しかし、建築家にとってのキューブは、そのヴォリュームとしての形状よりも、むしろその空間性が大きなテーマの1つとなってくる。キューブをモチーフとする建築は、伝統的な屋根の存在を消去したフラット・ルーフが大きな表現要素を占めることから、通常の建築の見えとは異なる様相を生み出す。箱を基本形として、その解体と拡張、変形が試みられることになるのである。

そこから、たとえばデ・ステイルの代表作品であるシュレーダー邸（1924）［図8］が生み出されているし、また日本の住宅史においては、宮脇檀の一連の住宅である「ボックス・シリーズ」が生み出されたりもしている［図9］。だが、建築にとって肝要なのは外部と内部の両方であり、キューブを志向することは、同時にその内部空間のあり方にも作用を及ぼすことになる。

そうした志向の先で、「ホワイト・キューブ」なる建築独自の概念が導き出されることになった。ホワイト・キューブとは、通常、美術館の展示スペースを指すタームで、「あらゆる作品の展示と鑑賞を保証する、抽象的で流動的な、

図8｜シュレーダー邸

図9｜ブルーボックス・ハウス

04 Cubic Operations　033

図10 | 青森県立美術館

その演算が試行されているのである。そうした、美術館におけるホワイト・キューブの批判的継承は、磯崎の弟子である青木淳の「青森県立美術館」(2005)[図10]において、さらに異なった技法を通して試みられている。

さまざまな演算の類型

こうした、建築におけるキューブの演算の類型としては、近代の初期においては、フランク・ロイド・ライトの影響を受けながら、デ・ステイル的な手法で設計された、アントニン・レーモンドの自邸(1924)[図11]や、土浦亀城邸(1935)[図12]などを挙げることができる。これらはいずれも、キューブとしてのヴォリュームを基準としながらも、それを建築的に解体し、再編集することによって複雑な構成による住宅が生み出されている。

一方で現代建築に目を向ければ、妹島和世の梅林の家(2003)[図13]や、ジャン・ヌーヴェル設計のモラのアルトプラージュ(2002)[図14]などは、単体としてのキューブをより純度の高い形で建築へと映し込み、建築自体の抽象性を極限にまで高めている。ここでは逆に、建築自

無装飾の内的空間」を指している。ホワイト・キューブという概念は、たとえば「ユニバーサル・スペース」や「インターナショナル・スタイル」といった均質なモダニズムの空間にも呼応しており、この概念をいかに批判的に乗り越えるか、ということが、現代建築における1つの大きなテーマになっている。磯崎の群馬県立近代美術館は、そうしたホワイト・キューブの概念を包含しつつ、それをアイロニカルに批判する方法として、キューブが導入され、

図11 | レーモンド自邸

図12 | 土浦亀城邸

図13 | 梅林の家

図14 | モラのアルトプラージュ

図15｜サルファティストラート・オフィス

体を純粋立体としてのキューブにはめ込むことによって、通常の建築的な見えがかりを革新的に更新させるような手続きが取られているのである。

スティーヴン・ホールによるサルファティストラート・オフィス（2000）[図15] は、「メンガーのスポンジ」という数学的なポーラス・モデルをもとに、ボックスとしての建築に無数の孔をあけ、あたかもフラクタル・デザインの極地のような建築を生み出している。キューブの表層に注視したこの建築も、一種のキューブの演算と言えるだろう。

さらに、コンセプチュアルな建築の事例を挙げれば、空間のシンタックスをテーマとし、形而上学的なまなざしで箱の解体と再構成を試み続けた、ピーター・アイゼンマンの住宅シリーズ（1968-）[図16] も、そうした演算の極端な一例と言える。こうした試みは、「詩としての建築」という観点から特異な作品を生み出したジョン・ヘイダック [図17] を経て、日本では坂 茂の一連の建築 [図18] へと結実されている。

日本の過去へと遠くさかのぼれば、千利休や小堀遠州らによる茶室も、極小空間としてのキューブを生み出すことが望まれていた、と見ることができるだろう。

キューブという概念はこのように、古来より、多くの建築家たちを、絶えず魅了し続けてきたのであり、今後も新しい形で、その創造の源泉をなしていくのに違いない。

参考文献
『ルイス・カーンの全住宅』斎藤裕、TOTO出版、2003年
『新建築』1975年1月号、167-200頁（群馬県立近代美術館）

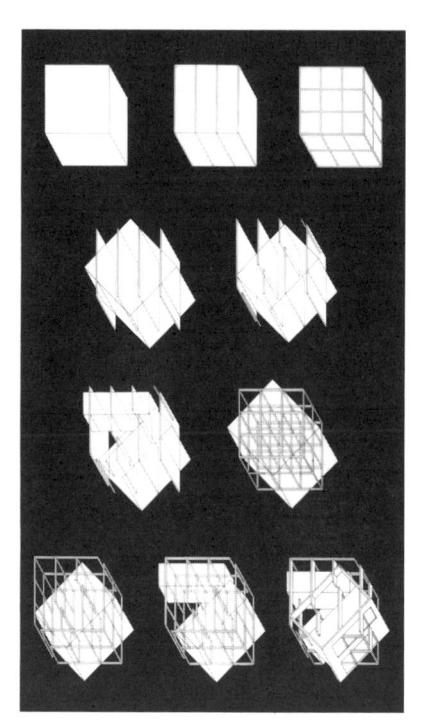

図16｜住宅第3号 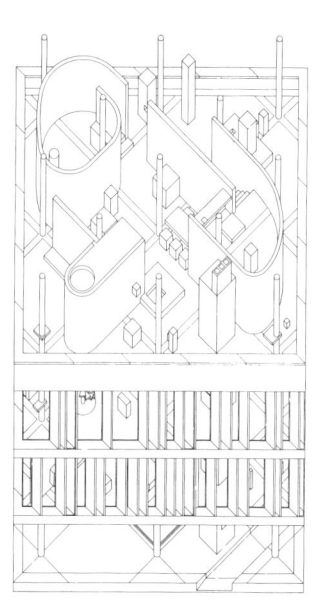　　図17｜ハウス8 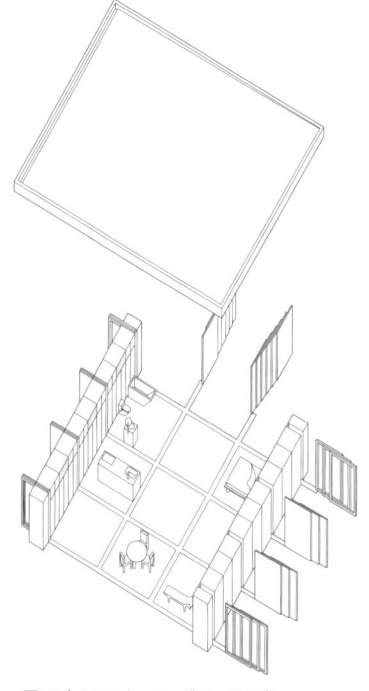　　図18｜9スクウェア・グリッドの家

05 連続体

図1｜グッゲンハイム美術館

連続する空間

　洞窟は初源的な建築形態の1つである。周囲を囲まれながら、特定の方向にだけ空間が延びていく様は連続的な空間のモデルと考えてもよいだろう。洞窟のような空間は途切れることのない連続的な経験として認知される。洞窟のように経路と経験が一致する空間では、細々と分節された空間とは異なり、シークエンスが強く意識される。建築空間をどのように移動させ、どのような体験をさせるかということは時間を伴うデザインでもある。

　一方、建築が構造的に成立するためには、壁や床、柱や梁、屋根などが必要である。これらの要素は空間を分節していくものである。建築は空間を分節することによって構造的に成立する。2つの空間を連続させるためには、構造的に安定した分節要素に孔を穿たなければならない。つながり続ける空間は、同時に連続的に構造が破断している空間でもある。その破断はほかの要素によって補完されなければならない。連続的な空間体験を成立させるための連続的な破断と補完。そこに建築的な知恵と工夫が注がれるのである。それゆえ、連続的な空間は構造的な緊張感とともに経験されるのである。経路と経験が一致する連続体をデザインすることは、ひと続きの空間をデザインするとともに、それを成立させる構造的な困難を克服することであるとも言える。

螺旋状のスラブと展示空間

　フランク・ロイド・ライトによるニューヨークのグッゲンハイム美術館（1959）［図1・4-6］は、中央の大きな円形の吹抜けに面してスロープが螺旋状に続く展示空間が特徴である。この美術館の、来館者はまずエレベータに乗って最上階に上り、このスロープを下りながら通路の壁に展示された作品を鑑賞していく。美術館の計画では多数の鑑賞者が同時にかつ円滑に作品を鑑賞できるように、

05 Continuous Space

図2 | 在ベルリン・オランダ大使館

鑑賞者の動線を一方向に連続させなければならない。この美術館では吹抜けを中心に、最上階から徐々に径を小さくしていく螺旋状の連続スラブを展示空間および動線としている。

　レム・コールハース(OMA)による在ベルリン・オランダ大使館(2003)[図2・7-9]は、トラジェクトリー(軌跡・経路)と呼ばれる動線空間が約26m立方のキューブの中に貫入したり折り畳まれたりしているのが特徴である[図3]。この空間は、1階から10階まで、エントランスから図書室、会議室、フィットネス・エリア、レストランを通り、屋上まで連なっている。ニューヨークのグッゲンハイム美術館などが、幾何学的な規則をもって動線を連続させていたのに対して、より自由に連続体としての動線空間を扱っている。

　どちらも内部動線を計画上の主題とし、それらを積極的に可視化させ、外観のデザインにも反映している。しかし、2つの建築におけるシークエンスの様態や構造体と経路の関係はむしろ正反対であると言える。

図3 | 在ベルリン・オランダ大使館、トラジェクトリーの概念模型

図4｜グッゲンハイム美術館

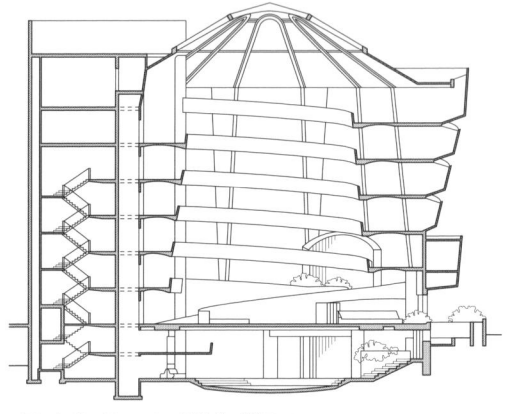

図5｜グッゲンハイム美術館、断面　S=1:800

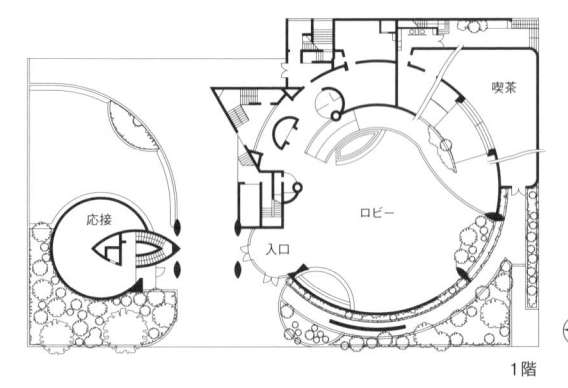

図6｜グッゲンハイム美術館、平面　S=1:1000

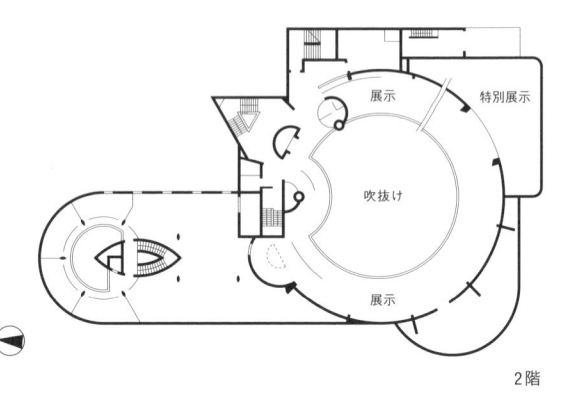

図7｜在ベルリン・オランダ大使館

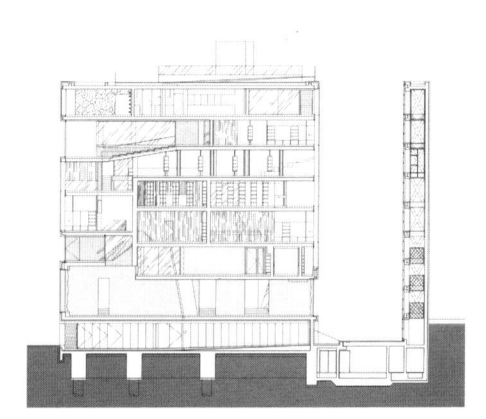

図8｜在ベルリン・オランダ大使館、断面　S=1:800

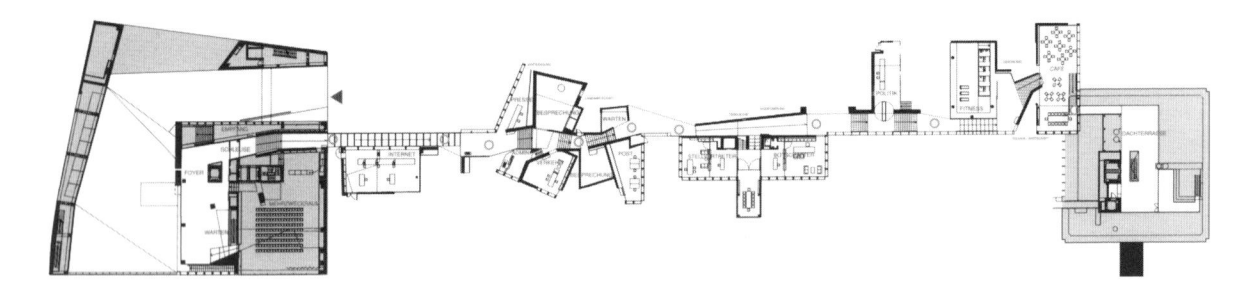

図9｜在ベルリン・オランダ大使館、動線に沿って関連する諸室の平面を描いた概念図

動線体

　ニューヨークのグッゲンハイム美術館のRCスラブは、直径がおよそ30〜40mで、6階分の高さをもち、円を12等分する半径方向の壁柱と階段やエレベータのあるコアによって支えられている。連続スラブは壁柱間をつなぐ斜材（ブレース）の役割も担っており、これによって動線空間を連続させながら同時に構造上の安定が図られている。スプリング状の連続床スラブを主として軸力を負担する壁柱などによって支えるという考え方である。床スラブを支持するこれらの構造要素はできるだけ視線の背後に追いやられ、視覚的には螺旋状のスラブが浮遊しているように見える。このことは外観でも同様で、各スラブと下階の壁を切り離すスリットが帯状に回り、壁の背後にある連続的な動線の存在を示唆している。この美術館では、移動経路の空間が展示という目的をもつ空間となり、その連続性が内外観においても視覚化され、構造もスラブの連続性によって成立している。

　同様の構成の建物として青木淳による潟博物館（1997）［図10-12］がある。この建物も地上から最上階まで続く連続スラブを展示空間としているが、径と方向の異なる2つの螺旋状のスラブから構成されることが、グッゲンハイム美術館とは異なっている。この建物では主要な展示空間である外周側のスロープに沿って内部を上がっていき、最上階で構造柱の内側にある反対向きの螺旋階段に移り、これを地上階まで下りていくように動線が計画されている。逆円錐形の外壁はガラスのカーテンウォールとなっており、2つの螺旋スラブの間にある構造柱や構造壁から外周側に片持ちで主展示室の床スラブを持ち出す構造となっている。これにより薄いスラブ断面がガラスの間を螺旋状に上っていく特徴的なファサードが成立している。

　UNスタジオによるメルセデス・ベンツ博物館（2006）［図

図10｜潟博物館

図11｜潟博物館

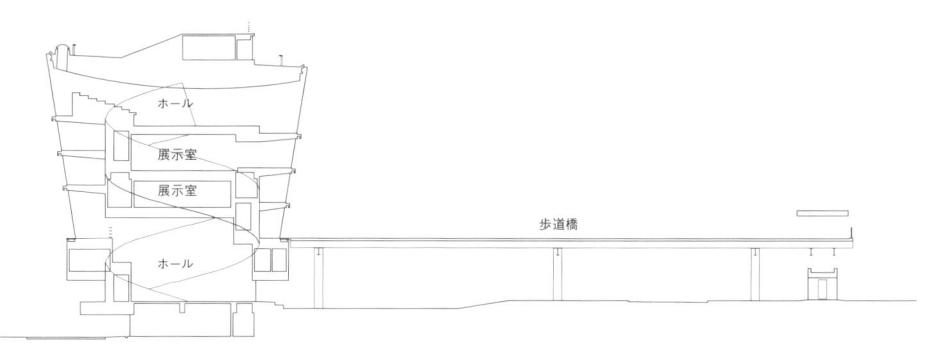

図12｜潟博物館、断面　S=1:800

図13 | メルセデス・ベンツ博物館

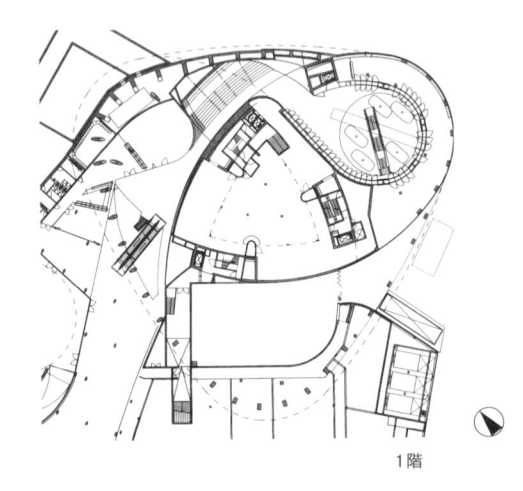

図14 | メルセデス・ベンツ博物館、平面　S=1:1600

図15 | メルセデス・ベンツ博物館

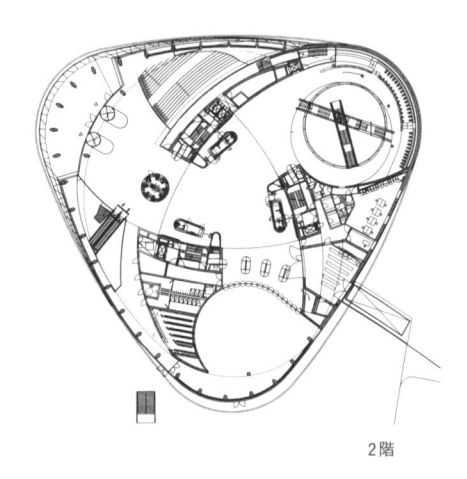

13-15]では、こうした構成がさらに複雑化している。3つの円を用いた三つ葉形の平面にスキップする9つの展示フロアを設け、2本の螺旋状のスロープによって動線が結ばれ、すべての展示空間がひと続きの連続的な空間になり、中央の吹抜けを中心に建物の内部を2重螺旋のようにつなぎ合わせている。

　いずれの例も展示空間として目的空間化された経路を主空間として、それらを立体的に循環できるようにし、動線を囲む形状を建物の外観の形状としている。これらはいずれも円という幾何学を基底にしており、それゆえに構造もまた螺旋状になっている。動線的な連続性と構造的な連続性が、幾何学的に符合しているのである。こうした建築は、ダイナミックな動線空間を実現できる反面、幾何学的な制約を受け、同質な空間が続くシークエンスになる恐れもある。

立方体をくりぬく経路

　一方、在ベルリン・オランダ大使館の場合、動線空間を規定する明確な幾何学があるわけではない。動線は場所によって階段になったり、スロープになったり、フラットなスラブになったりする。壁との位置も階によって異なり、建物の外周からはみ出しているところもあれば、建物の中心部をくりぬくように配置されているところもある。デザイン上重要なことは、それらの空間が遮られることなくひと続きの空間になっていることであり、執務空間が動線空間によってくりぬかれた残余空間に割り当てられていることである。この発想は、同じOMAのパリ大学ジュシュー校図書館案（1992）［図16］やフランス国立図書館案（1989）［図17・18］などでも示されていたものである。ここでは、動線に合わせて床を連続させるだけでなく、人の動くヴォイド（空隙）をつなぐことが目的になっている。しかし、このように動線空間が奔放にヴォリュームを突き抜けているために、壁やスラブなどの構造面が動線によって分断されてしまっている。この建物では、各階の動線空間の内壁を梁に見立て、中央部分で互いに交差させることで鉛直荷重を下階に伝えるようにしている。このような構造処理は一見するだけでは分からないようになっており、ヴォリュームを動線空間によって切り欠くように見せている。それは、サーブドスペースであるはずの執務空間とサーバントスペースであるはずの経路空間が逆転し、経路空間が図に、執務空間が地に反転していることを示しているとも言える。そのことを強調するために、貫入される相手として純粋なキューブが用意されている。動線空間は、キューブの暗示する整然とした秩序を攪乱（かくらん）するトリックスターのような役割を果たしているのである。このような動線の連続体をこの建物では空調のサーキュレーションルートとしても使用している。これらのシークエンスは3次元的に展開され、空間を構成する壁体が連続的な構造体となっていることが特徴である。

　このように連続体としての建築は、視覚的な連続性だけでなく、動線的な連続性やベンチレーションの連続性、構造上の連続性などとも関係づけられ、柱や梁から構成されるラーメン構造とは異なる建築空間や建築システムを実現させている。

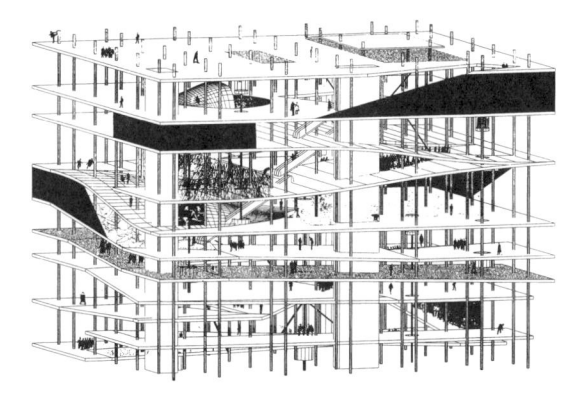

図16｜パリ大学ジュシュー校図書館案

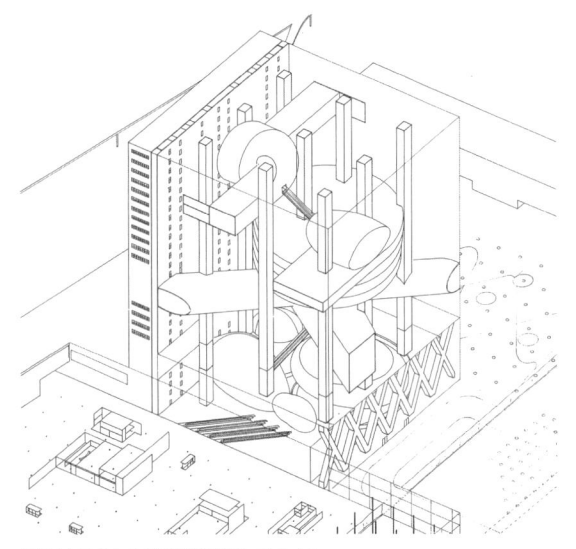

図17｜フランス国立図書館案、アクソメ

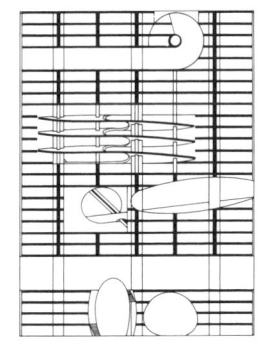

図18｜フランス国立図書館案、断面

SYMBOL
II 象徴

建築は、それを利用する人々のための機能を満足するだけでなく、その形態や構造、空間配置によって、科学技術、思想、あるいは世界観を表現する。そうすることで、個の建築を超越して、人々に共有される象徴的な存在となるべくデザインされている。この章では、建築デザインによる象徴的な表現方法について考えてみよう。

06 表層と装飾

図1 | マジョリカハウス

表層と装飾

　建築の表層には、外部と内部を区別し、風雨、日照、視線、外敵から内部空間を保護することで、人間にとって良好な室内環境を確保するはたらきがある。こうした機能的な役割に加え、表層は建築の外観を構成し、美的価値を与え、特別な意味を表示する。

　モダニズムの建築において、外観は内部空間や機能を忠実に表現する（外部が内部に対し従属的である）ことが重視された。表層は内部空間と不可分なものとして位置づけられていたのである。ところがこうした動きと並行して、19世紀末から表層を建築の本体から切り離された皮膜として自立的に扱う試みが始まる。これにより、表層は内部の機能や空間構成の束縛から解放された自由なデザインを獲得することになり、建物の機能と無関係に表層そのものをデザインの対象とすることができるようになった。このことは、それまで建物の表層に付加的に施されていた装飾のあり方も変化させることになる。建築の装飾は、美的配慮の結晶として、社会的な位置づけ、建物に投入されたコスト、文化的文脈を表示するものである。歴史的に見ると、装飾に否定的であったモダニズム全盛期を除き、建築は常に装飾的であった。近代建築の成立過程において、「形態は機能に従う」（ルイス・サリヴァン）といった言説や、装飾の否定（アドルフ・ロース）が叫ばれ、モダニズム建築の本質は、装飾ではなく機能にあるとされた。しかし、20世紀後半になると、こうしたモダニズムの規範が崩壊し、新しい装飾のあり方を模索する動きが始まる。

　ここでは、このような表層と装飾の関係について考える。

表層の自立性

　世紀末芸術が一気に開花した19世紀末にウィーンに建てられた、オットー・ワーグナーのマジョリカハウス

06 Surface and Ornament

図2｜アラブ世界研究所

（1899）[図1]は、ユーゲントシュティールの傑作として知られている。この集合住宅のファサードには、赤いバラの文様を描いた華やかな多色の装飾絵画が施されている。外装材には耐候性の確保と退色を防止するためにイタリア産のマジョリカ陶板を用いており、この建築の名称の由来となっている。植物のモチーフはこの時代に流行したアール・ヌーボーに見られる特徴で、1つの株から枝分かれする緑色のつるが建物の壁面全体を覆い、華やかなウィーンの街並みに彩りを添えている。この外観はワーグナーのプレーンな壁面への傾倒を示すもので、平面に描かれた厚みをもたない装飾、平滑なファサード、装飾を排除したシンプルな開口まわりは、内部の機能や空間構成とまったく切り離された表層の自立性を際立たせている。

同じくウィーンにワーグナーが設計した、ウィーン郵便貯金局（1906）もマジョリカハウスと同様に表層の自立性を強く意図した作品である。この建築は、ヴォールト形のガラス天井とガラスブロックの床からなる光に満ちた明るい内部空間がよく知られている。これと対照的に外観のデザインは重厚で閉鎖的な印象を受ける。この建築のファサードには、アルミのリベットで固定した大理石板が貼り付けられている[図3]。ファサードの構成は古典的な3層構成を踏襲しているものの、中層部をプレーンな壁面とし、あえてリベットを意匠として現すことで、取り付けられた皮膜としての外装を表現している。

アラブ世界研究所（ジャン・ヌーヴェル、1987）[図2]はパリのセーヌ川の左岸に建つ、アラブ世界の情報を発信し、アラブ世界の文化や精神世界を研究するための研究施設である。中庭に面する南側のファサードは、全面がガラスカーテンウォールに覆われており、アラブの建築に見られるマシュラビーヤという窓飾りをモチーフとして、幾何学的なパターンを採用したグラフィックな装飾が施されている。アラブ文化を表象する幾何学（アラベスク）文様を想起させるこのファサードは、建築の表層を意味

図3｜ウィーン郵便貯金局の外壁

図5｜シグナルボックスの外壁

図4｜アラブ世界研究所のカーテンウォール

図6｜シグナルボックス

の操作の対象と位置づける点で、近代建築に頻繁に用いられた透明性を追求した抽象的なガラススキンとはまったく異なる様相を示している。このガラスカーテンウォールの技術的な側面に目を向けてみよう。このカーテンウォールは、240のダイアフラムで構成されており、2重のガラスの間にはカメラの絞りのようなメカニズムが内蔵され、これを開閉することで採光を自動的に調節する仕組みになっている［図4］。現代の高度なファサードエンジニアリングと、幾何学的なグラフィックを用いた装飾性が高いレベルで結合した建築である。

スイスの現代建築家、ヘルツォーク・アンド・ド・ムーロンは、さまざまな素材を駆使しながら、建築の表層における表現の可能性を追求していることで知られている。彼らの代表的な作品、シグナルボックス（1995）［図5・6］は、バーゼルの線路脇に建つ信号扱所で、外装に約200mm幅の銅板の帯を水平に巻き付けただけの素朴でミニマルな外観をもつ。銅板の一部は水平になるようにねじってあり、内部に光をもたらし、見る方向や時間によって単純な外観にアクセントを与える。建物の内部にはさまざまな電子機器が収納されており、この銅板の帯で被覆することによって、建物は外部の磁場から隠蔽されたファラデー箱を想起させる。

19世紀末から20世紀初頭にかけてつくられたマジョリカハウスやウィーン郵便貯金局は、建築の表層に自立性を与えつつも、装飾自体は比較的単純なものであった。現代建築においては、アラブ世界研究所やシグナルボックスの例が示すように、装飾を意味の操作（暗喩的表現）の対象としてとらえるところに新しさがあり、建築の表層が建築の内部の機能や空間構成と切り離され、独立した表現を獲得していることが分かる。

装置としての表層

現代建築においては、外皮に求められる性能がますます増大しており、意匠的な配慮に加え、環境性能、メンテナンス、新素材への志向、高度なカーテンウォールに代表

される構造性能など多岐にわたる。こうした外皮の高性能化、複合化はファサードだけ取り上げて専門的に設計を行うファサードエンジニアリングという分野と職能を生み出すまでになっており、今後その活躍のフィールドはますます広がっていくものと思われる。複層ガラスの中間層に絞りのメカニズムをパッケージすることで一種の採光装置としての皮膜を実現したアラブ世界研究所は、建築の外皮に高度な性能を負担させる流行の嚆矢となった建築の1つである。ここでは、このように装置化された表層をもつ建築の事例を見てみよう。

ビッグハート出雲（小嶋一浩＋小泉雅生、1999）[図7-9]は、空気の制御装置としての外皮をもつ建築である。建物のファサードは、換気機能を備えた高機能なダブルガラスルーバーのカーテンウォールという特殊な外皮に覆われている。ルーバーはリアルタイムで計測された室内外のエンタルピー、風量、風速をパラメーターとして、自動制御で開閉するように設計されており、室内のエンタルピーが低いときには、窓を開放し外気を取り込み、雨が降ったり、風が強くなると自動的に窓が閉まるようになっている。いわば呼吸する皮膜である。

装飾と構造の一体化

これまで述べたように、現代ではデザインと技術の両面において、表層の自立性が強調される傾向にある。しかし、そもそもモノとしての建築は、その構成上、構造と外装材が分離されているのが一般的である。外装材は風雨、日照から構造を保護し、それゆえに建築の長寿命化につながる。これはあらゆる構造種別に共通する建築の組立てであり、木造や鉄骨による柱梁構造の場合には、構造フレームに対し、下地を組んだ上で外装材やカーテンウォールを取り付けたりする。RCの壁式構造、組積造などの場合には、躯体面に対し、湿式や乾式の工法により取り付ける。このように建築の表層は、建築の構造と物理的に分節されているために、表現上も自立的に扱いやすいのである。

こうした、建築における構造と表層の基本的な構成に対し、例外として、RC打放しのように構造をそのまま意匠として外観に現すものがある。耐久性から見て好ましくはないが、建物の構造を率直に表現すること、素朴で力強い表現が好まれている。中でもTOD'S表参道ビル（伊東豊雄、2004）[図10]は、高層の商業ビルでありながら、構造をそのまま表層に現したきわめてまれな建築である。この建築の構成は、表参道のシンボルであるケヤキの木

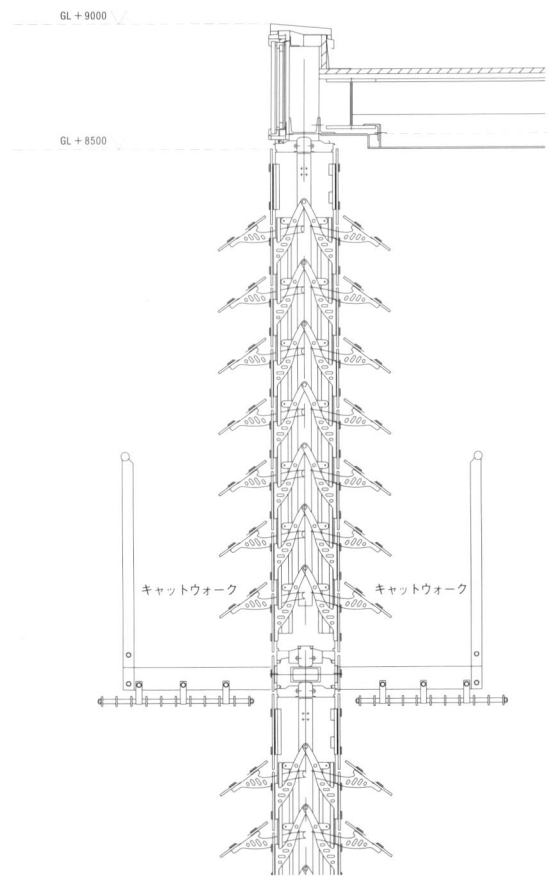

図7｜ビッグハート出雲、ダブルガラスルーバー縦断面詳細　S=1:30

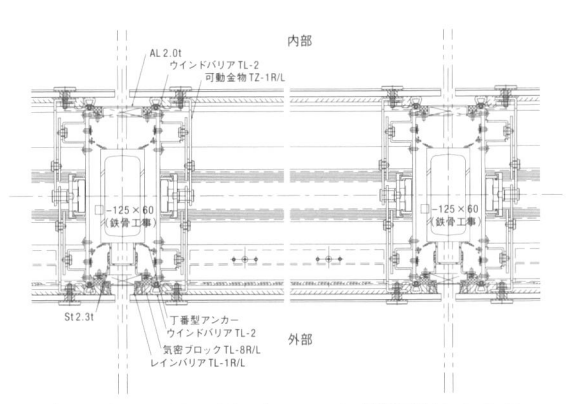

図8｜ビッグハート出雲、ダブルガラスルーバー横断面詳細　S=1:10

図9｜ビッグハート出雲

06 Surface and Ornament

をパターン化した樹状の構造体をL字型の平面の全周に貼り付けたものである。開口部は特殊な納まりを採用することで、合わせガラスが8mmのストラクチャーシールを介して外壁に対し面一(つらいち)で納められ、ガラスがコンクリートの外壁面に象嵌(ぞうがん)されたような印象を受ける［図12］。こうした厚みを消去した樹状のグラフィカルパターンが構造を兼ねることにより、構造そのものが装飾性を帯びたものとして新しい抽象性を獲得している。

　MIKIMOTO Ginza 2（伊東豊雄、2005）［図11］は、TOD'S表参道ビルと同様に、表層と構造が一体化した建築である。建物の外周を「鋼板コンクリート構造」の壁が取り囲むことで構造的に成立している。この壁は厚さ6～12mmの2枚の鋼板サンドイッチパネルを工場で作製し、現場で継ぎ目が出ないように溶接して全体を一体化し、その鋼板の間にコンクリートを打設したものである。異素材を組み合わせることで、鋼板の面的な靭性(じんせい)とコンクリートの剛性、耐火性能といった長所を兼ね備えたハイブリッド構造で、200mmというきわめて薄い壁でありながら、高い強度を確保することができる。目地のない平滑な大きな平面は、わずかな不陸(ふりく)も目立つため、高い施工精度が要求される。表面には光沢をもつパール塗装が施されており複雑な表情を見せる。こうした目地がないシームレスな外装は、建築のスケール感を消失させ、抽象的なシンボル性を生み出す。さらに不規則な形をもつ開口が設けられたグラフィカルな装飾としての表層は、外部側の鋼板と一体化した内側からの押縁形式のサッシを採用し、ガラスと鋼板の壁面がフラットに納まるデザインになっている［図13］。これにより構造と表層と装飾がミニマムな表現の中で見事に結合されている。

包装紙としての表層

　近年、ファッションブランドの旗艦店舗のデザインを建築家が手掛ける例が増加している。こうした仕事の多くは、建築家がファサードのデザインのみを担当し、内装は別のデザイナーに任される。この場合、建築家は内部空間と無関係に建物のパッケージデザインだけを行うことになる。LOUIS VUITTON NAGOYA（青木淳、1999）［図14］では、外壁はダブルスキンとし、外側のガラスと内側の壁に市松模様を施すことでモアレ効果を生み出してい

図10｜TOD'S表参道ビル

図11｜MIKIMOTO Ginza 2

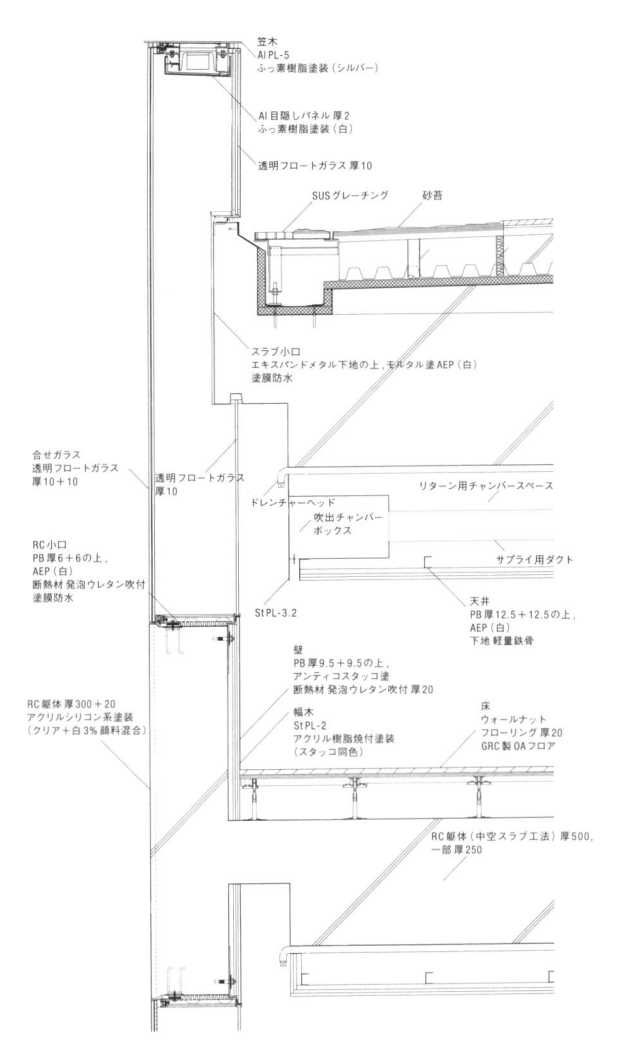

図12 | TOD'S 表参道ビル、外壁断面詳細　S＝1:30

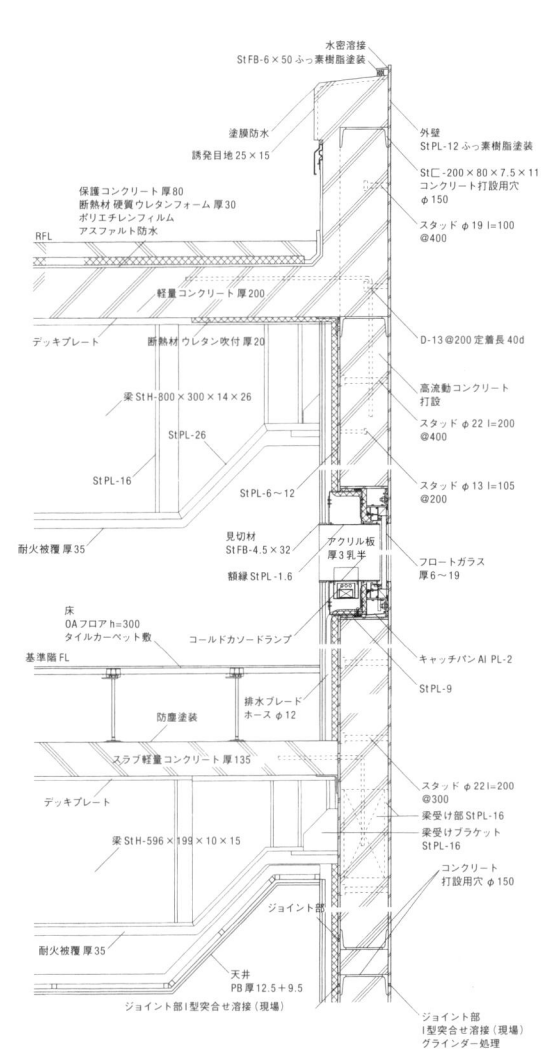

図13 | MIKIMOTO Ginza 2、外壁断面詳細　S＝1:30

る。モアレ効果は、見るものに奥行き感の錯覚をもたらし、建物の外皮があたかも厚みをもったヴォリュームによって充塡されているように見える。この作品では包装紙としての外装という問題をポジティブに解釈しながら、厚みのない表層を「空間を伴った3次元的なもの」としてデザインの対象に位置づけようとする試みが読み取れる。

　建築の表層は、建築の本体から自立し、現代においては意味を表象する独自の表現媒体へと変貌を遂げてきた。さらに今日ではその傾向が変質し、単なるパッケージとしてデザインされ始めたように見える。このことは、もっぱら空間のデザインを職能としてきた建築家にとってどのような意味をもつのであろうか。また建築の外皮とプロダクトのパッケージとの違いは何なのか。結局は建築における表層とは何なのかという最初の問いに回帰する。これからの表層がどのように扱われていくのか、今後の動向を注視する必要がある。

図14 | LOUIS VUITTON NAGOYA

06 Surface and Ornament

07 柱から考える

図1｜ジョンソン・ワックス本社

建築に存在を与える柱

　地球上のあらゆる建築は重力に逆らって建っている。古代から柱は不可欠な要素であった。柱は重力に抵抗して建築を支持するものである。つまり柱を立てることは、建築に存在を与え始めることである。と同時に、柱は内部空間において支配的な存在である。その配置、太さ、高さによって、基本的な内部空間の秩序は決定される。神殿や教会から今日の建築に至るまで、姿として現れる柱は、それ自体の造形および象徴性が、デザインの対象になってきた。スチールが利用できる現代建築では、柱を壁内に収めて視界から消してしまうことも可能だが、その現代においてなお、柱は支えるという基本的な形を超え、電気や水などの設備系や人間の動線を含む空間を統合（インテグレート）する新たな要素になっている。柱の象徴性は相変わらず、内部空間の主要なデザインの対象であり続けている。この章では、柱にどのようなデザイン

図2｜ジョンソン・ワックス本社

の可能性が広がっているか考えてみよう。

象徴的な柱

　ここで挙げる2つの建築、フランク・ロイド・ライトが

07 Considering Columns

図3｜せんだいメディアテーク

設計したジョンソン・ワックス本社（1939）[図1・2] と、伊東豊雄が設計したせんだいメディアテーク（2001）[図3・4] は、ともに大きな直径の柱が内部空間の風景を支配している。古代の神殿建築の柱に匹敵するような存在感である。ジョンソン・ワックス本社では、柱頭が円盤状に広がった形態の巨大な「きのこ」の傘のような柱が、グリッド状に規則的に並ぶ風景が印象的である。柱を部屋の4隅に建てるという発想ではなく、柱はそれが支える床の中心に堂々と存在している。そのことで、外壁のデザインや、空間の隅に独特のフィレットされた形態が誘導され、その事態が開口部のガラスチューブなど、あらゆるディテールの考え方に波及している。せんだいメディアテークの柱では、鉄骨をラチス状に組んで中空の状態として、エレベータや階段、設備シャフトなどを柱に内蔵し、同時に柱内部が竪穴となり床を貫通することで、構造としての柱だけでなく、光や電気、水といったエネルギーの通り道としての機能がインテグレートされているのである。

図4｜せんだいメディアテーク

小さな部材の断面を寄せ集めてできた柱が、全体としては雄大なディメンションとなり、梁の存在を消去されたフラットな床をそれらが貫通して海藻のように揺らぐ姿が、テクノロジーと融合した新しい柱、新しい建築のイメージをつくり上げているのである。

図5｜柱のオーダー

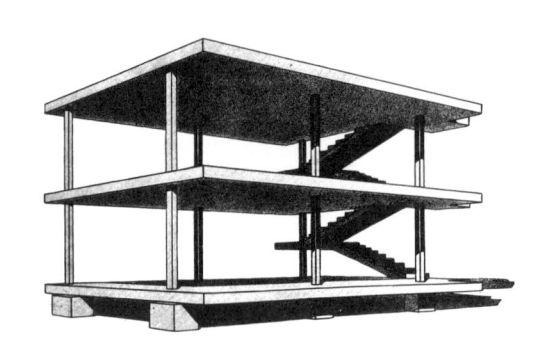

図6｜ドミノシステム

図7｜ユニテダビタシオンのピロティ

図8｜ミースの十字柱、平面

装飾された柱

　柱の歴史をさかのぼると、古代から中世までの西洋建築の柱では、オーダー[1]と呼ばれる様式がデザインの主要な対象の1つになっていた。神殿などでは、柱は身体彫刻そのものになることもある。こうした歴史的な柱で目立つのは頂部のデザインで、素朴なドリス式から、繊細なイオニア式、装飾的なコリント式など、柱頭部のディテール・デザインが時代に応じて展開していく［図5］。いずれも、柱の装飾が建築の様式を構成する主要な手立てであった。ルネサンスにおいては、大小の柱を組み合わせたマニエリスムの形式が登場する。ところが時代が進み、近代になると、装飾が排除されることになる。ル・コルビュジエのドミノシステム［図6］において、建築は床とそれを支える柱、そして床をつなぐ階段の3要素に分解・単純化され、近代建築の原理として説明されている。このとき柱は単純な角柱にまで還元され、いったん機能的に、あるいは機械的に必要最低限の存在になってしまう。

柱の異化

　近代において、装飾性をはく奪された柱であるが、それ以降も、しぶとく造形の対象になっている。コルビュジエは30年後に設計したマルセイユのユニテダビタシオン（1952）［図7］では、土木的なスケールのピロティを形づくる柱によって集合住宅全体を持ち上げているが、この柱はドミノシステムの柱とはかなり様子が異なり、コンクリートの可塑性を活かした内部が中空の造形的な柱が採用されている。また、ミース・ファン・デル・ローエが設計したバルセロナ・パビリオン（1929）で採用されているいわゆる十字柱[2]［図8］は、スチールの規格的な断面をもつ部材が組み合わされたものである。クロームメッキの

図9｜ガララテーゼの集合住宅

図10｜シカゴ・トリビューン案

きらびやかな素材感も相まってきわめて特異な装飾性の高い柱になっている。こうした特徴的な柱のデザインは枚挙にいとまがない。アルド・ロッシ設計のガララテーゼの集合住宅（1973）［図9］では、建物全体がおびただしい数の薄い壁柱によって持ち上げられている。薄い壁柱を大量に反復することによって、柱の象徴性というよりも、全体が1つの風景となって、メランコリックな様相を伴うロッシ特有のロッジア空間が出現している。アドルフ・ロースのシカゴ・トリビューン案（1922）［図10］は、近代にありながら、その斬新さはパロディに近いものとして、今でも際立っている。これは、建物自体が1つの巨大な柱になることによって、象徴性を獲得しようとしたデザインである。コンペ案で実現しなかったものの、そのイメージの強烈さからさまざまな局面で引用されている。

これらの事例では、柱は異化されている。つまり柱ではない何物かになることに成功している。どうしても空間に出てきてしまう柱という機械的、機能的な存在を、デザイン的に消す対象としてとらえるのではなく、むしろ積極的な存在としてとらえ、造形とスタイルを空間に与える要素として独創的なデザインを与え、そのことによって単なるサポートとしての柱の意味を乗り越えた結果だと考えることができる。このように柱のデザインが新しいとそれだけで、空間は斬新なものになり得る。

巨大な柱に統合する

ここで2つの建築に話を戻そう。ジョンソン・ワックス本社もせんだいメディアテークも、柱の意味を疑い、柱の新しいデザインを構想することが原動力になって、新しい建築が出現している。柱のディテールに集中して、むしろほかの部分の表現を控えめにするように詳細デザインがコントロールされている。ジョンソン・ワックス本社の柱は、柱本来の構造的意味から引き出された、より自然な造形に従うことによって、柱は空間を分節する単位、デザインの中心になっている。特有のガラスチューブを並べて曲げることによる開口部の造形や、建築の端部が丸くフィレットされた造形もまた、この柱の円形の幾何学と有機的に適合するものである。せんだいメディアテークの柱は、床には大梁がなく、鉄板を溶接してできたサンドイッチ構造で、表面的には極力フラットでミニマルな印象のものであり、柱のデザインの純度を高めている。また柱はガラスでカバーされ、中空であることが表現されている［図11］。ただし、この構想が法規的に竪穴区画と矛盾することから、ガラスには珪酸ソーダ層がサンドイッチされた特殊な合わせガラスが適用されている。火災の場

図11｜せんだいメディアテーク

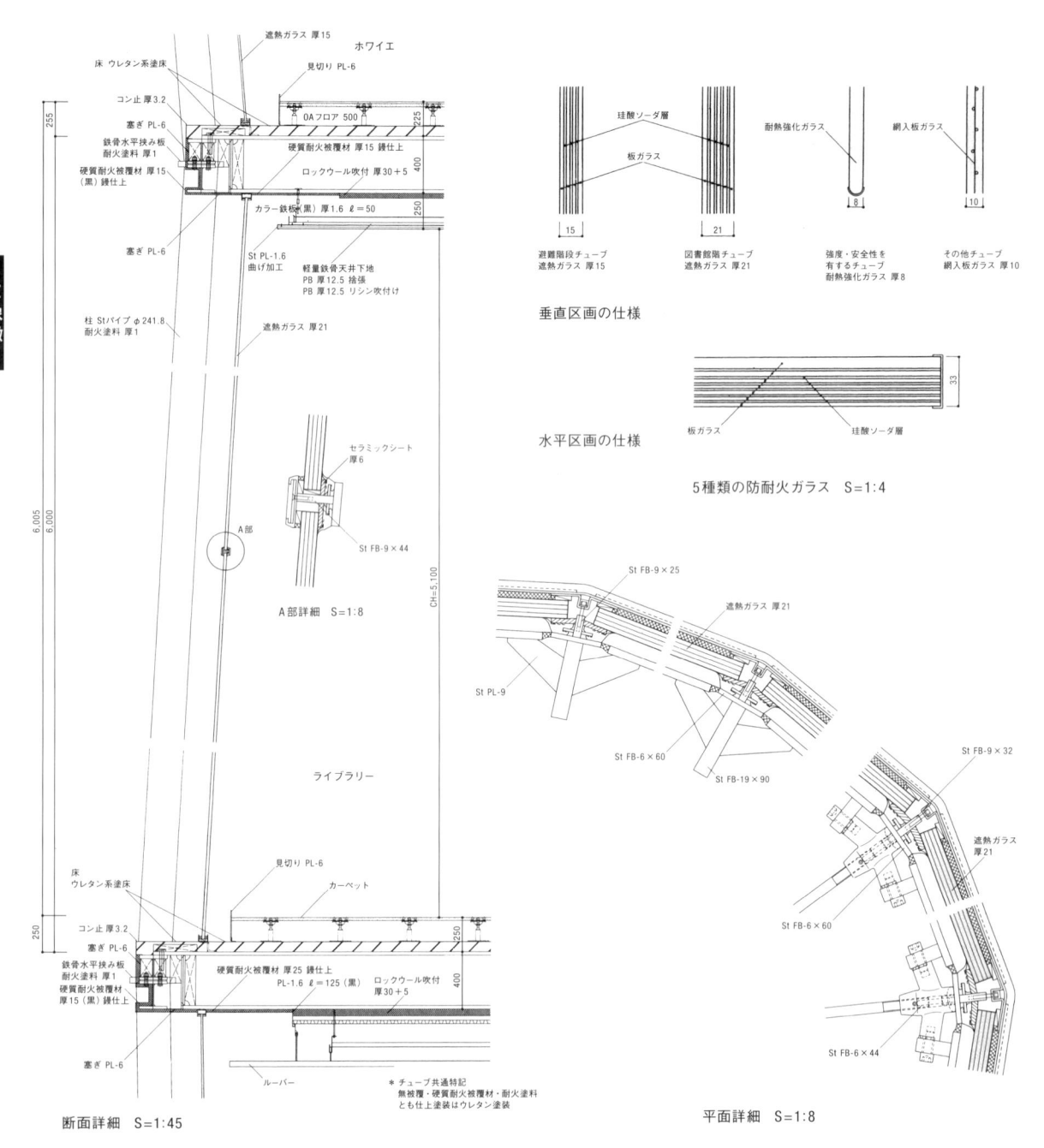

図12 | せんだいメディアテーク、チューブ詳細

合、珪酸ソーダが発泡し熱を遮断することで竪穴区画が成立する。また、柱がグリッド配置から微妙に外れて、独立した柱が立っているように見せる工夫には、揺らぎやディスクリートな幾何学といった、現代の建築がもつ傾向が垣間見える[図12]。

せんだいメディアテークのように柱にエネルギーの流れを集約するアイデアは、かつて、メタボリズムの建築[3]において構想されたことがある。空中都市[図13]は建築というよりも、都市スケールの巨大な柱の内部に、エレベーターや階段、エネルギー系統が収まった、垂直的な都市のインフラになるように構想されている。つまりここでは、柱は変わり得ぬ象徴的なものと考えられていて、反対に柱以外の部分は変わり得るものとして、新陳代謝する対象ととらえられている。

構造以外の要素を柱に統合する考えは、ハイテク建築[4]においても、重要なコンセプトの1つである。ノーマン・フォスターが設計したスタンステッド空港(1991)[図14-16]では、空間の単位は建築と柱の中間的な存在である。

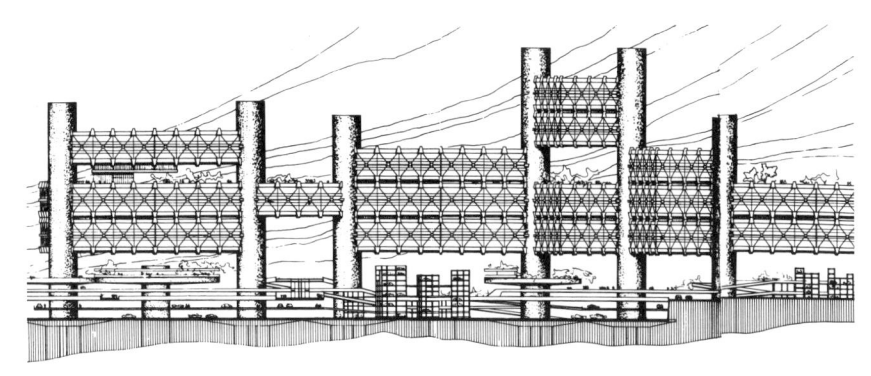

図13 | 新宿計画（磯崎新）の空中都市

つまり、ジョンソン・ワックス本社のように、新しい空間単位として、柱と柱が支える屋根が一体となった構造ユニットを想定している。ユニットには空調や照明といったエネルギーが供給されており、設備系がインテグレートされている。このユニットがいくつもグリッド状に並び、その間に屋根ユニットが充塡されることによって、飛行場のコンコースという大きな一体空間が出現する。このような構造と設備がインテグレートされたユニットを考案することによって、どこまでも空間を被覆できるシステムとすることができる。このアイデアは、建設とディテールをシステム化できるメリットがあり、ハイテク建築において、類似した事例が散見される。

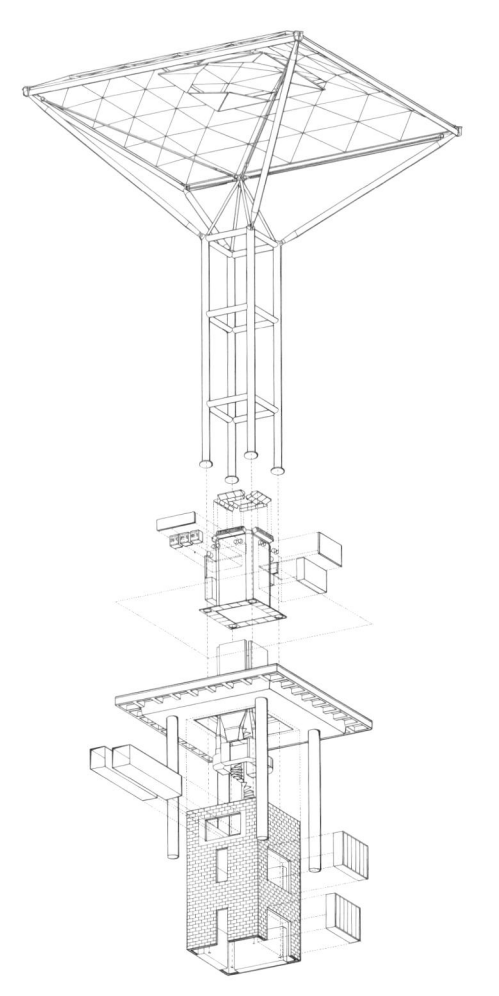

図14 | スタンステッド空港の構造ユニット

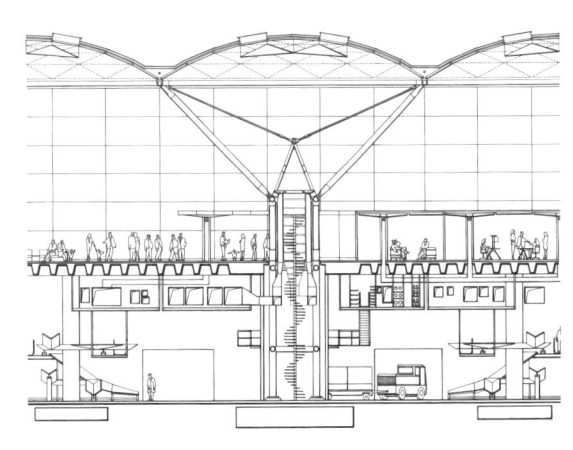

図15 | スタンステッド空港、断面

図16 | スタンステッド空港

07 Considering Columns　055

細い柱

　巨大な柱にすべてを集約する発想とは、まったく逆の態度として、おびただしい数の細い柱に極端に力を分散してしまうという方法がある。KAIT工房（石上純也、2008）[図17・18]では、ワンルームの大きな部屋に、2次部材並みに細いフラットバー（FB）の柱を数多く並べ、その配置、柱の密度によって、内部空間の風景をつくっている。つまり微小な柱の分布によって、いくつかの場が生成され、人の居場所が規定される。柱の存在をこれ以上希薄にできないくらい極小化すると同時に、内部空間全体としては柱の配置によって場所が定義される。星座の星のように自由に見える柱の配置は、グリッドのような構造的な呪縛から外れて、インフォーマル[5]な設計手法、具体的には、専用のソフトウェアによるフィードバックによって決定されている。

　以上のように、新しい柱の構想は、比較的オーソドックスな建築から、エクストリームな構想に至るまで、さまざまなスタイルの建築において可能であり、柱の存在・意味を疑い、その仕組み・配置を独自の論理によって再定義することは、新しい建築が生まれる契機となり得る。

図17｜KAIT工房

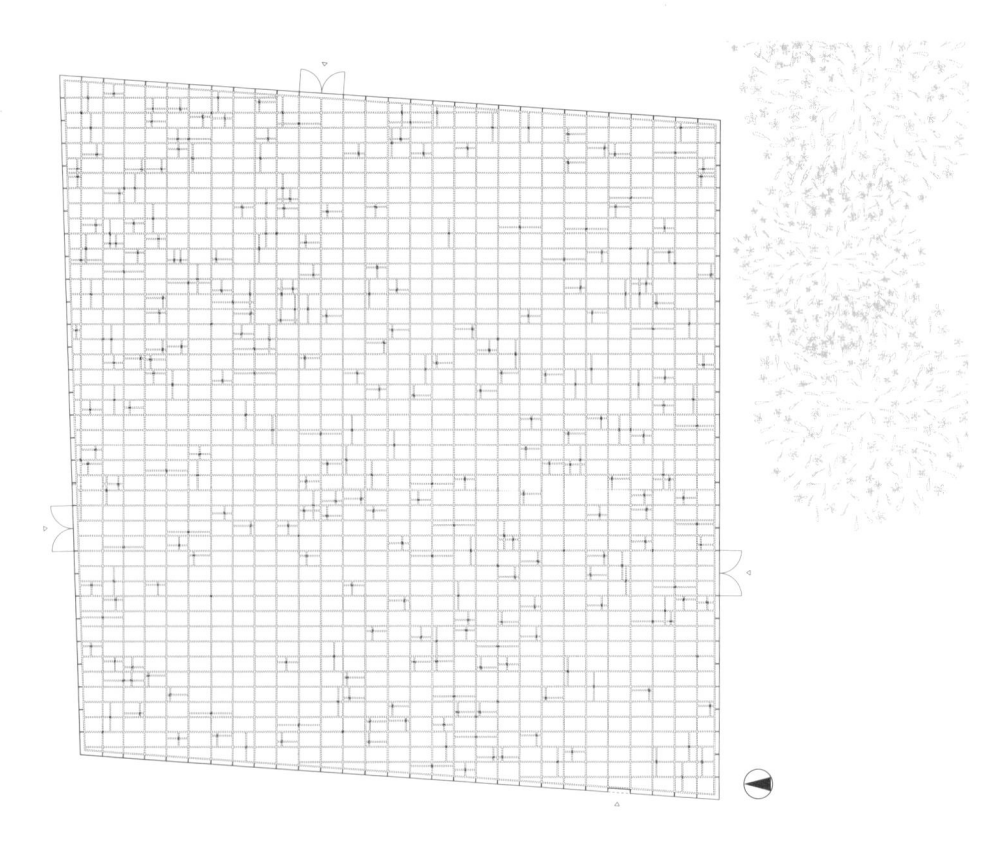

図18｜KAIT工房、平面　S＝1:500

1)『西洋建築入門』森田慶一、東海大学出版会、7頁
2) クローム・メッキのスチールプレートで被覆された十字型柱は、ミース・ファン・デル・ローエの設計に幾度も現れるデザイン・モチーフである。バルセロナ・パビリオン（1929）とチューゲントハット邸（1930）では、同じクローム・メッキによる仕上げであるが、チューゲントハット邸の平面形は丸みを帯びており、微妙にデザインが異なる。スケールがまったく異なるが、新国立美術館（1968）においても頂部に球形ジョイントをもつ鉄骨の十字型柱を採用している。ミースの代名詞と言える十字型柱のデザインは「ディテールに神が宿る」というミースのアフォリズムを象徴的に体現していると言えよう。
3) 生物の新陳代謝（Metabolism）をコンセプトとした、戦後日本を代表する建築運動で、都市や建築を生物のように有機的に変化するものとしてとらえた。不変のインフラストラクチャーとしてのコア柱や、変化するものとしてプラグインできるカプセルユニットなどを特徴としている。川添登、菊竹清訓、大高正人、槇文彦、黒川紀章らの批評家・建築家が思想的な中心人物であった。未来的な都市や建築のイメージは斬新で、同時代に活躍した、イギリスのアーキグラム、イタリアのスーパースタジオなどと比較される。マニフェストとしてまとめられたものに1960年『METABOLISM/1960－都市への提案』があり、作品として、海上都市（菊竹清訓、1959）、中銀カプセルタワービル（黒川紀章、1972）などがある。
4) ハイ・テクノロジー建築（High-tech Architecture）の意味で、鉄とガラスによる近代建築をさらに技術的に進化させて、建築の構造体と外壁、ならびに設備系を統合的にデザインした建築。工業製品化された部材とスチール、ガラスを用いた洗練されたカーテンウォールを主要な表現手段としている。代表的な作品に、ポンピドゥー・センター（R.ロジャーズ＋R.ピアノ、1977）、セインズベリィ美術センター（N.フォスター、1978）、香港上海銀行（N.フォスター、1985）、ロイズ・オブ・ロンドン（R.ロジャーズ、1986）などがある。
5) Informal（Cecil Balmond, Prestel Pub, 2007）によれば、インフォーマルな設計手法は、パラメトリックな新しい構造の考え方がベースになっており、計算機シミュレーションなどを用いたフィードバックを設計プロセスに組み込んだ設計手法である。

08 形態のメタファー

Ⅱ 象徴

図1｜アインシュタイン塔

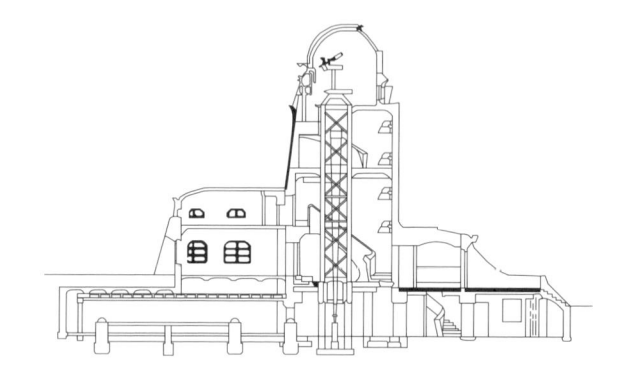

図2｜アインシュタイン塔、断面　S=1:400

形態の謎

　「形態は機能に従う」（ルイス・サリヴァン）というテーゼが、20世紀における近代建築に大きな影響を与えたように、建築にとって形態は、常に、避けることのできない大きな課題として存在し続けている。建築はむろん彫刻ではないにせよ、具体的な物象としての建築は、必ず最終的に、何らかの形態として結実する。そればかりか、その規模や社会に対する影響をかんがみれば、むしろ建築は、彫刻以上に形態がもたらす力は大きいとさえ言える。

　しかし、形式芸術としての建築は、いわゆる「形」というものを、何かから直接的に引用したり、写し取ったりするものではない。そうした建築が、ある種の例外として存在しはするものの、「雲のような建築」をイメージの源泉とすることはあっても、雲そのものを単に引用するのみでは、グラフィカルな装飾の次元にとどまる。

　そこで、建築の形態を考える上では、「メタファー」（隠喩）の問題が浮かび上がってくる。1つの建築を、「〜のような」と形容することはできたとしても、その建築が何を参照源としたのかは、謎に包まれていることも多い。建築のクリエイションのプロセス自体が、私たちにとって常に謎としてあり続けることの裏面として、「ある建築が、

08 Metaphor of Form

図3｜ケ・ブランリー美術館

なぜそのような形態として生み出されたか」という問題は、優れて持続的な謎として、常に私たちの前に立ちはだかっている。

イメージの建築化

20世紀初頭の建築において、特異なメルクマールをしているアインシュタイン塔（エーリッヒ・メンデルゾーン、1924）[図1・2]は、相対性理論で有名な天才物理学者アインシュタインのために建てられた実験施設である。ドイツ表現主義における代表作と見なされているこの小作品は、流体的なフォルムによって、まるで流れそのものを可視化させ、空気や風の動き自体を建築へと結晶させたかのようにも見える。ここでは、発表当時、世界のほとんどの人が理解できなかったとさえ言われた相対性理論のイメージを、独自の解釈によって形態へと翻訳しようとした、メンデルゾーンの格闘の軌跡が読み取れる。メンデルゾーンはこの特殊な形態を実現させるため、当時の建築技術を超えた性能を要求したため、技術が形態に追いつかないという結果すら招いている。が、そうして生まれたこの建築が、建築形態の新しい次元を切り開き、建築文化全般に大きな衝撃を与えたことは事実である。

対して、パリの市街地に建てられたケ・ブランリー美術館（ジャン・ヌーヴェル、2006）[図3・4]は、文化人類学的な資料を収集し、展示する一大博物館である。そのプログラムの性格から、世界そのものの縮図とも言えるこの建築は、一見、とらえどころのない不思議な形態と配置、素材の組合せによって構成されている。そのため、形態という視点から見れば、特に何かを象徴し、参照しているようには感じられない。しかし、地上面を覆う広大な庭園やブルータルに緑化された壁面、カラフルな原色で彩色されたボックスが飛び出している外壁部分、さらには黒く塗り込められた中に赤く着色されたインテリアなどを総合していくと、「カオスとしての、極彩色としての、

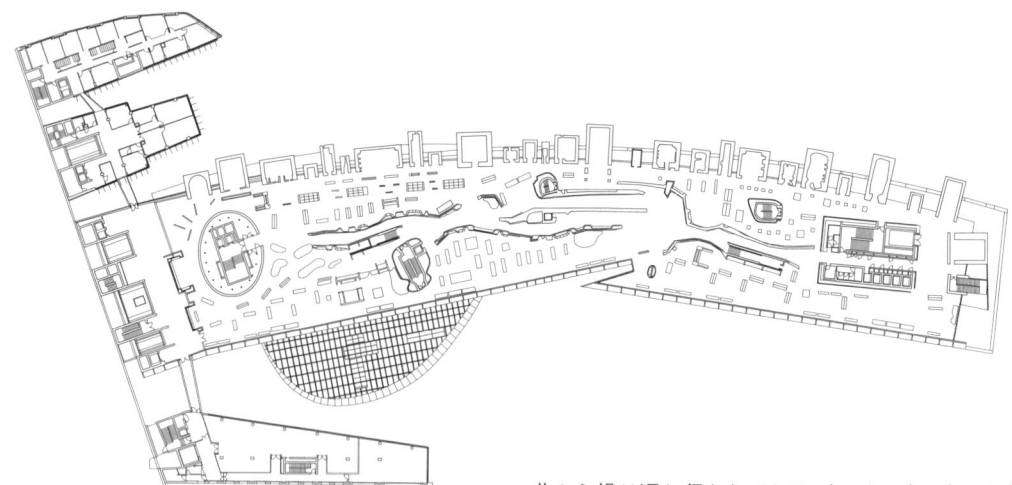

図4｜ケ・ブランリー美術館、平面（ギャラリー・レベル）　S=1:1500

民族学的視点からの世界」を、多様なデザイン・エレメントによって表象しようとする意図が透かし見えてくる。ジャン・ヌーヴェルはここで、直接的な引用によらない、メタファーとしての形態をいかに創造するかという課題に、果敢にチャレンジしているのである。

シンボルと形態

　建築が、何らかの事象を直接的に参照して生み出されている事例は、古来より多く見られる。たとえばギリシャの古典主義建築を代表するエレクティオン（紀元前400年頃）には、カリアティッドという人を模した柱が使われている［図5］。これは6体の少女の体を模した柱像で、これらの人柱が、シンボリックに玄関部分の屋根を支えている。

　このように、建築と身体とを関係づけようとする試みは、昔から繰り返し行われており、ウィトルウィウスはすでに、幾何学と人体寸法との関係に、宇宙の調和を見いだそうとしていた。この、ウィトルウィウスの思考に触発されて、ルネサンス期にはレオナルド・ダ・ヴィンチが「ウィトルウィウス的人体図」という有名なドローイングを描く［図6］。これは、人間の身体が円や正方形といった幾何学的な純粋図形と、密接に関係していることを示そうとした図案である。

　こうした例が示唆するように、建築は古くから「人間」や「身体」のシンボルとして考えられてきた部分があり、そうしたことの延長で、「有機体としての建築」や「新陳代謝する建築」といったアイデアが、多くの建築家たちによって検証されてきた。表現主義の建築も、その流体的で生物的なフォルムから、「有機体としての建築」というテーマと交差する部分を併せもっていると言える。

　建築の形態を決定する際に、前述のカリアティッドのような、対象の直接的なコピーは最も分かりやすいものであるが、コピーの特異な事例としては、たとえば1922年の、アドルフ・ロースによるシカゴ・トリビューンのコンペ案［図7］などが挙げられよう。ロースはこのコンペに

図5｜エレクティオンのカリアティッド

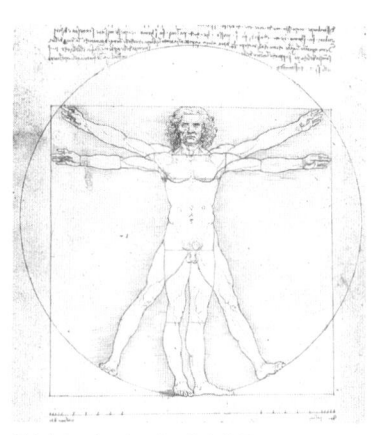

図6｜ウィトルウィウス的人体図

図7｜シカゴ・トリビューンコンペ案

図8｜国立屋内総合競技場

図9｜シドニー・オペラハウス

おいて、基壇部分に巨大なドリス式の柱が載った、異形の形態による計画案を提出したが、これは古典主義建築におけるシンボルとしての柱を、シニカルにそのまま写し取ったものだった。

機能と形態の諸問題

建築において形態を決定する最たる要因は、言うまでもなくその機能だろう。風船を膨らませれば、自動的にその外形が決まってくるように、建築も内部空間の用途や機能を考慮して計画すれば、その延長で自動的に形態が決定される部分があるのは確かである。そうした視点に依ることで、冒頭の「形態は機能に従う」（ルイス・サリヴァン）というテーゼが近代建築の主要な指針となり得たのだった。

しかし、複雑な事象の総体としての建築は、必ずしもそうした機能による考え方のみではとらえ切れない側面もある。たとえば構造表現主義と呼ばれる建築は、構造的な合理性や力の流れを、表現の水準に組み込もうとしたもので、TWAターミナルビル（エーロ・サーリネン、1961）や国立屋内総合競技場（丹下健三、1964）［図8］、あるいはシドニー・オペラハウス（ヨーン・ウッツォン、1973）［図9］などは、そうした構造表現主義の流れの中で、優美な形態表現として花開いた傑作だと言える。

主としてアジアにおける、木造建築の系譜には、こうした構造表現主義的な志向を感じさせるものが多い。軒先の組物に代表されるような、木造によるダイナミックな架構をありのままに見せようとする態度は、古く東大寺にさかのぼるまでもなく、日本の伝統的な建築物にも多く散見されるからである［図10］。

さらに言えば、近代以降、建築は「機能主義」を標榜しながらも、技術の飛躍的な進展により、機能を超えたさまざまな表現が実現可能となり、「機能とは無関係な、あるいは新たな機能自体を誘発するような、形態そのものへの探求」が多様に試みられるようになってきた。1920年代には機能主義の文脈で理知的な建築をつくり続けていたル・コルビュジエが、1950年代に至ってきわめて彫塑的なロンシャンの礼拝堂（1955）［図11］を生み出したことは、そうした動きを象徴する出来事でもあった。

図10｜東大寺南大門、軒の組物

図11｜ロンシャンの礼拝堂

08 Metaphor of Form　061

図12 | MAXXI（ザハ・ハディド、2009）

図13 | ヴィトラ・デザイン・ミュージアム（フランク・ゲーリー、1989）

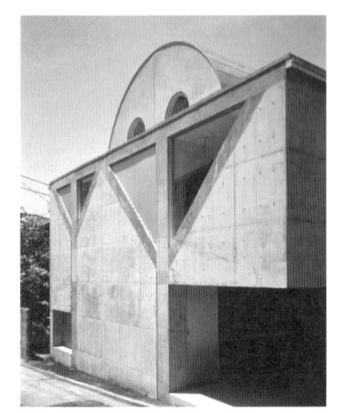

図14 | 上原通りの住宅（篠原一男、1976）

図15 | 雲の鐙

形態生成の類型

　形態の決定に際して、さまざまな事象や歴史からの引用やコラージュが試みられたポストモダンの動きが力を失った1990年代以降、建築の形態を決定する要素は、より断片化・複雑化し、一筋縄ではとらえ切れなくなっている。

　その中で、あえてそれらの類型をいくつかに分類するとすれば、次のようなものが挙げられるだろう。
①周辺環境や都市要素を考慮し、それらへの応答から自動的に形態を決定する「環境考慮派」。
②建築家の主体性を全面に出し、その個人的な美学やセンスによって形態の基本を決定する「個別造形派」。
③建築空間と形態を生み出す初期設定とその後のアルゴリズムをあらかじめ決めておき、あとはそれらを駆動させることで自動的に形態を生成させていく「アルゴリズム派」。

　細かく見ていけば、このほかにもさまざまな「流派」が挙げられるだろうし、実際にはこれらを純粋に切り分けることは難しく、各々が混在している場合も多い。しかし、大きくは、このような形に分類することも可能だろう。

　たとえばザハ・ハディドやダニエル・リベスキンド、フランク・ゲーリー、あるいは篠原一男などの特異な形態による作品群は、一見、②の「個別造形派」として分類されるであろう［図12-14］。20世紀初頭にさかのぼれば、ロシア構成主義の代表作である「雲の鐙」（エル・リシツキー、1925）［図15］も、そうした流派に含めることが可能だろう。

　対して、都市に溶け込むようにして時間をかけて計画されたヒルサイドテラス（槇文彦、1969-1998）［図16］などは、「環境考慮派」と目されるだろう。

　一方で、「アルゴリズム派」の中には、フラクタルやカオスといった数学的な概念を応用して、新たな形態の生成に挑んでいる流派もある。たとえば構造家のセシル・バルモンドは、〈非・形態〉とでも呼ぶべき「インフォーマル」なる概念を通して、古典的な幾何学から逸脱した、不定形で不均衡な建築の形態を切り開いている。バルモンドのこうした試みは、レム・コールハース（OMA）との協同により、CCTV［図17］やカーサ・ダ・ムジカなどのユニークな形態をもつ作品となって実現されている。ここに至っ

図16 | ヒルサイドテラス

図17 | CCTV

ては、建築における形態のメタファーはより高度化し、直接的な何かを参照するのではなく、幾何学という、いわば形而上学的な概念それ自体が形態のメタファーの次元をなしているのである。

　このように、「形態としての建築」という視点から見れば、どうしてもインパクトのある特異な形態に目を奪われがちであるが、建築における形態は、必ずしも巨大なエクステリアを通した外形のみがテーマとなるのではない。建築は細かい部位やインテリアにも、さまざまな次元で必ず形態というものが出現するのだし、そうしたものの積み重なりが、全体のもたらす気配に逆に大きな影響を与える。

　その意味で、形態というテーマは建築において、古くて新しいテーマとして、常に／すでに重層的に、その全体にかかわっているのである。

09 言語と記号

図1 | カサ・デル・ファッショ

言葉と建築の共犯関係

　本来、思考の媒体としての言語と、モノとしての建築は、互いに最も遠い関係にあるように見える。しかし古来より、建築と言語は、その関係性が絶えず問題化され、複雑にねじれた共犯関係でもって、お互いを必要としてきた。ウィトルウィウスを筆頭に、建築という概念の始まり自体が、そもそも言語による「建築論」の成立と密接に関係していたし、ヴィクトル・ユゴーをはじめとして、文学作品をひとつの「建築」と見なす考え方も、古くからあるばかりでなく、現代でも時々示唆的に語られる。

　言語と建築の、こうした奇妙な関係性は、近代建築の出現以降、より複雑なかたちを取るようになる。20世紀を迎えて、言語を記号のひとつと見なす記号論・記号学が誕生して以来、建築を、より抽象化された＜言語の体系＞や＜意味の構造＞としてとらえる考え方が生まれてきたからである。そうした側面から、建築空間を言語体系として読解すると同時に、文法の操作として建築創作の方法論へと組み込む試みが、さまざまなかたちでなされてきた。

　文字や単語を基本単位とする言語は、レンガや石や木といった素材を単位とする建築の構造と、一見、類似性をもつかに見える。たとえばロラン・バルトは、物語の構造を分析するにあたって、まさにその最小単位を「マイクロ・シークエンス」という空間的なタームで記述している。

　しかしもちろん、建築と言語の存在様態の位相は、根本から異なっている。見えない恣意の産物としての言語と、3次元の具体的な手応えをもった建築。20世紀以降、人類は、きわめて遠くかけ離れたこの2つの概念を突き合わせ、その異化作用によって、これまでにない新しい建築的思考を展開してきたのである。

09 Language and Sign

図2｜ベルリン・ユダヤ博物館

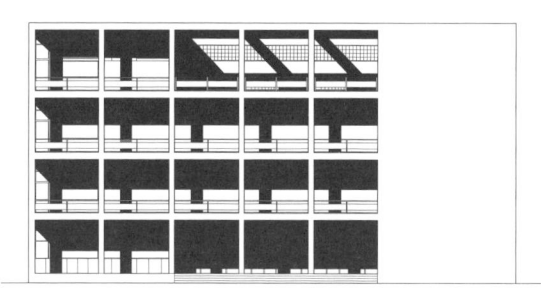

西側

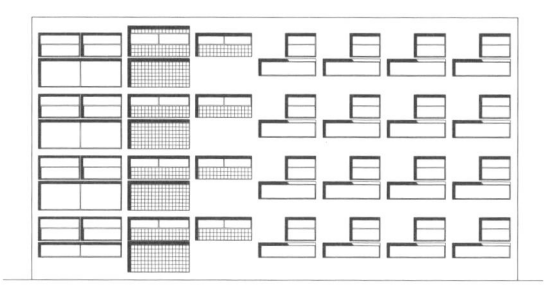

南側

図3｜カサ・デル・ファッショ、立面　S＝1:400

建築の形式化と意味化

　ジュゼッペ・テラーニの代表作であるカサ・デル・ファッショ（1936）[図1]は、20世紀の歴史がその必然と偶然の交差する地平において生み落とした、特異な建築である。その構成はきわめて厳格であり、平面は1辺が33.2mの正方形で、高さがそのちょうど半分の16.6mからなる抽象的な直方体の外観をなしている。その上でファサードは、4：7に正確に分割され、4周の立面は立体的なフレームを可視化させた上で、各々複雑な操作により、すべて異なる表現となっている[図3]。対して内部は、厳格な構成の延長で、柱や梁が意図的に露出させられ、あたかも言語の構造のように、操作論的な空間構成のシステムが透かし見えるようである[図4]。

　こうした建築の気配の全体は、ある次元において、ミース・ファン・デル・ローエが体現していたような「均質空間」の概念よりも、もっと徹底的にその概念を突き進め

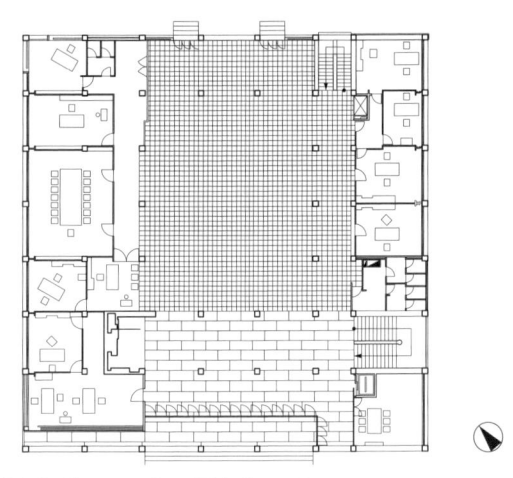

図4 ｜ カサ・デル・ファッショ、平面　S＝1:500

ているようにも感じられる。建築の設計における恣意性を排除し、その合理性と機能を突き詰めていったときに何が現れるかという「思考の極北の深淵」を、テラーニ自身が身を賭してのぞき込もうとしているように思えるのである。

実際、テラーニ自身がイタリア合理主義のグループに属していたし、合理主義と機能主義の関係性をさかのぼれば、テラーニと協働していたアルベルト・サルトリスが、ル・コルビュジエの助言を得て「機能主義」という言葉を使うようになったことからも、その類縁性を指摘することはできるだろう。そうしたことを視野に入れてみれば、テラーニのこの建築は、20世紀初頭におけるさまざまな諸文化の「形式化」「基礎化」の流れを最も徹底化させ、意味を抹消させた形式だけの建築を具現化させた「事件」であったと言える。それが、ファシズムのための建築であることを要請されたというのは、歴史の際立ったアイロニーであるにせよ、それは言ってみれば、言語の意味を極限まではぎ取った、言語構造の裸体なのである。

それに比して、ダニエル・リベスキンドによるベルリン・ユダヤ博物館（1999）［図2・5・6］は、その過激な形態のそこかしこに、意味が充満している。それは、ジグザグ状の尖った全体の形が、亜鉛とチタンの金属で覆われ、ほとんど巨大で自由奔放な彫刻作品のように見える。この建築は、まずユダヤ人であるリベスキンド自身が、ユダヤの象徴をなすダビデの星を直接的なモチーフとするところから建築を創案し、ベルリンのあちこちに痕跡として残る悲劇の歴史とユダヤの記憶を、ダイレクトに空間化する、という手続きを取っている。その空間構成のそれぞれに、具体的な意味が付与される。たとえばアプローチをなす地下の3つの通路は、「亡命の軸」「持続の軸」「ホロコーストの軸」と名づけられ、それぞれの気配を帯びる。また、その地上部には斜めに突き刺さる柱が49本建っているのだが、これはイスラエル建国の1948年に1を加えた数字と説明されている。さらに、博物館全体を横断して貫くヴォイド空間は、「誰も入れず、触れることのできない不可視の場所の象徴」として虚の中心軸を形成している。実にこの建築は、形態のすべての相に、1つ1つ意味が付与され、直接的な物語と記憶をまとった、「記号と意味の集合体」をなしているのである。

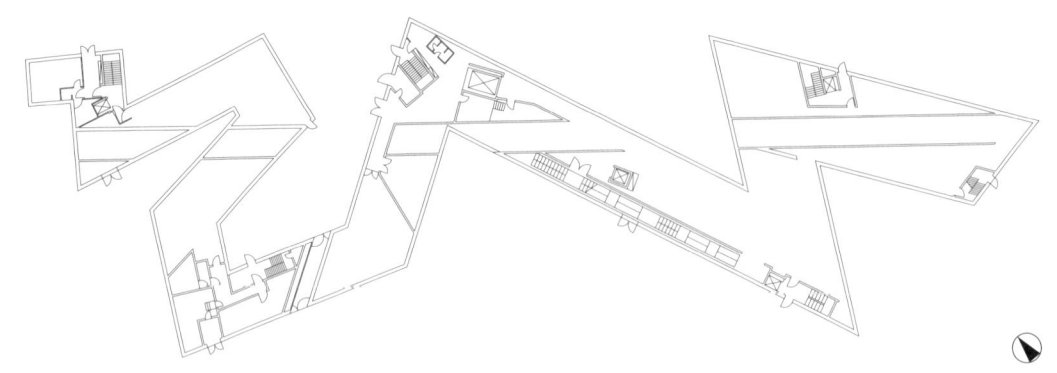

図5 ｜ ベルリン・ユダヤ博物館、平面　S＝1:1200

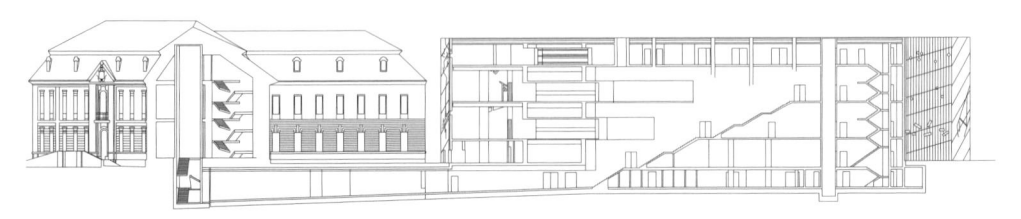

図6 ｜ ベルリン・ユダヤ博物館、断面　S＝1:1200

図7｜バウハウス校舎（デッサウ）

図8｜母の家

図9｜イタリア広場

図10｜つくばセンタービル

建築の言語論

　近代建築のマニフェストは、実は言語論的なアプローチによって幕を開けている。インターナショナル・スタイルなる考え方が世に放たれたのは、「個々の地域の伝統的な建築が、互いにつながりをもたず、排他的につくられゆく中で、いかに世界共通の建築を生み出し得るか」という課題に答えようとしたからである。これは言い換えれば、「個々の地域の言葉が、それぞれに閉じてほかの地域とコミュニケートできない中で、いかに世界共通の言語を構想し得るか」という問題にほぼ翻訳できる。バベルの塔の物語が暗示していた、さまざまに異なる人々の、世界言語への希求。それをモノの次元に映し込んだとき、建築の次元に＜インターナショナル・スタイル＞という概念が着想されたのである。だとすれば、近代建築はそもそも、言語論的に始まったと言ってよい。

　「地域の個別性を超える、世界共通の理念とスタイル」というスタンスを、最も明確なかたちで唱えたのは、バウハウスを主導したワルター・グロピウスである。グロピウスは1925年にバウハウス叢書の第1巻として出版された『国際建築』において、「個人、民族、世界」という3重からなる同心円を示し、個人や民族という枠を超えた、世界共通の枠組みとしての建築を提示した。それに連動するように、1926年には自らの設計で、バウハウス校舎（デッサウ）［図7］を完成させる。この建築は、透明性が際立つガラスのカーテンウォールや、中心性や象徴性を意図的に消去し、流動的で抽象的な空間を見事にまとめ上げることにより、その後の近代建築を予告する重要なメルクマールとなった。それは言い換えれば、世界の共通言語を希求する意識の形象でもあったのである。

引用・象徴・装飾

　建築を言語や記号の体系と見なす思考は、主として1960年代以降に展開された、モダニズムの批判的継承としてのポストモダニズムにおいて、より直接的な形を取って現れることになる。そこでは「レス・イズ・モア」（ミース・ファン・デル・ローエ）という視点を転倒させた、「レス・

イズ・ボア」（ロバート・ヴェンチューリ）という志向のもと、過去の歴史やさまざまな地域からの建築的なボキャブラリーが多様に引用・折衷されたり、異なったものがあえて対立的に併置されたりすることにより、あたかも立体的なコラージュのように、時代と空間を横断する操作が行われるようになった。その代表例として、ロバート・ヴェンチューリによる母の家（1963）［図8］や、チャールズ・ムーアのイタリア広場（1978）［図9］などが挙げられよう。中でも出色なのは磯崎新によるつくばセンタービル（1983年）［図10］である。ここでは、ミケランジェロによるローマのカンピドリオ広場をはじめとして、西洋のさまざまな建築言語が至るところで引用され、それによって国家という中心の不在性をアイロニカルに表現することに成功している。

こうしたポストモダンの潮流は、20世紀の終局を迎えるころには下火となるが、その後、建築の構造や構法との連関において、高度な次元の装飾を組み込む建築が出現し始めた。アラブの伝統的な紋様をファサードに写し取り、そこに調光用の精密な機械を組み込んで圧倒的なファサード・デザインを生み出した、ジャン・ヌーヴェルによるアラブ世界研究所（1987）［06「表層と装飾」図2］の出現は、そうした新時代の建築を予告していたとも言える。それは遠く「言語と建築」というテーマを映し込みつつ、引用でもあり、象徴でもあり、装飾でもありながら、そのいずれでもないような未次元の表現をつくり出した、希有な建築であった。

ユニットとシンタックス

ルイス・カーンは、建築をルームの集合体としてとらえることから、そのイメージを醸成させていくことを旨としていた。たとえばユダヤ・コミュニティセンター［図11］は、そうした志向をより明確に伝えてくるだろう。それは、建築のユニット（単位）とは何か、というテーマを、終生追いかけていたことの裏返しでもある。直観的な幾何学が、代数化されることによって多くの他者に伝達可能となるように、複雑な総合芸術としての建築も、言語的な記述がもし可能であれば、それは他者へと伝達可能な形式となる可能性がある。そうしたスタンスから設計の方法論を組み立てたのがクリストファー・アレグザンダーであり、彼は文字通り建築空間の成立ちを言語の体系になぞらえた、パタン・ランゲージなる手法を開発している。盈進学園東野高校（1985）［図12］は、このパタン・ランゲージを応用して設計された作品である。

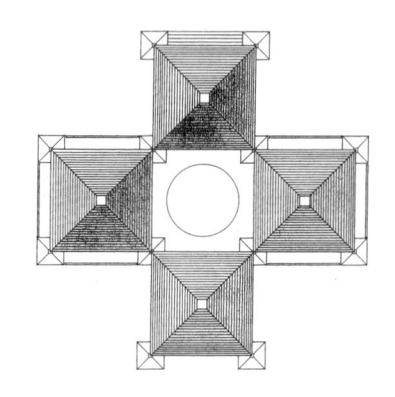

図11｜ユダヤ・コミュニティセンター、バスハウスの屋根伏

図12｜盈進学園東野高校

言語の地域性と普遍性の問題を、最も意識的なかたちで取り上げたのは、言語学者であるノーム・チョムスキーであり、彼は「自然言語と普遍言語」「表層構造と深層構造」という分別により、言語はいかにして普遍的たり得るか、という問いかけの先で、言語の統辞論的構造（シンタックス）について研究している。このチョムスキーの研究に着目し、それを建築に応用しようとしたのが、ニューヨーク・ファイブの知的リーダーであるピーター・アイゼンマンにほかならない。そのアイゼンマンは、まさにテラーニの建築作品を言語論的なアプローチによって詳細に分析しており、その延長で住宅作品を生み出している。住宅第1号（1968）から第10号に至る一連の作品である［図13］。

テラーニ自身は、カサ・デル・ファッショや、その志向をより徹底させたサンテリア幼稚園（1937）［図14］において、象徴を消去した建築の形式化を試みる一方で、ダンテウム計画案（1940）［図15］のように、きわめて直接的な象徴性を付与した建築計画も創案している。しかしその形態的な方向性は一貫したものがあり、そうした意味でテラーニの建築は、言語と建築がいかなる関係を切り

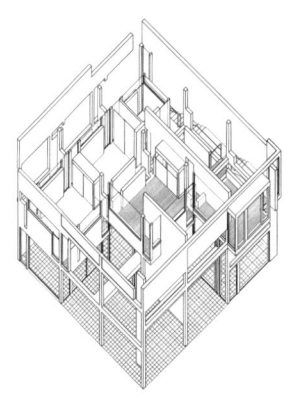

図13 | 住宅第2号、アクソメ

図14 | サンテリア幼稚園

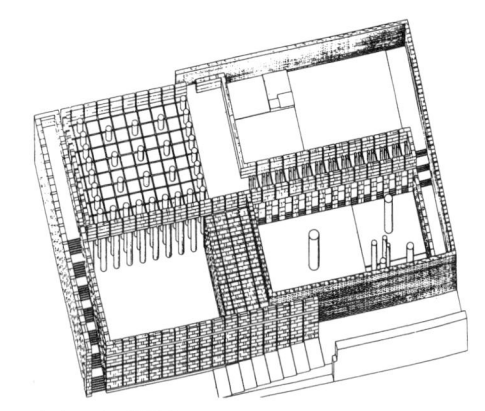

図15 | ダンテウム計画案

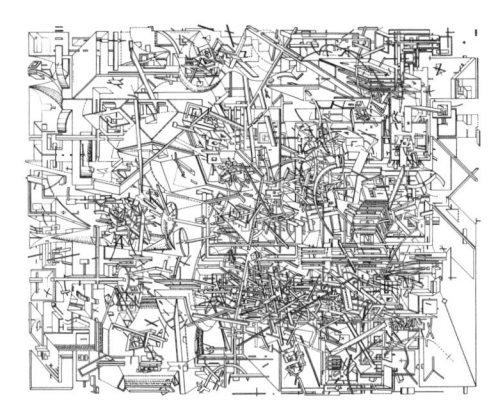

図16 | マイクロメガス

結ぶかということを、我々に繰り返し問いかけてくる、優れた原拠たり得ている。

　対して、リベスキンドはベルリン・ユダヤ博物館においては、あからさまな直喩による記号表現の布置により、明確な象徴的手法を採用しているものの、実は彼もそれ以前には、意味や象徴を意図的に攪乱させた、きわめてコンセプチュアルな作品やドローイングを制作し続けていた。紙上を狂ったように分節し、逃走する無数の線から構成された、錯綜したドローイングの「マイクロメガス」（1980）［図16］や「チェンバーワークス」（1982-83）、あるいは1985年のヴェネチア・ビエンナーレで発表された、「建築の3つの教訓」と題するきわめて批評性の強いオブジェなどである。高度な寓意性を帯びたこれらの作品は、意味と象徴が切り刻まれ、その記号が有している基盤自体を揺るがすような前衛的な表現が生み出されている。

　テラーニとリベスキンドという、最もかけ離れた2人の建築家。その1人は20世紀の初めに、一見して端正で抽象的な、ファシズムのための建築をつくり、もう1人は過激の極北とも言える形態からなる、ユダヤ人のための博物館をつくっている。この、対極に位置する2つの建築を重ね合わせてみたときに、図らずも、建築の言語と記号という現代的な問題系が、倒立したかたちで呼応していることが見えてくるのである。

10 世界を埋め込む

図1 | ラ・トゥーレットの修道院

建築と世界観

　古来より建築はさまざまな象徴性、意味性を担っており、機能主義には還元されない世界観や宗教観、人間の願望や欲求などを表象してきた。これらはさまざまな意識の断片を建築に投影し、建築に内在化させる行為、いわば建築の中に世界を埋め込む行為と言える。

　たとえ小さな建築であっても、そこにはさまざまな意味や表象を埋め込むことができる。世界を埋め込むためには建築の内に表象のための何らかの媒体や空間的な意味づけが必要である。イコンや依り代のように象徴的なオブジェを直接媒体とするものもあれば、伽藍のように空間の配置や建物の並び方に世界観が投影されるような場合もある。いずれにしても世界を埋め込むということは抽象化の操作であり、限定的な物質や空間にそれらをはるかに超えた時空を代替させる縮減的な操作であると言える。世界を埋め込むためには建築的な仕掛けが必要

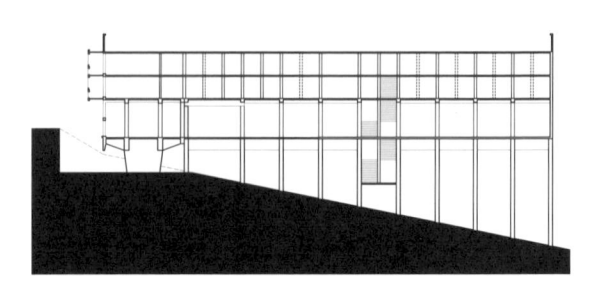

図2 | ラ・トゥーレットの修道院、断面　S=1:800

である。

異質な空間の積層

　ラ・トゥーレットの修道院（ル・コルビュジエ、1959）[図1・2]とボルドーの家（レム・コールハース、1998）[図3-6]は、まったく異質の建築でありながらいくつかの共

10 Embedding the World

図3｜ボルドーの家

通点がある。コルビュジエのラ・トゥーレットの修道院は、厳格な戒律で知られるキリスト教ドミニコ会の修道院であり、リヨンの郊外エヴー・シュル・ラルブレルの町から離れた斜面地に建っている。一方、コールハースのボルドーの家は延べ床面積がおよそ600㎡の1つの家族のための邸宅であり、ボルドーの町を見下ろす丘の斜面地に建っている。

2つの建物は立地条件だけでなく外観も似通っている。どちらの建物も異なるデザインの階が矩形の平面の上に積み重なるようにして構成されているのだ。

ラ・トゥーレットの修道院を南面や西面から見ると、上層階の4階と5階に100の個室のバルコニーの開口が整然と並んでいる。これらの階は玉砂利の洗い出しによるごつごつとしたテクスチュアに、深いバルコニーの陰影が重なり、重厚で量感に満ちた外観を構成している。このコンクリートの分厚い箱から吊り下げられるようにして、細いコンクリートの縦桟とガラスからなる「波動式ガラス

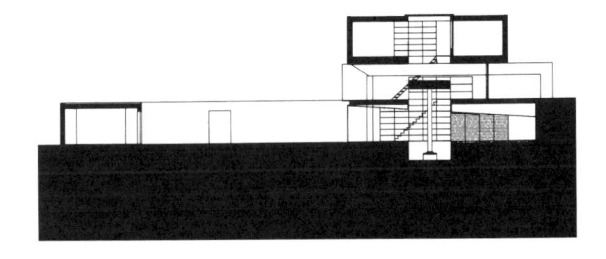

図4｜ボルドーの家、断面　S＝1:500

壁面（オンデュトワール）」で囲われた食堂や集会室などが見える。さらに、その下には斜面との高低差を吸収するように薄い板状のコンクリートによってつくられたピロティがある。全体として上層部から下向きに徐々に厳格さや重量感から離れていくようなデザインとなっている。

一方、ボルドーの家を見ると、最上階の3階には夫婦と子供の寝室がある丸い窓があいたコンクリートの箱が浮

図5｜ボルドーの家

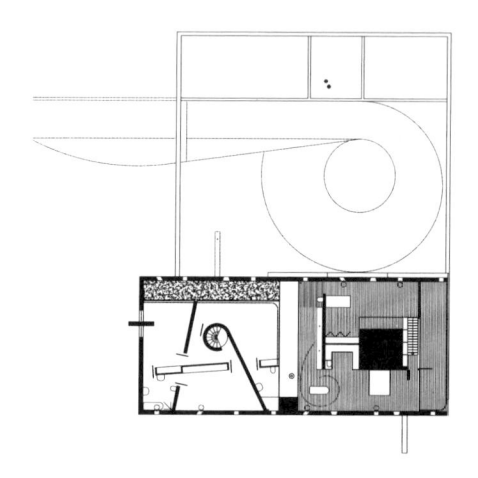

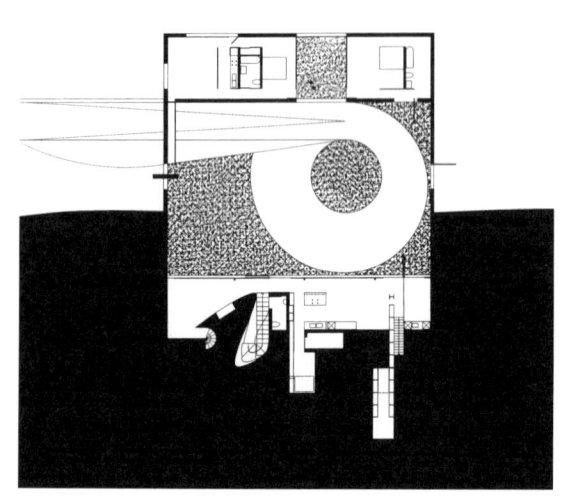

図6｜ボルドーの家、平面　S=1:600　　地階

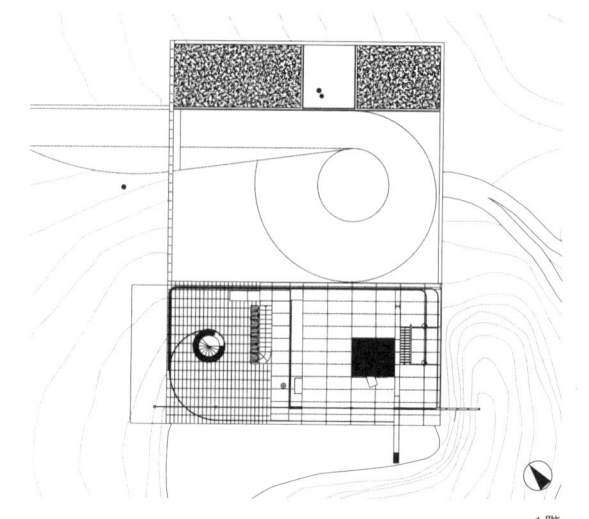

2階

1階

かび、その下に半分が外部で半分が内部のガラスのリビングルームがあり、さらにその下には半分地下に埋まった洞窟状の家族のためのTVルームなどの部屋が見られる。ボルドーの家では、開放の度合いも素材や質感も異なる階が積層しているのだ。

　2つの建築は、いずれも複雑さをあえて生み出すような断面の構成をもち、それが立面にも現れていることが共通している。

世界を埋め込むプログラム

　こうした断面構成と立面の特徴は2つの建物のプログラムの特殊性に起因している。ラ・トゥーレットの修道院は世俗とのかかわりを断ち切って聖職者として修道するための建築で、日常の行為がすべてその建築の内で行われる特殊性があり、ボルドーの家は瀕死の重傷を負って車椅子の生活を余儀なくされた施主が、人里離れた場所に蟄居して、「自分の世界を規定する家」を求めてつくらせた住宅であるという特殊性がある。ボルドーの家には、建物の中央に車椅子の施主が使用するリフトがある。これは質の異なる各階の空間を横断するための装置であり、その周囲には収集した美術コレクションや生活に必要なものが配置されている。施主にとってこの建物は規定された自分の世界のすべてであり、その世界を経験する装置がこのリフトなのである。いずれの建築も居住者の「世界」がこれらの建築の内に閉じられるということが共通しており、その特殊性が建築の設計に投影されている。

祖型の教会

　ラ・トゥーレットの修道院の設計者にコルビュジエを推した神父クチュリエ師は、彼に南フランスにあるル・トロネの修道院［図7・8］を研究するように薦めた。ル・トロ

ネの修道院はシトー修道会の修道院として12世紀に建てられたもので、日常の行為を細かく規定した戒律のもとに厳正な修道生活を送ることを教義とし、修道院での集団生活を送っていた。その施設も細部の意匠まで禁欲的に規制されており、修道士たちが自ら建設する施設群はおおむね同じ形式をもっている。ル・トロネの修道院はその形式に則るようにして建てられている。ここでは、外部に対して閉鎖的な中庭の4周を連続アーチのある回廊が取り囲み、それに隣接するように東向きに聖堂が置かれ、さらにこの回廊を順に囲むように集会室、大寝室、大食堂、貯蔵庫などが並ぶ。中には回廊から突き出すように周囲とは異質な六角形平面の噴泉室がつくられている。

建物は床から天井まですべて石でつくられ、開口部はきわめて限定的にしかあけられていない。施設群の外観は無装飾で閉鎖的で、施設群をつなぎ合わせ中庭にだけ開いている回廊には長いベンチが置かれ、瞑想と思索の空間となっている。修道士にとってはこの修道院はまさしく「世界」そのものであり、すべてがその内に閉じられている。そこでは限られた知覚に対して感覚が鋭敏になり、自己と向き合いながら神との対話が繰り広げられる。こうした極限的に閉鎖的な集団生活において、さまざまな生活行為をつなぎ合わせ、集団の一体性を体現しているものが、中庭であると考えてよいだろう。中庭には特に何もない。回廊から中庭を見たときに見えてくるものは

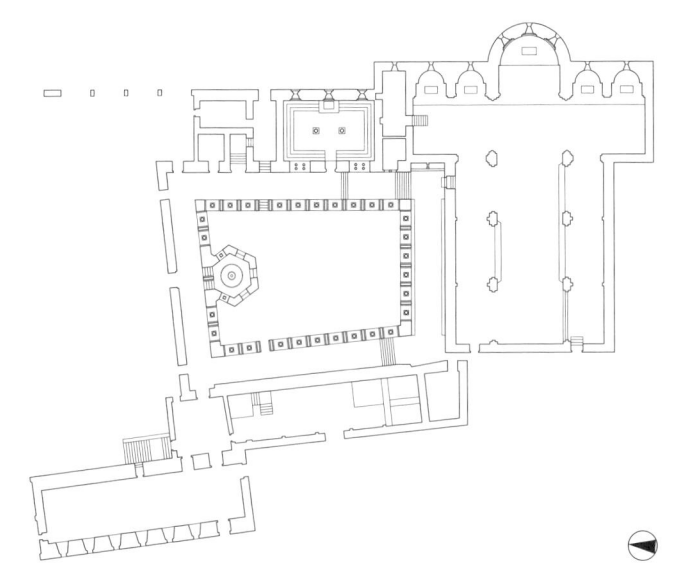

図7｜ル・トロネの修道院、1階平面

図8｜ル・トロネの修道院（2点とも）

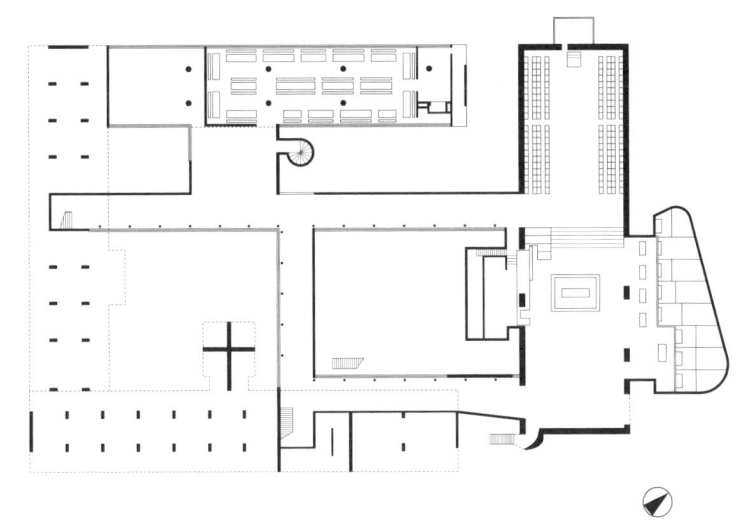

図9｜ラ・トゥーレットの修道院、下層階（2階）平面　S＝1:800

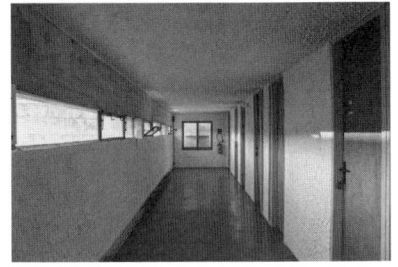

図10｜ラ・トゥーレットの修道院（2点とも）

10 Embedding the World　073

反対側の回廊だけだと言ってもよいだろう。中庭は鏡のように自らを反射して、自己との対話を無限化する仕掛けとなっている。

閉ざされた中庭

ラ・トゥーレットの修道院は、多くの宗教施設がそうであるように信仰を通じて世界と交信するための場であり、コンクリートの打放しで仕上げられた禁欲的な空間は、無であると同時にある種の抽象性を伴って世界全体を表象していると言える。

ラ・トゥーレットの修道院の中庭は、教会堂、食堂、図書室や教室、僧房などによってロの字に囲われている。主要な開口部は中庭とは反対の外部側にあるため、各棟はこの中庭に対して背を向けている。平面を見ても、中庭で何かの活動が行われる想定でないことが分かる。ところが、各階の廊下はほとんどこの中庭に面しており、各棟をつなぐ2階レベルの通路はあえてこの中庭を横切るようにつくられている。建物の内部を移動するときに、常に視界の内に中庭が入るように計画されているのだ［図9］。

中庭はコンクリートとガラスでしか構成されていない禁欲的な空間である。しかし、四角錐の屋根の祈禱(きとう)室や礼拝堂南の祭壇に光を導く斜めに傾いた角柱群、円形の階段室、天井が切れ上がった食堂前のアトリウム、オンデュトワールや四角いガラスとコンクリートがパッチワーク状に構成された壁面ユニットなど、中庭に見えてくる形態は多様であり、それぞれの幾何学が閉じられた中庭の世界で折り重なるように見えてくる様は、非常に複雑である［図10］。これらを視覚的に経験することによって、この閉鎖的な建物の内側に「世界」が埋め込まれていることを強く意識させられる。ラ・トゥーレットの修道院の中庭は、見る位置によってさまざまに移り変わるが、自らを反射して、自己との対話を促す仕掛けとなっている点では、ル・トロネの修道院の中庭の精神が踏襲されていると考えてよいだろう。

反射性住居

原広司による原邸（1974）［図11-13］や粟津邸（1972）［図14］、睨（ニラム）邸（1978）などは反射性住居という概念を基底にもっている。原は住居に都市を埋蔵するという。その埋蔵の具体的手法が、一連の反射性住居に示されていると考えてよい。これらの住宅は屋根が切妻であったり壁が下見板張りであったりして、いずれも慣習的で目立たない外観になっている。しかしその一方で、

図11｜原邸

図12｜原邸

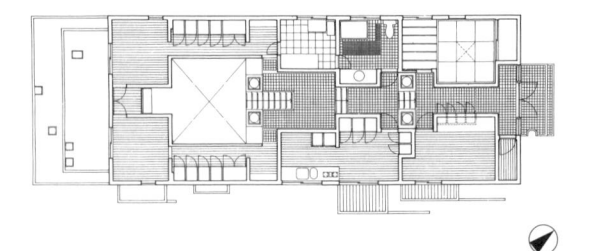

図13｜原邸、2階平面　S=1:300

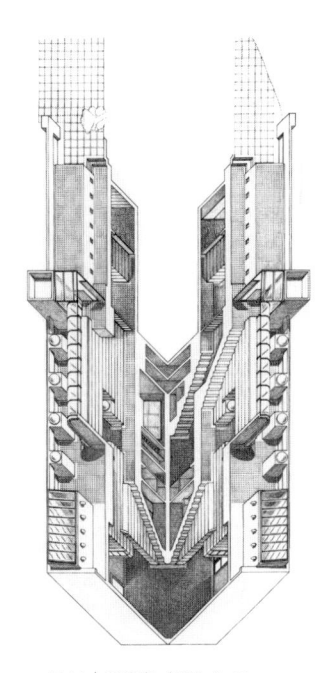

図14｜粟津邸、切開パース

　内部には内核と呼ばれる軸性をもった純白の空間があり、そこにはトップライトから光が差し込んでいる。内核はホールや階段などに使われており、その両側には諸室が並ぶ。それらには内核を外部と見立てるように窓や扉などが付けられている。その様はギリシャやイタリアの集落の路地のようでもある。控えめで暗い外観とは対照的に、内核のデザインは複雑かつ重層的であり、明るい。特徴的なことは、内核に面して線対称に諸室の要素が向かい合っていることである。内外が反転し、濃密な対になった空間が住宅の中心にある。それは室内で空間が反射し合うような空間である。これらの建物では外壁という境界面を介して世界が反転している。外部に対して拡大していくような世界に対して、内部に縮減されていく世界の無限性を示し、外壁という境界面を介して世界が反転する世界観を反射性住居の中に実現しようとした。この空間の仕掛けによって住宅の内部に反転された世界を強く意識させられる。
　「世界を埋め込む」ことを想起させる建築には、1つの建築にいながらにして「世界」を感じられるような仕掛けや、その無限性を内包するような仕掛けが平面や断面になされている。それらは、即物的な評価や経験を超えて、豊かな意味や象徴性を建築にもたらしている。

EXPERIENCE
Ⅲ 経験

時間的な存在である人間は、建築の空間体験や、その場所における経験を通じて、場所のイメージや記憶を形成する。体験・経験する対象としての建築のデザインは、単に形をつくるというよりも、人間の行動や振舞いとの有機的な関係によって、なされるのが自然であろう。この章では、建築デザインと人間の体験・経験の関係性について考えてみよう。

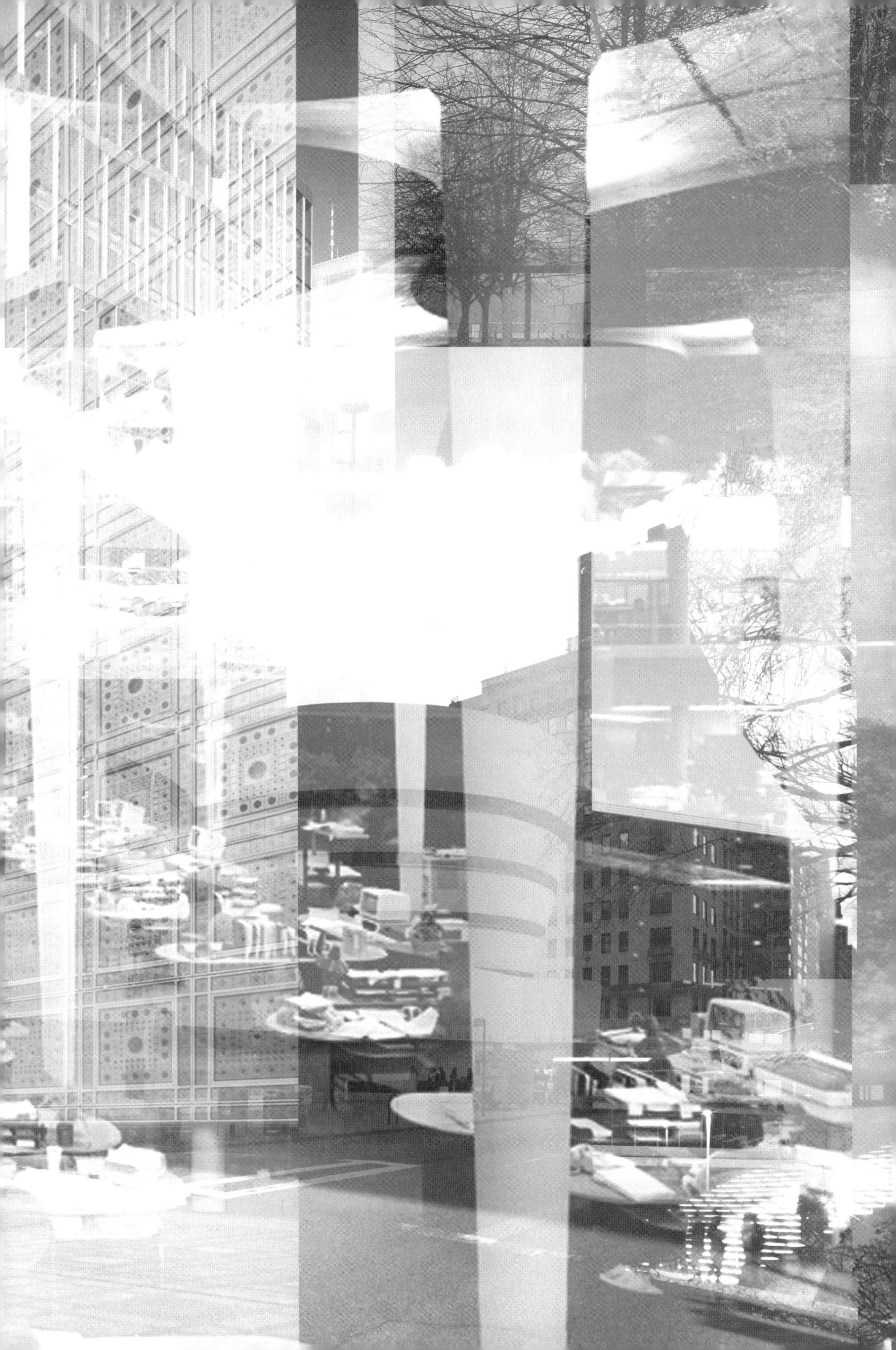

11 時間の積層

図1｜カステルヴェッキオ美術館

新旧の対話

　建築の寿命は人間のそれよりもはるかに長い。時に、建て替えることが必要であるが、すでにある建築を改修（リノベーション）して使用することは自然な方法であろう。新築の設計は、いわば設計者のモノローグでよいが、改修の設計はオリジナルの建物の設計者とのダイアローグになる。すでに存在する空間の設計意図を読み取り、再解釈した上で、そこに手を加えるのである。つまり、新しいものと古いものの対話が改修設計ではテーマになる。

　新旧の関係をいかに解釈し表現するべきか。設計者の判断と態度決定、手法の選択こそが改修設計の醍醐味と言えよう。すでに存在する空間のコンテクストに、新たに存在が与えられる部分が滑らかに調和・連続するように設えていくこともあれば、反対に、古い部分に対して、新しいデザインを際立つように衝突させ、その不協和音によって、空間に緊張感を表現しようとする場合もあるだ

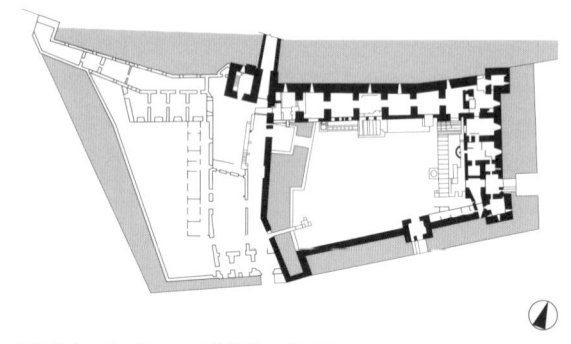

図2｜カステルヴェッキオ美術館、1階平面

ろう。また改修の程度としても、単なる内装の変更から、外観だけ保存し構造も含めてまったく建て替える方法、増築に頼る方法、あるいは、古い建物を新しい外壁で覆ってしまう方法などなど、軽微な模様替えから建替えに近いものまで、選択肢の幅は広い。この章では、改修にまつわる設計の課題について考えてみよう。

11 Layers of Time

図3 | テート・モダン

新旧の協調関係

　ここに挙げた2つの建築はともに、改修によって、古い建物を再生した事例である。カルロ・スカルパが設計したカステルヴェッキオ美術館（1964）[図1・2]は、古城を美術館に用途変更（コンバージョン）した例で、世界遺産の街ヴェローナの中世の城を、改修の達人スカルパが8年もの時間をかけて設計した。真鍮やガラスを用いた工芸的なディテールは、既存の城の無骨なディテールと対比的に、精巧につくり込まれている。いわば建築言語の超絶技巧集のような改修であり、スカルパの作品の中では最大級のものである。古くからそこにあったのでは、と思わせる床や壁の仕上げは、実はかなりの部分がつくり直された新しいものなのである。デザインの趣旨は、新しいものと古いものの対比ではなく、デザインの密度を伴った新しいものが、歴史的な古いものと融合して、全体として、まったく新しい空間の質を獲得することであろう。

　もう1つの事例、ヘルツォーク・アンド・ド・ムーロン設計によるテート・モダン（2000）[図3]は、改修によって古い発電所をアートギャラリーにコンバージョンしている。設計者によれば、オリジナルの発電所は、城に比べれば、歴史的に価値の低い産業遺産であるが、垂直な要素の煙突、および発電所の重厚なレンガの外観が、テムズ川を挟んだセントポール大聖堂からの風景において、ロンドンのアイコンとしての記憶を形成している。こうしたコンテクストを考慮して、現代的なガラスの箱を水平な要素として上部に増築している。しかも、増築部は最小限のディテールで、ミニマルな表現になっている。立面を最小限ではあるが効果的に変化させて、煙突の垂直性を際立たせている。つまり、古い部分を最大限尊重する増築になっている。非常に規模が大きく、改修コストを下げなければならないという側面があっただろうと推察されるが、新しく追加される部分を明確にして、新旧を分節し、その対比が非常に読み取りやすい形で表現されている。この

ように2つの事例は、手法やディテールの考え方はまったく異なるが、古いものを尊重し、新しいものを慎重に追加し、その協調効果によって、まったく新しい空間を創造していこうとする方向は共通している。

増築と減築による方法

2つの事例の明示的な違いは、カステルヴェッキオ美術館が既存部を一部壊して、減築しているのに対して、テート・モダンでは、増築している点である。

対象が中世の城のように簡単に新しい床を足すことが難しい状況の場合は、引くことも選択肢の1つである。カステルヴェッキオの場合、単なる減築ではなく、減築された西側の端部には、これを補うように、新たにブリッジとともに建物の小口壁としてコンクリート壁が追加されている。ヴォリュームとしては減らしているのだが、壁やブリッジなど新たな要素が付け加わっているため、ほぼつくり直しである。

一般的な増築による改修とは異なり、減築、引くことによる改修は、既存部分の慎重な評価が求められる。ユニークな事例として、ジャン・ヌーヴェルがベルフォールの劇場（1984）で試した方法は、実験的である［図4］。図面記号の断面線のハッチングのようにグラフィック処理として外壁をストライプ状にはつり落とすことによって、古さがはがれ落ち、下地が新しいものとして現れる、という方法には、ベルフォールの劇場への厳しい評価とそれを反転するための冒険が組になっている。同様に、フランク・ゲーリーの自邸（1979）［図5］は、増築によって、既存の外部空間を内部化するとともに「はがす」「めくる」といった操作によって、古いものの解釈を反転して新しくする方法を試行している。

日本では、平面的な増築は多くの事例がある。平面的にはエキスパンション・ジョイントで既存躯体と構造的に分離した増築が基本形であるが、今後法的な緩和が進めば、増築部で既存部を補強するような増築方法も考えられる。上への増築の可能性は、既存の構造体の強度に依存する。古い建物の場合、耐震補強が必要な場合が多く、負荷が増す上への増築はなかなか難しいが、ペントハウスを載せる程度の増築であれば、軽量な構造体を用いれば、実現の可能性はある。

新しいものはいずれ必ず古くなる

新しいものと古いものの関係を考えていく上で最大の問題は、改修によって新しくなる部分は、いつまで新しくあるのか、ということであろう。新旧の対比という表現が成立するためには、新しい部分がいつまでも新しいことが前提である。ところが、新しいものはいずれ必ず古くなる。カステルヴェッキオ美術館において、スカルパによって付け加えられた部分も、時間が経過すれば、城とスカルパのディテールの新旧の対比の見分けがつかなくなって、最初から一体のもののようになじんでしまうに違いない。ピエール・シャローが設計したガラス・ブロックのダルザス邸（1932）［図6］や、スカルパがサンマルコ広場のポルティコの一角に設計したオリベッティのショールーム（1958）は、カステルヴェッキオ美術館と同様、改修され、新しかった部分が、すでに古くなり、歴史的に意味のある存在になっている。

では、新しいものが古くなってもそれがよさとして残る条件は一体何か。1つの重要な要素は、その時代のテクノロジーや、表現を体現していることであろう。そのことはエッフェル塔や、キューガーデンの温室、ゴシックの教

図4｜ベルフォールの劇場、壁面の仕上げ

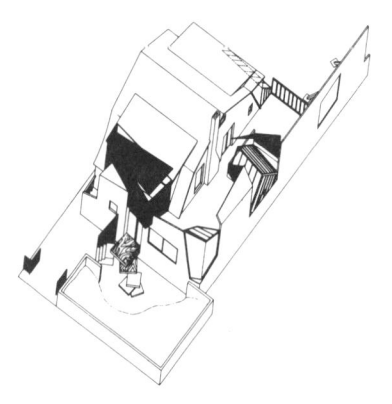

図5｜フランク・ゲーリーの自邸の増築、アクソメ

図6｜ダルザス邸

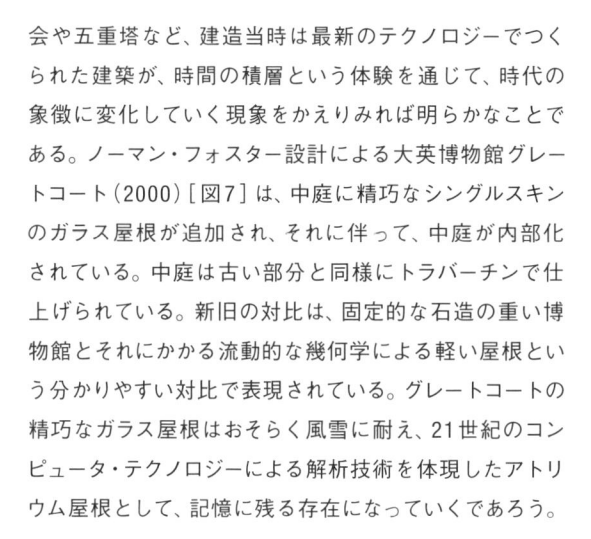

図7｜大英博物館グレートコート

会や五重塔など、建造当時は最新のテクノロジーでつくられた建築が、時間の積層という体験を通じて、時代の象徴に変化していく現象をかえりみれば明らかなことである。ノーマン・フォスター設計による大英博物館グレートコート（2000）［図7］は、中庭に精巧なシングルスキンのガラス屋根が追加され、それに伴って、中庭が内部化されている。中庭は古い部分と同様にトラバーチンで仕上げられている。新旧の対比は、固定的な石造の重い博物館とそれにかかる流動的な幾何学による軽い屋根という分かりやすい対比で表現されている。グレートコートの精巧なガラス屋根はおそらく風雪に耐え、21世紀のコンピュータ・テクノロジーによる解析技術を体現したアトリウム屋根として、記憶に残る存在になっていくであろう。

手を加えられる余地を残す

これらの事例のように、テクノロジーや技巧を凝らした表現に対して、テート・モダンの増築部分は、比較的コンベンショナルなテクノロジーでできている。増築部の建築的完成度が、カステルヴェッキオ美術館やグレートコートのように、工芸的なレベルにあるわけではない。したがって、この部分が古くなったときに、その後どう展開していくのだろうという疑問が残る。すでに、テート・モダンの2期工事が行われているが、2期の建築は1期の風情とはずいぶん異なり、かなり造形的なタワーが追加される予定である。もともと火力発電所で、敷地に余裕があり、既存の建物が、かなりラフなつくりになっていることから、増築や減築について、カステルヴェッキオのような完璧さを求める意味はない。むしろ、適切な時間的スパンごとに手を加えられる余地を残すことが、サスティナブルな改修を可能にする。要するにつくり込みすぎないことも1つ

の重要なポイントである。その意味で、カステルヴェッキオ美術館や大英博物館、ダルザス邸など、完璧な域に達してしまった作品を次に改修することは、テート・モダンやベルフォールの劇場、ゲーリーの自邸を改修するより何倍も難しいだろう。

ひろい意味でのリノベーション[1]

ここまで改修の議論を進めてきたが、実は、新築と改修の間にそれほど大きな違いはない。特に都市環境の中に新築することは、その敷地が都市的なコンテクストの影響を少なからず受けているから、新築と考えるよりも、都市全体に対しての改修として解釈し、設計すべきであろう。生きている都市は、常にどこかが建築中であり、大災害でもない限り、都市は総建替えするわけにはいかない存在である。つまり、ゼロからつくろうとするのではなく、コンテクストの中でつくろうとする態度が重要である。新築だからといって、敷地内で閉じて考えるのではなく、敷地の外まで視野に入れて、都市における敷地のコンテクストを考えながら設計しなければならない。規模にかかわらず、設計の範囲は有限であり、常にその外部との接続を考えて計画する態度で臨まなければならないのである。

1) 青木淳が第8回リノベーション・スタディーズ（『リノベーション・スタディーズ—第三の方法』五十嵐太郎＋リノベーション・スタディーズ編、INAX出版、301頁）において、新築と改装を分け隔て、改装をリノベーションと呼ぶのではなく、「すでにそこにあるものを前提にすること。その存在から意味を消去して、それを形式としてみること。その形式に新しい意味を発見すること」を「ひろい意味でのリノベーション」と定義することで、新築においても、リノベーションが可能であることを議論している。

12 異化作用

図1｜ポンピドゥー・センター

異化＝都市にインパクトを与えること

　都市のシンボルになるような建物や構築物をつくるには、世界で唯一のイメージ、そして都市の風景を変えるような強烈なインパクトが求められる。そのような人工物を公共の場につくることは、建築家の夢であると同時に、社会や市民の攻撃・批判にさらされることを意味する。夢が実現されるのであるから、建築家は相当の苦労を覚悟する必要がある。ここに挙げた2つの建築は、ともに歴史家や批評家、哲学者、メディアによって都市のアイデンティティを表現するシンボルと位置づけられた美術館である。世界的な名声を獲得した一方で、建築が発する強いメッセージに対して、賛否両論が与えられている。ここでは、良し悪しについて議論するというよりも、その2つの建築がどのような手法によって、そこまで強いシンボルになり得ているのか考えてみたい。

　すぐに気づくことだが、2つの建築は、周辺の都市環境とはなじまない、つまり、異化されたもの、としてつくられている。1971年の国際コンペで選ばれ、リチャード・ロジャーズとレンゾ・ピアノが設計したポンピドゥー・センター（1977）[図1]は、伝統的なパリの街並みとは相容れない工場のような外観で、ダクトやエスカレータなどの汎用的な工業製品によって、建物の外装が仕上げられていることに特徴がある。建物手前の広場は、市民に開かれて、大道芸人によってパフォーマンスなどが行われるが、実はこの広場は、コンペの対象地に含まれていた。建物を敷地の端に寄せて、広場（ピアッツァ）を設けた英断が、この特異なファサードをさらに際立たせている[図3]。

　もう1つの、フランク・ゲーリーが設計したビルバオ・グッゲンハイム美術館（1997）[図2]は、建物自体がいわば現代美術の巨大彫刻と化した建築で、チタンのパネルで覆われた大胆な曲面が幾重にも放射状に展開しながら連続体を形成することによって、ダイナミックな外観と流れるような内部空間をつくっている。鉄鋼を生業とす

12 Dissimilation

図2｜ビルバオ・グッゲンハイム美術館

る地味な地方都市の雰囲気とは対極のど派手なデザインである。敷地は、街の規則的なグリッドパターンが川にぶつかる不定形の境界線上に位置し、外観は川辺の場所の広がりを引きとして活かして、際立った特徴のない既存街区の景観との対比を強調している［図4］。

　2つの建築は、デザインのモチーフはそれぞれ異なるが、既存の伝統的な都市にはない、新たな要素として都市にインストールされ、広場や川といった空間をバッファとして既存の都市と向かい合っているのである。

　そもそも、パリとビルバオというまったくスケールの異なる街に対しての効果を単純に比較することはできない。パリには多くの美術館があり、その中のいくつかの美術館はそれぞれが観光都市パリのシンボルになっている。それらが群としてパリの街の個性を形づくっているのだ。とはいえ、1977年の開館以来、ポンピドゥー・センターを訪れた人々は、すでに延べ1億8千万人を超えている[1]。これに対して、ビルバオ・グッゲンハイム美術館はたった1つの建築が、立地がよいにもかかわらず文化的な特徴がないビルバオを世界的な観光地に変えた。人口わずか35万人の都市に年間100万人の観光客がグッゲンハイムを見るために訪れる[2]。スケールが異なるものの、2つの建築が都市にはたらきかける効果は、訪れた人の数を見るだけで、十二分に発揮されていることが分かるのである。

テクノロジーによってつくられた新しい表層

　ポンピドゥーの外観では、隠ぺいされているはずの内部機械が露出され、反対に、その内部に、展示のためのフレキシビリティの高い無柱空間が実現されている。構造的に50mのスパンを飛ばすために、ゲルバー梁が採用され、ARUPの故ピーター・ライスによってガーブレットという鋳鉄の役物による支点が考案された[3]。その結果、外観はダブルレイヤーになり、ガーブレットを介して、広場手

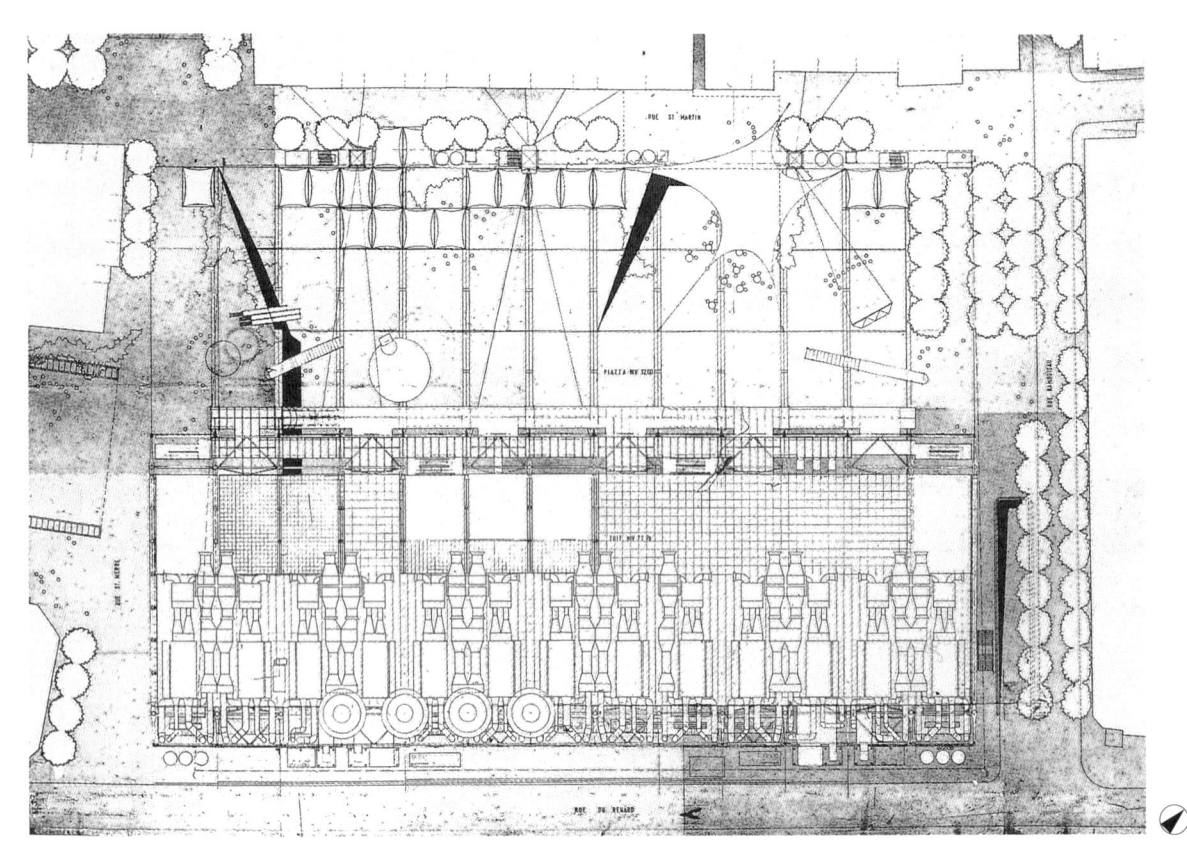

図3｜ポンピドゥー・センター、配置　S=1:1500

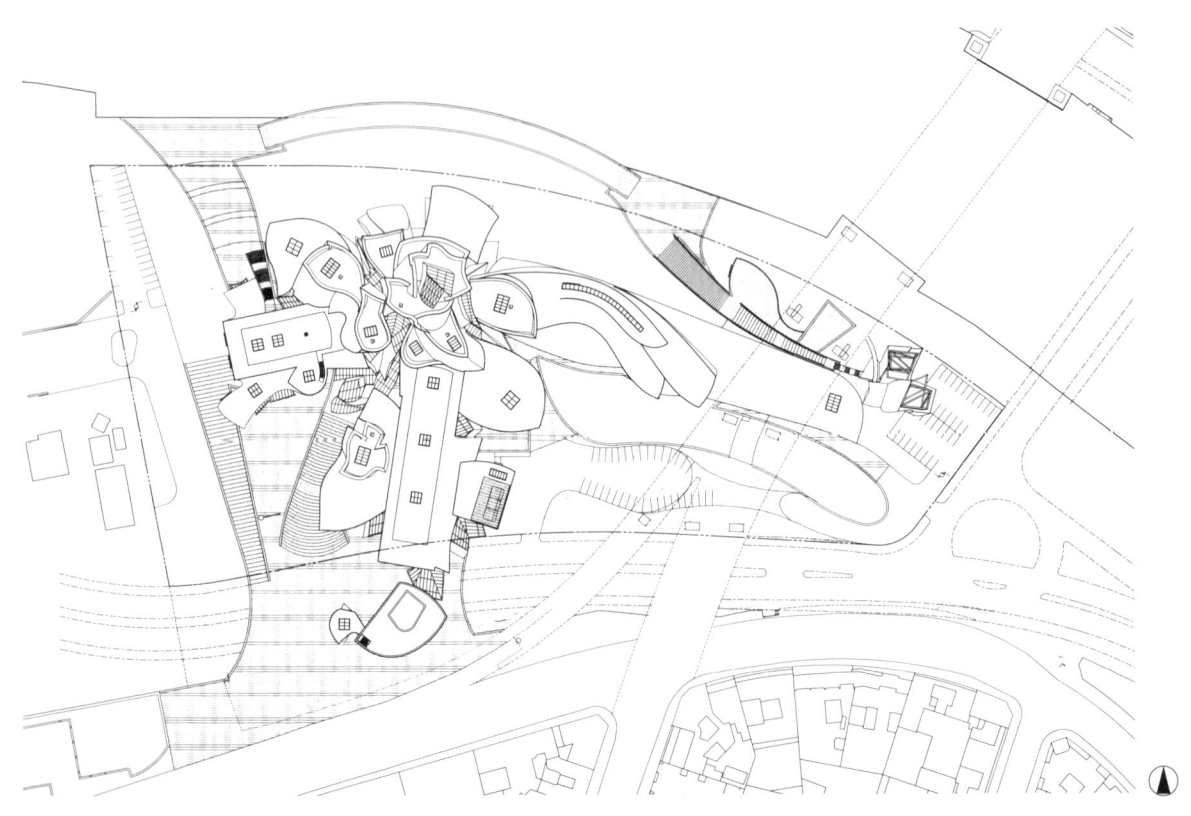

図4｜ビルバオ・グッゲンハイム美術館、配置　S=1:2500

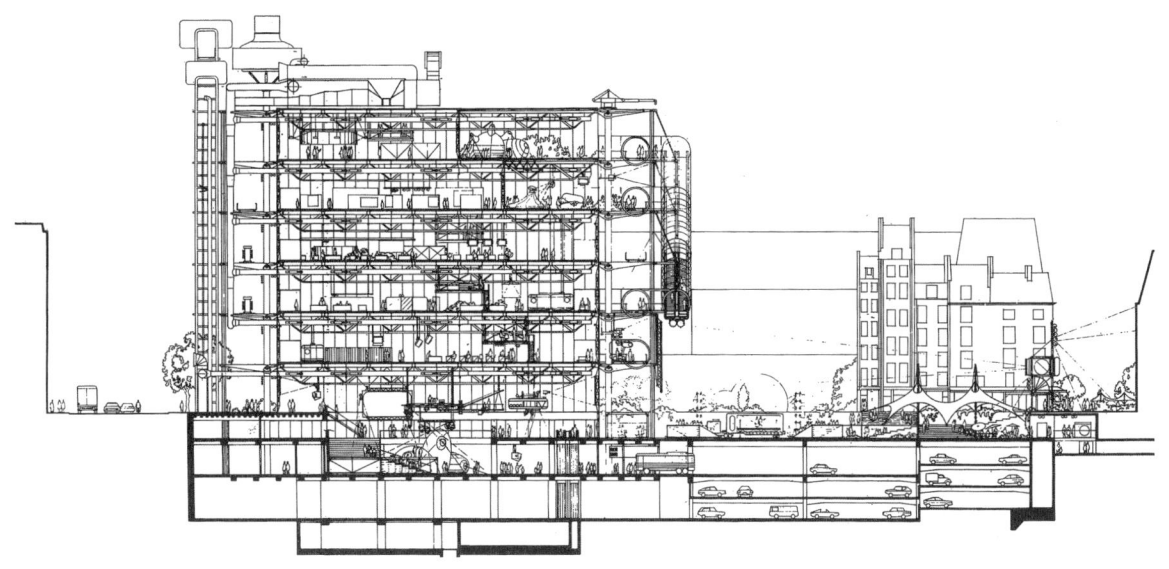

図5｜ポンピドゥー・センター、断面　S=1:1000

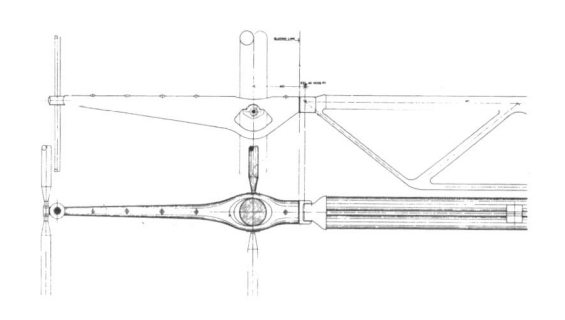

図6｜ガーブレット詳細

前の面に設けられた細いロッドによる引張力が、梁にかかる荷重とつり合う［図5・6］。ダブルレイヤーの間のスペースには、エスカレータや設備ダクトが収められている。構造のダブルレイヤーに対して、設備をインテグレーションする手法は、イギリス系ハイテク建築の典型であり、ポンピドゥーはその先駆けである。このように、テクノロジーを全面的に表現する建築が生み出されて、伝統的な都市パリと激しく対立し、しかし最終的には受け入れられていく過程は、かつてエッフェル塔をパリが受容したのとまったく同じ現象であることが指摘されている[4]。

ビルバオの表層では、ポンピドゥーのようなテクノロジーの合理性は一切可視化されていない。曲面の微妙なバランスを造形するに当たって、ゲーリーは即興的に身ぶりを表現するように設計を行う[5]。90年代から、ゲーリーは即答的なフィードバックが可能な、CATIAという車や飛行機などの製品を設計するためのハイエンドの3Dモデリングプログラムを導入し、ビルバオ・グッゲンハイムのプロジェクトでその威力を最大限に発揮した。ビルバオ以降、インフォーマルな設計プロセスによって生み出された複雑な多様体、つまりそれまでは机上の話でしかなかった新しいジオメトリーによるブロップ建築が世界中で当たり前に建造されることになった［図7］。

この2つのプロジェクトに共通するのは、テクノロジーの表現として表層がデザインされ、伝統的な街並みに対して異化されたものとして対比させられている点であるが、その違いは、ポンピドゥーがテクトニック[6]の物象的表現という可視的テクノロジーによるのに対して、ビルバオが設計の幾何学的可能性の探究における情報技術という

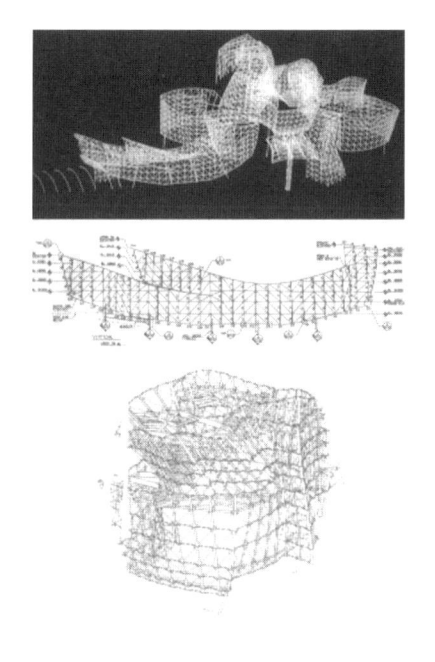

図7｜CATIAによる3Dモデリング

12 Dissimilation

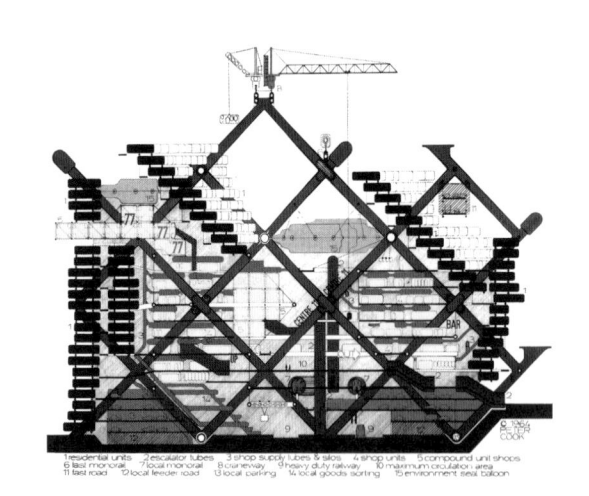

図8 | プラグイン・シティ

不可視のテクノロジーによっていることであり、ここにグローバルなIT時代へ突入した世界のテクノロジーの質の変容を見ることができる。

ポップorスペクタクル

ポンピドゥーが実現した未来的なテクノロジーの風景は、60年代から70年代の同時期に活躍したイギリスの建築家グループ「アーキグラム」による前衛的なポップカルチャーの建築の影響を少なからず受けていたに違いない。中でも、ピーター・クックによる、プラグイン・シティのプロジェクト[図8]は、ポンピドゥーと、形態や色彩の使い方、配置された要素が類似しており、原色で塗り分けられている点や、斜め45度グリッドの構造体のデザイン、スクリーンのようにテンポラリーに変化する外観、そして頂部の揚重クレーンなど共通点が多い[図9]。

ポンピドゥーが、アーキグラムの精神に通じるような、テクノロジーによるポップな表現を選択した狙いは、ポンピドゥー・センター創建のコンセプトを最大限に活かすためである。当時人気がなかったハイカルチャーの殿堂としての美術館から、「社会のすべての人々に開かれた場を創造する」[7]ための美術館へ、イメージの変革を図るためである。それが巧妙なテクトニックによって実現されているのである。ビルバオもポンピドゥーと同様に、建築だけでなく、航空機や自動車産業など他分野にも開かれた汎用のITを導入することで、従来までの権威的な美術館にはない、明るくてポップなしぐさによって、多くの観光客を受け入れるような表情を醸し出しているのである。

大きな差異として、ビルバオが建築として素晴らしい出来であるにもかかわらず、批判にさらされているのは、ポンピドゥーが国営で、市民参加型の公の場所として位置づけられているのに対して、ビルバオが巨大資本グッゲンハイムの私的な美術館であり、かつゲーリーの作家性が前面に出て、ポンピドゥーとは反対の非民主的な排他的個性を表現していることに対する反発であり、いわば、かつてギー・ドゥボールが著した『スペクタクルの社会』(1967)に加担する存在、すなわち「スペクタクルの観客たることの場、ツーリズム的な驚嘆の場」[8]になっていることに対する嫌悪感からである。

図9 | ポンピドゥー・センターコンペ案、立面

図10｜ダックとデコレイテッド・シェッド

構造と形態の一体化＝ダック

さらに、外装の異化が装飾なのか、あるいは内面の発露として現れるのかも、大きな分かれ目になる。ポンピドゥーもビルバオも、構造と形態が一体化しているのは同じであり、ロバート・ヴェンチューリの分類で言えば、デコレイティド・シェッドというよりはダックに近いであろう[9][図10]。しかも、この２つの建築は、ダック（アヒル）と呼ぶには造形美の水準があまりにも高く、むしろ白鳥と呼ぶのがふさわしい。そして、ゲーリーの白鳥は、ビルバオのアイコンとなることによって、観光に一役買っているのである。

同じ白鳥であっても、大きな違いがある。それは、ポンピドゥーが内部のフレキシビリティを高めるテクノロジーとして、いわば、内部のコンセプトの自然な発現が、ガーブレットによって装飾的にかつ象徴的に表現されているのに対して、ゲーリーの表現主義的な外観は、内部の展示空間にとって何のメリットがあるのか明らかになっておらず、内外の断絶があるのである。

異化作用の未来

ポンピドゥーとビルバオというきわめて稀な２つの事例から、異化という手法による建築の可能性を考えると、１つの都市に対して、この手法を適用できるプロジェクトの数には限りがあり、実際に適用するには、条件が整わないとなかなか踏み切れる方法ではないと言えるだろう。建築家の多くが発想するこれらの成功例が、都市のいたるところで出現するような状況は難しいし、それが多発する都市は、ドバイのようなバブル的な都市か、アジアの新興都市のように一種の遊園地化した風景をつくり、未来の都市の成熟過程に大きな問題を残す結果となるだろう。我々は、むしろ、同化と連続の美学を基本とした、落ち着いた都市の形成を理想として、ごく稀に訪れる異化作用を起こしてもよいチャンスについて精密に検討していくしか方法がないのかもしれない。

1) URL: http://www.louvrepourtous.fr/La-frequentation-siliconee-du,479.html#1
2) 2012年の来訪者記録。URL: http://www.guggenheim-bilbao-corp.es/wp-content/uploads/2011/06/MEMORIA2012ENG.pdf
3) 『ピーター・ライス自伝』ピーター・ライス、岡部憲明監訳、太田佳代子＋滝口範子訳、鹿島出版会、25頁
4) Art History. 2nd ed., Stokstad, Marilyn, New York: Harry N. Abrams, Inc., 2002, p 1157
5) 映画「スケッチ・オブ・フランク・ゲーリー」
6) 『テクトニック・カルチャー　19-20世紀建築の構法の詩学』（ケネス・フランプトン、松畑強・山本想太郎訳、TOTO出版、2002年）において、「結構（的）」と翻訳されている。建築の骨組みあるいは、構法に関する概念で、線材を結び合わせることにより、つくられた架構を指す。組石造には、stereotomic (stereotomy) という別の概念が対応する。
7) 『ポンピドゥー・センター物語』岡部あおみ、紀伊國屋書店、28頁
8) 『デザインと犯罪』ハル・フォスター、五十嵐光二訳、平凡社、67頁
9) 『ラスベガス（SD選書143）』（R. ヴェンチューリ、石井和紘・伊藤公文訳）では、ラスベガスのストリートに並ぶ派手な広告付きの商業建築が、二通りに分類できることが指摘されている。1つがダックで、アヒルの形の外観で人目を引くように、建物全体が広告塔になっているタイプで、もう1つがデコレイテッド・シェッドで、大きな看板とその背後に控える機能的な小屋のコンビネーションになっているタイプである。ヴェンチューリは、近代建築が機能と形態の一致を追求するあまり、ダックになってしまったことを指摘している。

13 透明性

図1｜バウハウス校舎（デッサウ）

近代建築と透明な倫理

透明な建築は重厚な建築に対するアンチテーゼであり、前衛的な建築家が挑み続けた建築のフロンティアである。近代以降、建築材料の量産化や高機能化によってさまざまな透明な建築が実現している。近代の合理主義は論理的な透明性とも親和性が高い。透明は光学的な透過性にとどまらず、「包み隠さず偽りのない状態」であることも含意する。透明性とは倫理や道徳を形容する言葉でもあり、建築の様態を形容することにとどまらず、建築の思想とも深く結びついているのである。

ガラスのカーテンウォール

ワルター・グロピウスによるバウハウス校舎（デッサウ）（1926）［図1・2］は、近代の「透明な倫理」を体現した建築の1つである。ここで使われた技術が建物の自重な

図2｜バウハウス校舎（デッサウ）

13 Transparency

図3｜カルティエ現代美術財団

どを負担しない壁、カーテンウォールである。バウハウス校舎（デッサウ）では、西面から北面と東面にガラスのカーテンウォールが採用された。それによって2階から4階まで3層にわたって透明度の高いファサードが実現した。この建物は鉄筋コンクリート造で、外壁面から約1mセットバックした位置に柱と梁を配置し、建物外周付近ではセットバックした分だけ床スラブを梁から持ち出している。このスラブの先端にスチールサッシの縦方立てが取り付き、ガラスが固定されている。こうした構造の形態や内部の空間の様子を包み隠さず外部から透かし見ることができる。このガラスのカーテンウォールには、外装をはぎ取り内部のプログラムや構造をそのまま外部へ見せることで、構造から意匠までが論理的に一貫していることを示す意志が現れている。この建築では近代の透明な倫理の現れとして、言い換えれば偽りのない合理の形象として透明な建築の姿を示そうとしたと言うことができる。

外観を超えるもの

ジャン・ヌーヴェルは「透明性『トランスバランス』とは、外観を超えるもの『トランス・アパランス』でもある」と言う。透明を生み出すガラスには反射を生み出す性質もある。透明と反射が同時に1つの表面で起こることによって、ガラス面は背後を透かしながら周辺の環境を映し出す両義的なメディアになる。ジャン・ヌーヴェルによるカルティエ現代美術財団（1994）［図3-6］は、こうしたガラスの両義性を建築化したものである。この建物は平行に重なり合う4枚の巨大なガラスのスクリーンからなっている。実際に室内として使われる建築空間は、これらのパネルの間にはめ込まれているだけであり、正面から見るとガラスのスクリーンの背面に建築が消えているかのように見える。スクリーンは内部の空間を透かし見せ、樹木を映り込ませ、空を映り込ませている。しかし、建築としてのヴォリュームを示してはいない。ただ透明で反射する

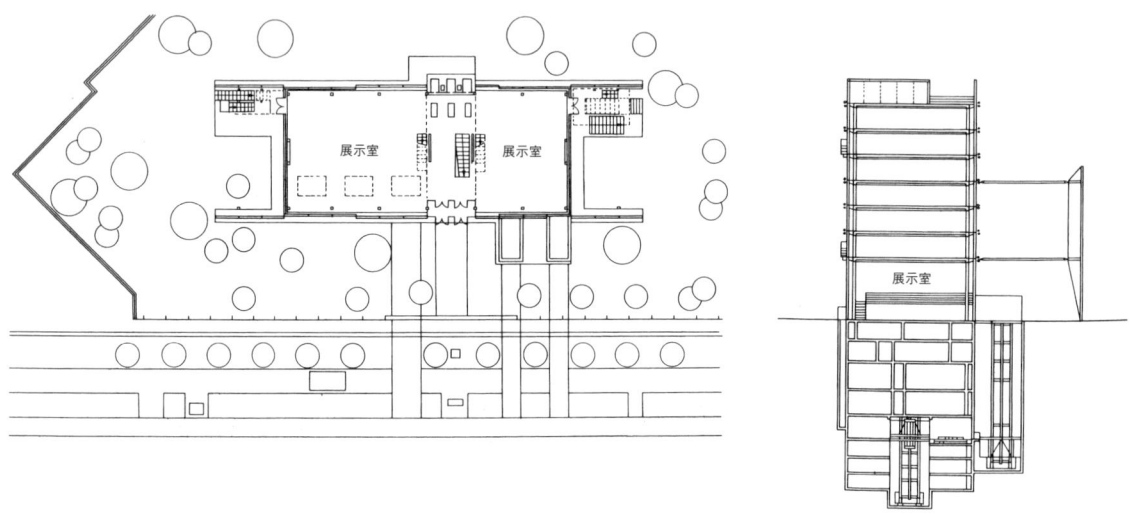

図4｜カルティエ現代美術財団、1階平面　S=1:1000

図5｜カルティエ現代美術財団、断面　S=1:1000

面として存在しているだけなのである。スクリーンの一部にガラスがはめ込まれていないこと、そして、何重にもスクリーンが重なることで、実際にスクリーンの前後に見えている空や雲や緑が複雑に重なり合い、そこにある姿が、ガラスを透過しない実体なのか、ガラスに映り込んだ像なのか、さらにガラスの間で映り込み合った像なのか判断できなくなっている。ガラスの光学効果によって周囲の現実を複雑に移送した非現実的な環境像の重ね合せが生み出され、それがこの建築のファサードになっているのである。建物自らの姿を示すという意味において、この建築では外観が消去されている。ガラスは、リアルとフィクションの同時存在を示し、さまざまなメディアが多面的に情報を伝えるシミュラークルな状況を表しているとも言える。

この2つの建築における透明性の差異は、20世紀の透明性に関する理念と技術の移り変わりを反映している。まず、ガラスが建築に用いられ始めた19世紀の建築にさかのぼり、建築における透明性を考察する。

温室からパサージュへ

透明な建築は温室から始まった。19世紀のイギリスなどでは、植民地などから移入した熱帯や亜熱帯の植物が育てられていた。温室に求められたのは、外界とは切り離された温暖な室内環境の実現と十分な採光であった。ケネス・フランプトンによれば、総ガラス張りの建築の特徴については、すでにJ.C.ルードンが著書『温室についての所見』(1817)の中で論じているという。しかし、大規模なガラスの建築が登場したのはその50年ほど後であ

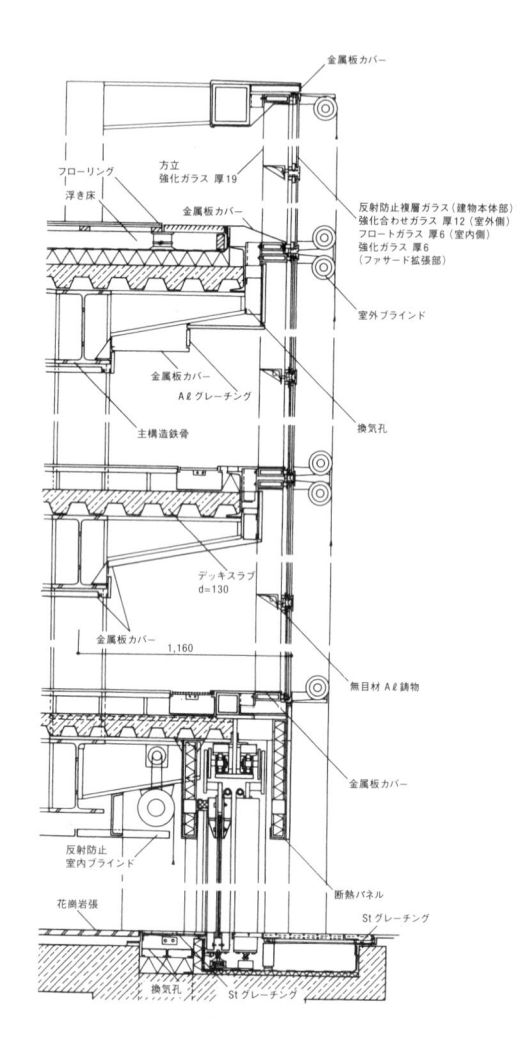

図6｜カルティエ現代美術財団、ファサード断面詳細　S=1:40

図7｜キュー植物園「パーム・ガーデン」

図8｜水晶宮（クリスタルパレス）、内観パース

る。当時はガラスやガラスの窓が嗜好品として租税の対象になっていた国も少なくなかった。その中で、1845年にイギリスでガラス物品税が廃止される。これを待っていたかのように、1848年にはR.ターナーとD.バートンによるキュー植物園「パーム・ガーデン」[図7]が、そして、1851年の第1回万国博覧会（ロンドン）では、J.パクストンによる「水晶宮（クリスタルパレス）」[図8]が完成する。その空間は約93,000㎡の連続したガラスと鉄のフレームによって覆われていた。1850年代にはガラスの量産技術が確立し、さまざまな技術変革を経て1950年代にはイギリスのピルキントンブラザーズ社（現ピルキントン社）によってスズを使用した板ガラス、フロートガラスの製造が開発され、高品質のガラスを安く大量に市場に供給できるようになる。

大都市の街路には、ガラスの天蓋を掛けたアーケードやパサージュが次々に完成し、風雨から守られた快適な環境のもとで、買い物をしたり街を散歩したりする遊歩者（フラヌール）が街に現れる。こうした街の変化の様子をヴァルター・ベンヤミンは『パサージュ論』に詳述している。街路に架け渡されたガラスの覆いは、新しい時代の到来を告げるにふさわしい空間であったのであろう。同じ頃、リヴァプールの「ライム街駅」（1850）やパリの「パリ東駅」（1852）、「パリ北駅」（1847）など、新しく誕生した鉄道の駅でも大規模な鉄とガラスの建築物が建てられていた。

ガラス張りの建築は、新しい建築の姿を街に出現させた。しかし、それらに求められていたのは純粋な透明な建築ではなく、むしろ環境の選択的な獲得であり、明るい半外部空間であった。量産黎明期のガラスは、透明度において現在の透明なガラスのイメージとは異なり、鈍く透ける素材であったに違いない。ガラスのもつ透光性は採光の確保（透光）と外界からの区分（分節）という、従来の建築素材では矛盾する要求を実現するために好都合であった。これによって、外部のように明るく太陽光を取り入れた室内環境が実現できたのである。ガラスの大量使用は、建築とその外界を区切る境界の性質を変えたと言える。

ガラスの摩天楼と透明な家

ミース・ファン・デル・ローエは1925年、フリードリヒ街のオフィスビルのコンペに不定形の平面をしたガラス張りの高層建築を提案した[図9]。ミースはその設計の趣旨を以下のように記している。「この建物の形態は3つの要因によって決定された。それは室内が十分に採光されていること、街路から見たマッスの効果、ガラス面への反射である」。

採光とマッスの効果と反射。しかし、「透き通るように

図9｜フリードリヒ街のオフィスビル案

見えること」は形態を決定する要因として挙げられていなかった。むしろ、ガラスという単一の素材によって1つのマッスを形成し、それが光の反射によって存在感を発揮することに期待をしていたことがうかがえる。フリードリヒ街のオフィスビル案は、ファサードがさまざまな角度の面から構成された多角柱からなっている。ミースはその多面体のファサードを使って街を複雑に映り込ませることを目論んだ。ガラスを使いながら、透明性よりも鏡面性に重きを置いて、新しい建築の存在性を見いだそうとしたということもできる。ブルーノ・タウトのガラス・パビリオン（1914）［図10］がそうであったようにその当時のミースにとっては、ガラスは透明の鉱石のようなものだったのかもしれない。このイメージは19世紀のガラス建築と共通するところがある。

一方、ミースは1950年にファンズワース邸［図11・12］を設計している。約7mスパンで建てられた200×200mmのH形鋼の柱によって地面から浮かされた屋根と床のスラブの間には高さ3m、幅3.5mほどの大きなガラスと70mm程度の方立てしか存在しない。この建物では明らかにガラスに透明性が期待されている。不透過な外壁を消し去り、木立の中にそのまま住むかのように外部空間とインテリアの視覚的な連続性を実現させた。これほどまでに透明な住宅はなかった。

透明な住宅を実現させるためには、平面計画上の工夫が必要であった。住宅には隠ぺいされなければいけない収納やトイレ、浴室などがある。それらを建物の外周ではなく建物の中央に集約し、その周囲に間仕切りなどを必要としないリビングやベッドルームなどの居室を配置している。これによって建物の透明な効果が不透明な部屋によって阻害されない。このプランは、建物の外周側で回遊可能な平面計画になることを意味している。透明な建築は平面を変えたのである。このセンターコアのシステムは、その後のレイクショア・ドライブ・アパートメント（1951）、シーグラム・ビル（1958）などにも応用され、透明性の高い建築の設計の定型となった。

象徴性とディテール

I.M.ペイによるルーヴル美術館ピラミッド（1989）［図13・14］は、ルーヴル宮のシュリー翼、リシュリー翼、ドゥノン翼と呼ばれる3つの既存建物に囲まれたナポレオン広場にある。この建物は6万㎡に及ぶ巨大な美術館のエントランスであり、歴史的な各建物の外観を保存しながらそれらの内部を改装し、地下を使いながら空間を結び合わせていく動線上の要である。歴史的な建築物を継承しながら新たに美術館という機能へと改変する象徴的な役割を担っている。その形態はナポレオンのエジプト遠征を想起させるものであり、この美術館に置かれている展示品の多くが地中海沿岸やアフリカなどの海外から持ち込まれたものであることや、この建物自体がルイ王朝に由来するフランスの栄華の象徴であることなどを考えると、この歴史的なシンボルがこの場所に置かれた意図が理解できよう。さらにこの建物ではパリのグラン・プロ

図10｜ガラス・パビリオン

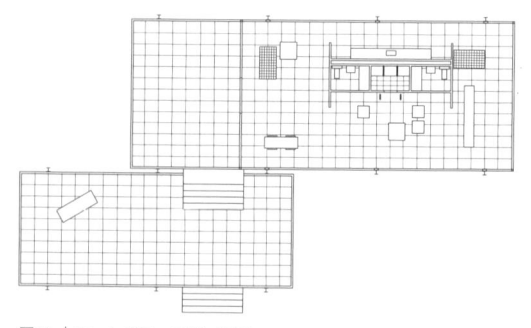

図11｜ファンズワース邸、平面

図12｜ファンズワース邸

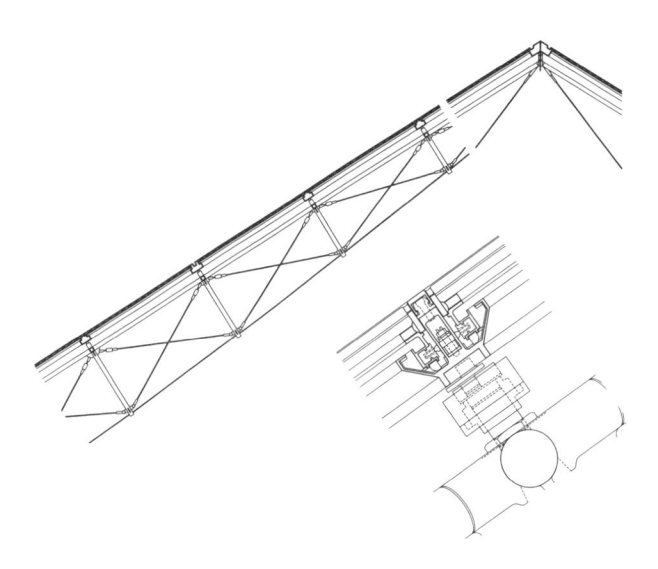

図13 | ルーヴル美術館ピラミッド、ワイヤーフレーム／ガスケット詳細

図14 | ルーヴル美術館ピラミッド

ジェクトを代表する建築として、周囲を囲む歴史的な建物とは異なる新しい存在感を発揮することが重要であった。

　ガラスのピラミッドは1枚が2.6×1.5mで青みのない20mm厚の透明なガラスからできており、そのガラス面は背面の丸鋼材とワイヤーによって支えられている。ガラスを固定しているガスケットの背面に少し浮かせて丸鋼を配置し、その丸鋼のフレームを突き抜けるようにガラス面と垂直な方向に束を立て、その先端付近に面内変形に抵抗する交差ブレースと面外変形に抵抗する張弦梁からなる立体的なワイヤーのフレームをつくる。これら部材の多くはわずか58mmφの断面しかない。このシステムではカーテンウォールを構成する部材が多層的な線材の集合となり、透明の背面にあるべき不透明な構造体の姿が消えかかっている。これによってガラスのピラミッドは象徴的な輪郭をもちながら、きわめて繊細な建築として周囲を囲む歴史的な建物とは異なる新しい存在感を発揮しているのである。

　同じグラン・プロジェクトの中で建設されたA.ファンシルベールによるラ・ヴィレット産業・科学博物館（1989）［図15］は、球体のオブジェのあるファサードで知られるハイテクな建築である。この球体のオブジェと同じ面にあるガラス張りの温室空間は、初めてDPG（Dot Point Glass）工法が採用されたことで知られる［図16・17］。

図15 | ラ・ヴィレット産業・科学博物館

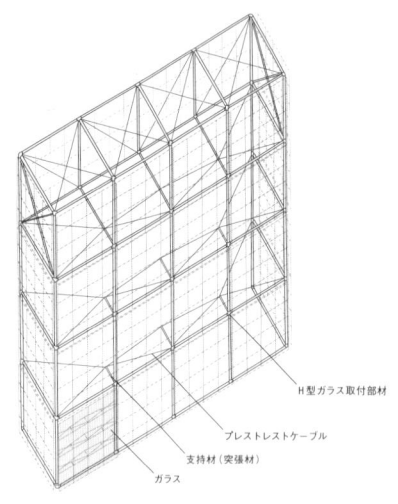

図16 | ラ・ヴィレット産業・科学博物館、ガラスファサードの構成

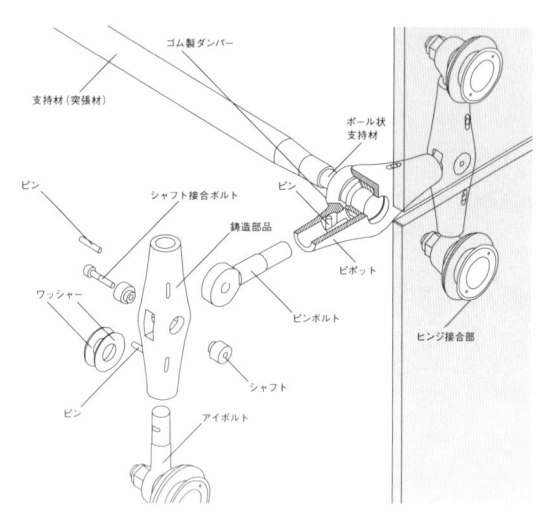

図17 | ラ・ヴィレット産業・科学博物館、DPG工法によるガラスの取付け

提案者は構造家のピーター・ライス。2m角のガラス16枚からなる8m角の平面は、各パネルがその上のパネルのコーナーで吊られることで成立している。ガラス自体を吊ることは以前からあったが、問題はガラスの脆弱性であった。局部的に応力が掛かることでガラスは割れてしまうが、この工法の革新的なところは吊り材のガラス接触面をベアリングとし、ガラスパネルを吊り材に対して可動の状態にしていることである。これによってサッシ枠を介さずに上下左右のガラスを固定するという構造が可能となった。2×2mのガラスを上下左右に4枚ずつ使ったガラスフレームを1ユニットにして32×32mのガラス面ができ上がった。DPGによってガラスを固定する枠部材がガラス表面からなくなり、透明性を阻害する要素が大幅に減らされた。「ガラスの温室」と呼ばれるこの空間は、19世紀のガラスの温室とは比べものにならないような視覚上の「透明性」を獲得することができたのである。

透明性と建築的存在の消失

谷口吉生の葛西臨海公園展望広場レストハウス(1995)［図18-20］は文字通り透き通るような建築である。建築の存在は極限まで消去され、建築を透過して空や東京湾の風景だけが見えている。しかし、この建物はガラスのカーテンウォールではない。ガラス面を固定する方立てと無目がそのまま建物の鉛直荷重を支える主体的な構造となっているのだ。これによって、サッシの背面にあるべ

図18 | 葛西臨海公園展望広場レストハウス

き柱（バックマリオン）がなくなっている。ファサードにはガラスを固定するサッシしか見えてこない。この構造は、見付50mmのアルミサッシの背面に50×120mmの方立てと50×100mmの無目を配し、それらをフィーレンデール構造のように組んでいる。この柱や無目は無垢のFR鋼からなる。座屈から部材断面が決まるため、全断面を溶接する必要はなかった。それでも各接合部で直交性を出すために厳しい品質管理が求められたという。このサッシは屋根の鉛直荷重だけでなく、風圧や地震力といった面外への応力も負担しなければいけない。これらの力はサッシ中間レベルにある水平ブレースによって、吹抜け越しに鉄筋コンクリート造のコア部分に伝達されている。耐火被覆を必要としないFR鋼の採用、部材断面積を最大化した無垢材の使用、水平ブレースによる水平力の伝達によって、ほぼ極限まで材料の断面寸法を減らした透明な建築が実現したのである。

これらの建築が目指したものは究極的には建築的存在の消去であったのであろう。建築の存在がなくなることに高度な構造設計ときわめて高い施工精度が用いられたことは、ある種逆説的と言えるかもしれない。しかし、透明というフロンティアを実現したいという19世紀以来の欲求が建築界に通底しているのだとすれば、そこに注がれたエネルギーも理解できよう。建築においては、存在感を示すために用いられる技術もあれば、存在感を消し去るために用いられる技術もあるのである。

図19｜葛西臨海公園展望広場レストハウス

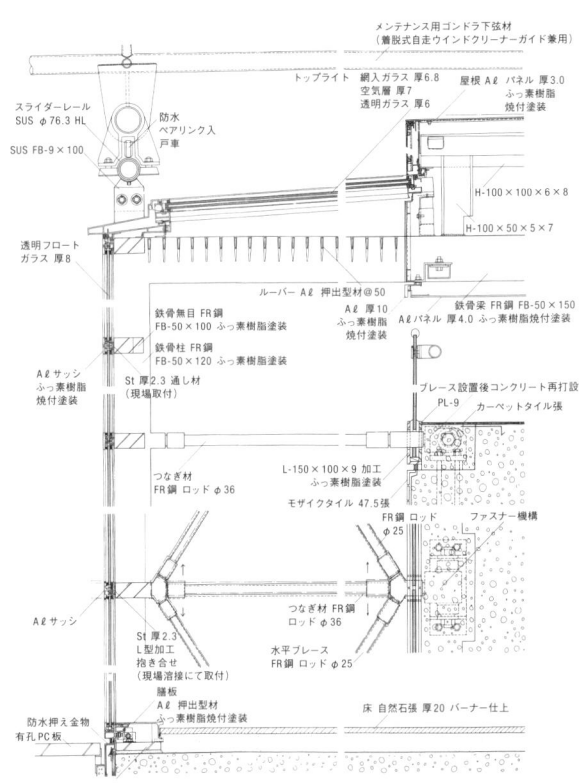

図20｜葛西臨海公園展望広場レストハウス、平・断面詳細　S＝1:25

14 中庭

図1｜夏の家（コエ・タロ）

逆転した空間

　きわめて単純化して言えば、建築は大きく「外側と内側」に分かれる。あるいは、建築という形式が「外部／内部」という基礎的な分節を生み出すのだ、と言い換えてもよい。守られるべき内的世界としての内側と、そこから峻別される荒野としての外側。その基礎的な分節こそが、建築において、囲い込まれた容器としての空間を新たに現出させるのであり、「うちとそと」「こちらとあちら」「親密な人工的空間と彼岸としての自然」という明快な二分法が形式化される。それにより、内側は内側としての、外側は外側としての揺るぎない境界が確定され、空間の同一性が保証されるのである。

　しかし、中庭という形式は、その確固たる定義を、ほんのわずかな空間操作によって、いとも簡単に、あっさりと転倒させる。通常は建築の外側に追いやられるはずの「自然としての外部」を、ドーナツ状に内側に取り囲むことによって、「内側としての外側」あるいは「外側としての内側」という逆転した空間をつくり出すのである。

　この中庭という概念は、古今東西、さまざまな場所と時代において見いだされる、建築の最も基本的な形式の1つである。歴史のさまざまな位相に息づくこの初源的な空間構成に刺激を受け、多くの建築家たちが中庭型の建築を夢想し、具現化させてきた。その試行は、建築が高度なテクノロジーで武装している今もなお、形を変えて続いていると言ってよい。

　実に中庭という形式は、多くの建築家たちの思考を挑発してやまない、空間ゲームのジャンピングボードであり続けているのである。

対極に立つ2つの住居

　フィンランドの建築家アルヴァ・アアルト自身の別荘である夏の家（コエ・タロ）（1953）[図1・3]は、中庭型の

14 Courtyard

図2｜住吉の長屋

住宅として著名な作品ではあるものの、その不思議な構成によって、初めて見る者を幾分か当惑させる。一言で言えば、いわゆる「中庭型」の空間構成が、意図的に破られているように見えるのだ。構成そのものはきわめて単純であり、ほぼ正方形の配置上に、内部空間をなす居住スペースがL字型に配され、正方形の中庭部分がコーナーに寄せられている。この中庭がアプローチを兼ねているため、それは前庭のようでもあり、外部の延長のようでもある。また、外部がレンガを白く塗装した仕上げであるのに対して、中庭部分はさまざまな形態のレンガが素地のままでランダムに張り込まれてパッチワークをなしており、「内側としての外側」と「外側としての内側」が奇妙な転倒を起こしている。さらに、中庭を囲い込む壁は高く立ち上がっているものの、その一部は大きくあけられてフレームが組まれ、アプローチ部分は大きなピクチャーウインドーのごとく湖に向かって開かれている。そうした、数々の巧みな空間操作の積重ねが、この住宅をして「中庭型住居」というプロトタイプの、高度な変化球のように感じさせるのである。

それと比較すれば、安藤忠雄の住吉の長屋（1976）[図2・4]は、寸分違うことなき、直球の「中庭型住居」そのものである。細長い敷地を分かりやすく3等分し、その中央を中庭としてあけて、中庭に配された外部階段で1階と2階をつなぐ。自然としての外部を囲い込む形式として、これ以上ないほどの単純化が遂行されている。あらゆるものが極限まで切り詰められ、余計な贅肉がそぎ落とされ、ミニマルの極地としての住居が創案されている。それゆえか、この作品の衝撃力はすさまじく、完成から4半世紀たった今も、その空間の単純なすごみに虚を突かれ、魅了される人は絶えない。中庭という概念の裸形を、これほどまでに直接的に表現した建築はなかなか見当たらず、古来の建築の原初の姿が、そこに再現されているかのようですらある。

大自然のさなかに半ば開かれて建つ、別荘としての夏

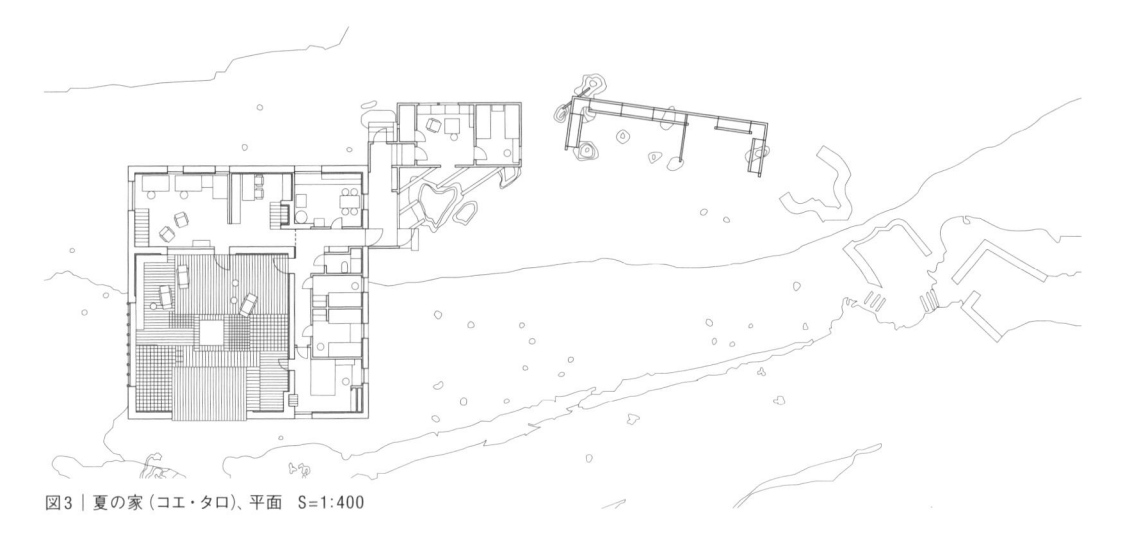

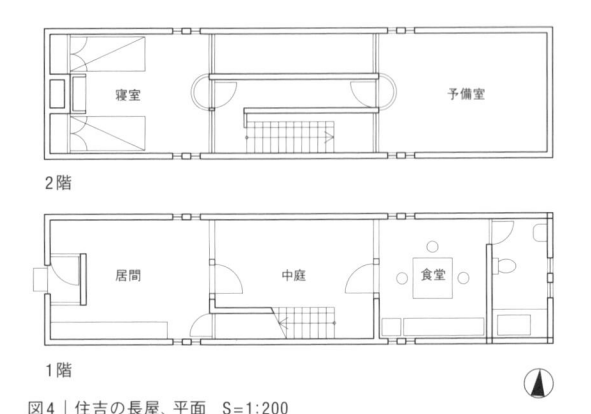

図3｜夏の家（コエ・タロ）、平面　S=1:400

図4｜住吉の長屋、平面　S=1:200

の家と、都市のさなかに、他者を徹底的に拒絶して建つ住吉の長屋。これらは、同じ中庭型住居形式を取っているものの、20世紀において、互いに対極の位置に立っているのである。

中庭という基本類型

中庭という形式の歴史は古い。紀元前の、古代メソポタミアや古代ギリシャ時代にはすでに、原始的な中庭型の住居が生み出され、一般市民の住処として数多くつくられていた。古代ローマにおいては、フォルムと呼ばれる大広場が、いわば都市自体の「中庭」として機能してもいたし［図5］、時代を下れば、ロマネスクや中世以降のヨーロッパには、中庭を有した修道院も多く見られる。

また、イスラム地域に目を向ければ、メディナと呼ばれる、日干しレンガによる中庭型住居が至るところに見いだされるし、アルハンブラ宮殿に代表されるように、パティオと呼ばれる中庭的な広場を有する宮殿や大規模建築も、多く残っている。

翻って日本に目を向ければ、古くからある伝統的な町家は、表からはうかがい知れない「通り庭」や「坪庭」や「裏庭」をその奥深くに抱いていて、実質的な中庭型住居となっていることが分かる［図6］。また、日本古来の神社仏閣によく見られる伽藍配置も、法隆寺などに象徴的に現れているように、広大な場所に離れて建つ金堂や講堂、五重塔が回廊でぐるりと囲い込まれることによって、あたかも大きく拡張された、中庭型の建築群と見なされる部分をもっている［図7］。さらに挙げれば、中国のヤオ

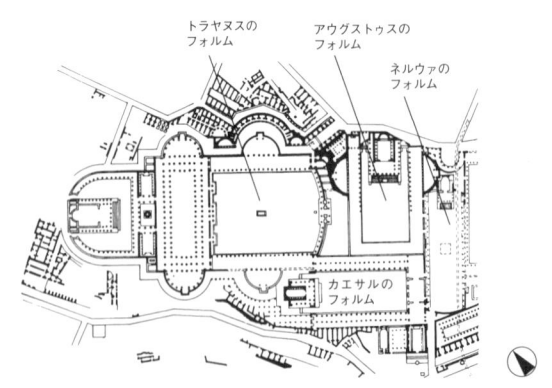

図5｜「皇帝のフォルム」平面（ローマ、前1〜2世紀）

図6｜日本の伝統的な町家

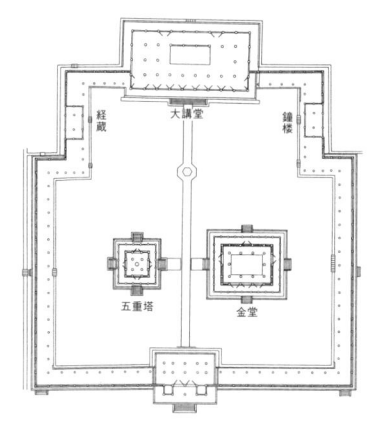

図7｜伽藍配置（法隆寺）

トンは、地下へと下降した中庭型住居として、特筆すべき形態をなしている。

このように、建築の歴史の諸断片を広く眺め渡してみると、ピラミッドやストーンヘンジのように、積み上げ、立ち上げることが「建築への意志」の最も源初的な形であるとするならば、一方で「中庭を囲い込むこと」もまた、歴史の始まりから見いだされる基礎的な形式である、と言うことができるだろう。

建築が、なぜ中庭型として構想されるのかについては、さまざまな理由と根拠がある。古くから各地に散見される中庭型住居の場合は、自然環境への応答と外部の他者からの防御、およびプライバシーの確保が、主たる要因だろう。たとえば古代都市における中庭型住居は、すでに細い路地に住居が密集しており、そのためそれぞれの住居が個別の中庭を有することで、通風と採光を確保している場合がある。また、中庭は同時に、建築内に適度な「アキ」を生み出すので、住居内における個々のプライバシーや機能分化を保証する装置ともなる。

こうして、建築に中庭を挿入し、外部からいったん閉じることによって、各々の空間はほかから隔絶された、独自のミクロコスモスをつくり出すことが可能となる。したがってそれは、1つの建築にとって虚の中心であり、視線の集約点であり、閉じられた空間にいる者たちが世界へと接続する、「天空への窓」となる。

それゆえに、外部に閉じ、内部に開くというこのエンクロージャー形式の建築は、広く世界に存在し続けているのである。

集合住居における中庭型ユニット

近代以降において、この中庭という形式が問題化されたのは、集合住居においてであった。言うまでもなく、それは都市というものが世界の成立ちを決定し始めたからである。近代の建築家たちは、この問題にきわめて敏感だった。その嚆矢となったのは、やはりル・コルビュジエである。コルビュジエは1922年にパリのサロン・ドートンヌに出品した「300万人の現代都市計画」というヴィジョンにおいて、「イムーブル・ヴィラ」（集合ヴィラ）［図8］という中層集合住居を提案する。これは一戸建て住居の利点を、集合住居において体現しようとしたアイデアである。すなわち、2層ごとのメゾネット形式の住戸のそれぞれに、外部に向けて開かれた立体庭園が配され、集合住居でありながら独立した庭としての外部空間を有したユニットの集合となっている。コルビュジエはここで、3次元的な中庭を創案し、それによって高層化する都市の諸問題に答えようとしたのである。

こうしたアイデアとは対比的に、平屋の中庭型集合住居によって、新しい居住形式を生み出そうとした建築家も多い。ヨーン・ウッツォンが計画した、数々の集合住居のユニットは、中庭型住居の優れた事例として今もなお特筆すべき要素をもっている。特に、ヘルシンゴー近郊のキンゴ住宅団地（1956）のプロトタイプ［図9］やフレデ

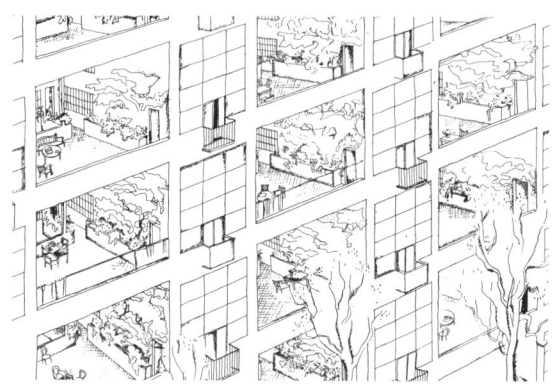

図8｜イムーブル・ヴィラ

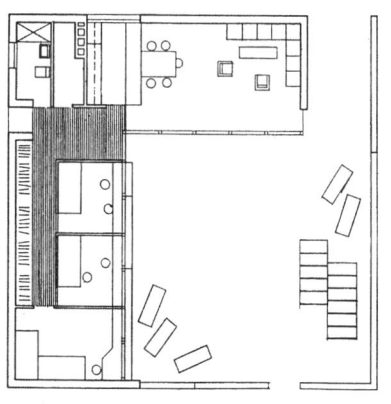

図9｜キンゴ住宅団地のプロトタイプ、平面　S=1:300

ンスボーの集合住居 (1963) は、アアルトの夏の家との類似性が強く感じられ、そこから大きな影響を受けた可能性がある。

現代建築における、中庭型集合住居のユニークな事例としては、レム・コールハースによる、福岡のネクサス・ワールドのレム・コールハース棟 (1991)［図10］を挙げておきたい。擬石のパネルによって外部を囲われたこの低層集合住居は、住戸がメゾネット形式となっているが、アプローチ庭としての中庭と、上部に持ち上げられたコートヤードとしての中庭をそれぞれの住戸が有しており、波打つ屋根や立体的な空間操作により、それまでにない中庭の空間的なバリエーションを「発明」している感がある。

集合住居における中庭はまた、コミュニティの表象としての次元ももっている。山本理顕による熊本県営保田窪第一団地 (1991)［図11］は、各住戸が共同の中央広場を囲むように配され、その広場自体がコミュニティ全体の「閉じられた中庭」となって全体をまとめ上げている。近代をさかのぼれば、たとえばブルーノ・タウトは、同様に広大な中庭を取り囲む集合住居を創案することによって、新しく融和的な、ユートピアとしてのコミュニティの創成を、希望していたのだとも言える［図12］。

図式としての中庭

近年では、「内側と外側を逆転させる」という幾何学的な反転の操作を、より抽象化したり、変形を加えることにより、新たな境地を開拓した建築作品も多い。すなわち、中庭を通して新しい空間の図式を創造しようとする試みが、さまざまなかたちで行れているのである。

アアルト自身、セイナッツァロの役場 (1952)［図13］においては、地形的な高低差をもち、あちこちに切れ目の入った、「閉じつつ開く、丘のような中庭」というオリジナルな中庭型の建築を創出しているし、ミース・ファン・デル・ローエも、抽象化された空間の試行として、中庭型住居のスタディを多く残している。

しかし、ここでは最後に、住吉の長屋を再び想起して、日本の現代建築における中庭型住居の傑作を確認しておこう。まず思い浮かぶのは、伊東豊雄の初期の傑作である、中野本町の家 (1976) とシルバーハット (1984)［図14］だろう。かつて隣接して建っていたこれらの住居は、ホワイトUと呼ばれた中野本町の家が、コンクリート造による禁欲的で抽象的な、「禁忌としての中庭」を有しており、そこには基本的に出ることができないため、ぐるぐると内部を巡り続けるトポロジカルな空間が現出している。対して伊東の自邸であったシルバーハットは、鉄骨による軽快で開放的なつくりとなっており、そこに配された中庭も、外部の延長のようである。

中庭という図式を、鮮やかに読み替えてつくられた作品が、妹島和世による森の別荘 (1994)［図15］である。これは内部空間としての中央部のホールに、水平方向に「孔」をあける操作により、外部としての中庭とも、内部としてのアトリウムともつかない、両義的でユニークな

図10｜ネクサス・ワールド レム・コールハース棟

図11｜熊本県営保田窪第一団地

図12｜ブルーノ・タウトの集合住居

空間を生み出している。

そのほか、西澤文隆の「正面のない家」(1962)[図16]は、1つの住居の中にいくつもの小さな中庭をちりばめて、内部と外部が入れ替わりながら展開していく、ネガポジ反転の不思議な空間図式を生み出している。また、広島の建築家である村上徹は、徹底したものづくりとディテールへのこだわりを通して、鉄やコンクリート、アルミといった現代的素材を縦横に使い分けながら、静謐で透徹した気配をもつ中庭型建築へとたどり着いている。

この中庭という形式は、21世紀の今後も、おそらくさまざまに新しい進展を見せていくに違いない。

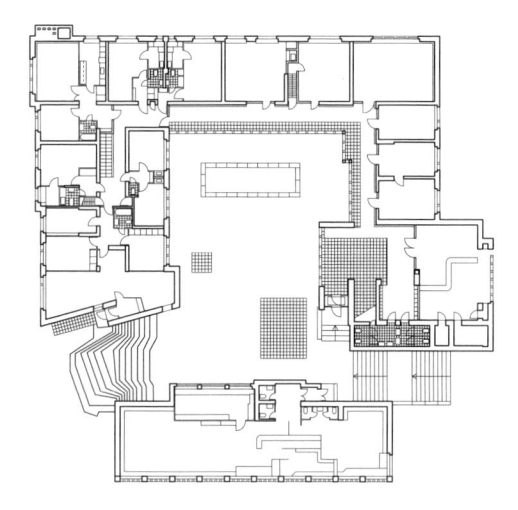

図13 | セイナッツァロの役場、2階平面　S=1:650

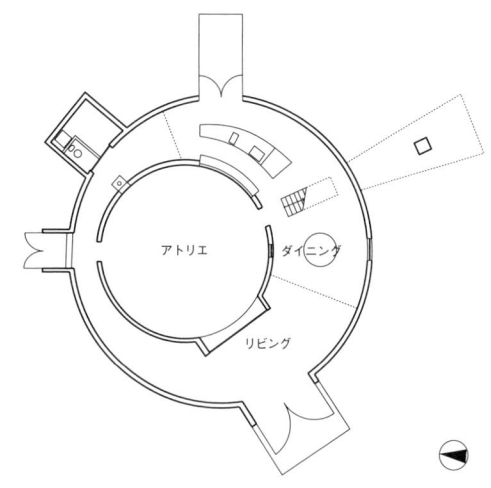

図15 | 森の別荘、1階平面　S=1:300

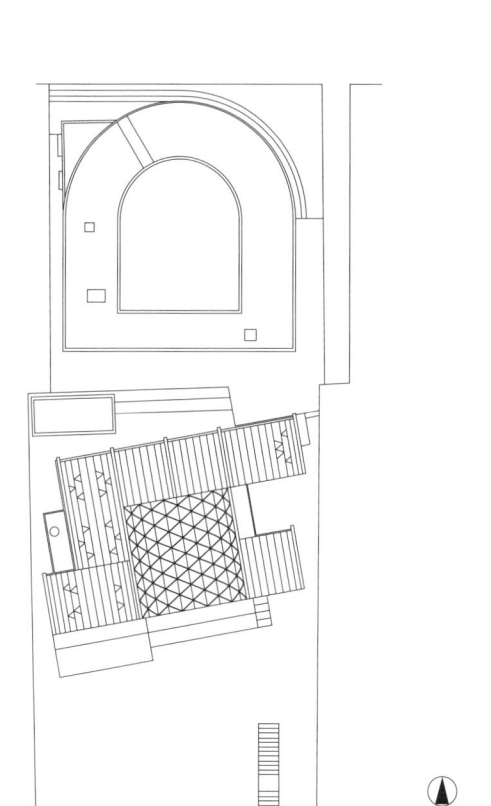

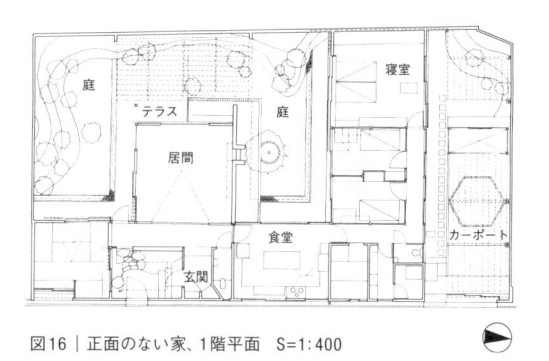

図14 | 中野本町の家（上）とシルバーハット（下）、配置　S=1:600

図16 | 正面のない家、1階平面　S=1:400

15 知覚の現象学

図1｜サヴォア邸

空間の知覚について

　人が住まい、活動する母体としての建築において、最終的に重要なのはモノの組合せや組成の方法論ではなく、空間である。この、自明とも思える事柄はしかし、突き詰めて考えてみれば、記述することの困難な問題を孕んでいることに気づく。空間という概念は目に見えず、形や色もなく、それ自体を知覚することはできないからである。デカルトはかつて、この空間の本質を「延長（extention）」という一元論的な指標に置き換えて定義したのだが、建築において最も重要と目される空間という概念は、その「外縁」を通じてしか、示唆することはかなわないのである。

　ではその「外縁」とは何かと言えば、人間の知覚を構成する感覚要素にほかならない。私たちは自らの五感を通じて空間の気配を感知し、その総合化によって、建築が生み出す空間の、えも言われぬ特殊な気配を感得する

図2｜サヴォア邸

15 Phenomenology of Perception

図3｜ヘルシンキ現代美術館

のである。

　近代以降の建築家は、多かれ少なかれ、この「空間」なる概念の創出にきわめて自覚的であり、その延長で人間の空間知覚がいかに現象するか、ということを意識しないわけにはいかなかった。人間の意識に対する認識がきわめて高くなった近代以降において、「モノとしての建築」の創出と、「空間の知覚」による主体の体験の乖離が、繰り返し問題になってきたからである。

視線と体験

　近代建築において最も著名な住宅作品であるサヴォア邸（ル・コルビュジエ、1931）［図1・2・5］は、その抽象的で幾何学的な構成とはうらはらに、きわめて特殊な空間体験を内側に含みもった、高度に複雑な建築である。独立した住宅としてはきわめて大きなこの作品は、住宅と呼ぶには1つ1つのスケールや部位が大きく、居室の数や

図4｜ヘルシンキ現代美術館

図5 | サヴォア邸、平面　S=1:450

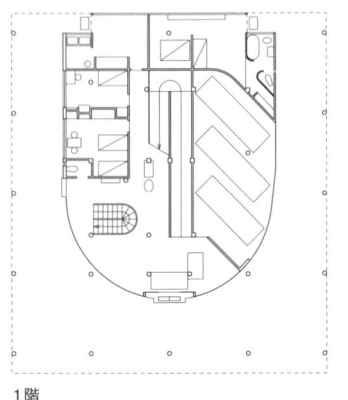

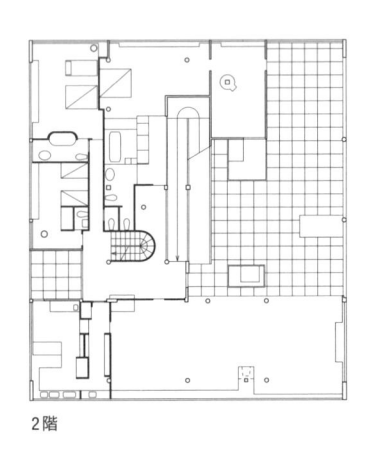

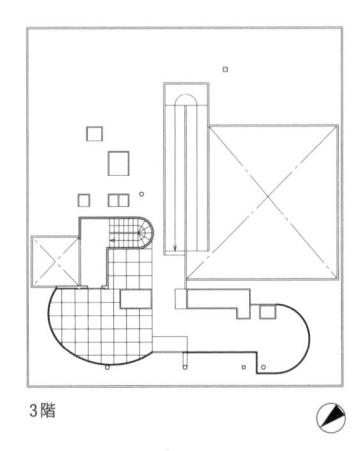

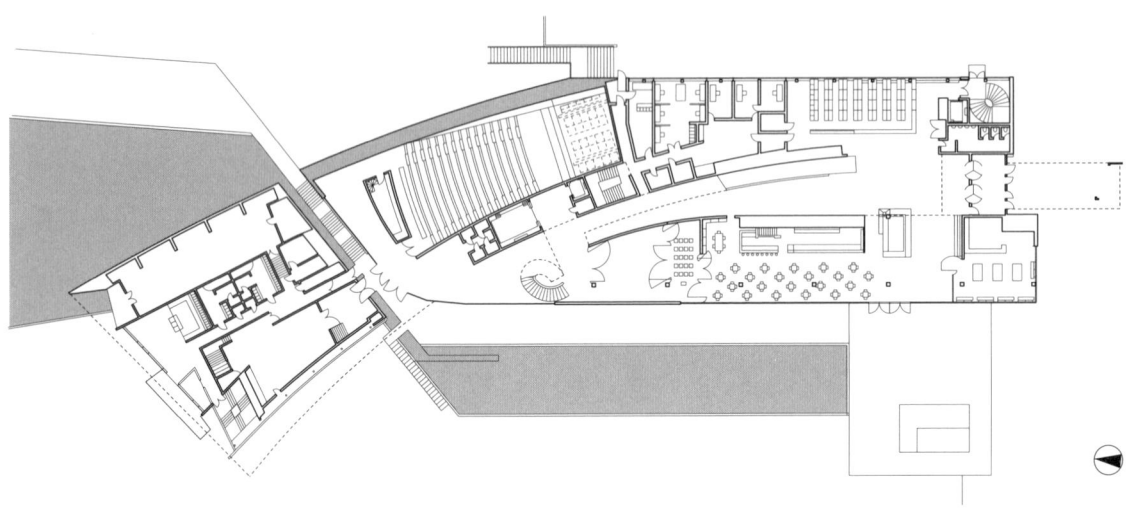

図6 | ヘルシンキ現代美術館、1階平面　S=1:900

構成要素の多彩さを見ても、ヴィラ以上の不可思議な何かを私たちに伝えてくる。それは、住宅が本来併せもっているはずの、安定したスタティックな体験を突き破る「動き」や「揺らぎ」を内包していることである。

　1階エントランスにおけるガラスの曲面壁が、訪れた者の動きをまず誘発する。そこから内部に入ると、「建築的プロムナード」とコルビュジエが名づけた概念の核をなす、スロープがすぐに目に飛び込んでくる。このスロープに誘い込まれて上部へと上がれば、中央ホールの先には開放的なリビングが広がっている。さらに外部へとつながるスロープを上がると、内的な外部であるテラスを経て、壁で囲い込まれた屋上庭園へと至る。開放と閉鎖の幾重にも重なる弁証法を通した、そのシークエンスのめくるめく変化は、1個の住宅をして多彩な世界の横断をすら感じさせる、特異な視線の拡張と空間体験につながっているのである。

　一方でスティーヴン・ホールの代表作であるヘルシンキ現代美術館（1998）［図3・4・6］は、規模もプログラムもサヴォア邸とはまったく異なるものの、この「建築的プロムナード」による空間展開の構成については、きわめて高い類似性をもっている。サヴォア邸と同様、この建築においても、妻面の中央エントランスを抜けるとまず目の前に吹抜けを配したスロープが人々を展示室へと誘い、さらに折り返されたスロープを上がると視線が一気に抜け、ガラス越しに外部の風景と対面する仕掛けとなっている。この2つの建築では、スロープと対になった螺旋状の階段が配されている点も似ているが、ヘルシンキ現代美術館においては、流動的なそのフォルムと、動線や視線の流れが巧みに対応している。また、ここではさまざまな形態のトップライトやハイサイドライト、あるいは光天井を通して、フィルターをかけられた自然光が柔らかく間接的に内部へと導入されており、明るい日差しのもとでヴォリュームの壮麗な演出を行ったサヴォア邸と、明快な対比をなしている。

こうした点から、時代と場所を隔てたこれら2つの建築が、視線の動きを細やかに意識した、建築空間の体験を創出していることが見て取れるのである。

「窓」と「鏡」、視線の折返しと内的世界

　内外を貫通するスロープの折返しにより、外部世界を手元に引き寄せながら「窓」の概念を浮かび上がらせているこれらの建築に対し、視線の折返しにより、外部から隔絶された内的世界を編み上げようとしたのが、アドルフ・ロースだった。ロースは「ラウムプラン」（空間計画）という独自の設計手法により、図面では記述し得ないような空間の気配を現出させることに注力した。それは、1つの閉じられた建築空間を多様に分節することで、さまざまに異なる床のレベルやニッチとなる場所を生み出す手法である。ミュラー邸（1931）［図7・8］はその代表をなすものであり、ここでは視線は外部へと流れることなく折り返されて内的に乱反射する。ロースのこの手法は確信犯的なもので、事実、ロースは意図的に内部空間の特殊な場所に、鏡を設置することでその「外部なき内部性」を徹底化させていたのである。すなわち、サヴォア邸が「窓」による視線の拡張を目指したとするならば、ミュラー邸においては「鏡」による視線の無限反射を意図していたのである。ビアトリス・コロミーナが詳細に分析しているように、ロースのこうした志向は、未完に終わったジョセフィン・ベーカー邸（1928）［図9・10］において、倒錯したエロティシズムが外化したものとなって表現されている。この住宅においては、中央部分に計画されたプールにおいて、ダンサーのジョセフィン・ベーカーが泳ぐのを、閉じられた居住空間の中で外部の人々が眺める、という視線の逆転が目論まれているのである。

　ともあれ、ロースを1つの例外としながらも、近代建築

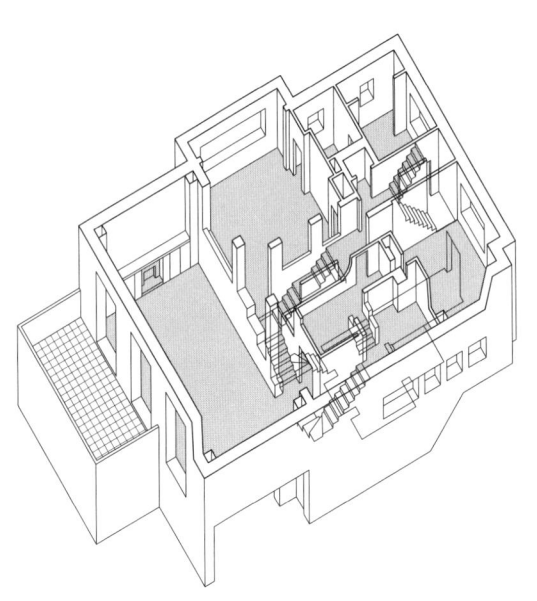

図7｜ミュラー邸、アクソメ

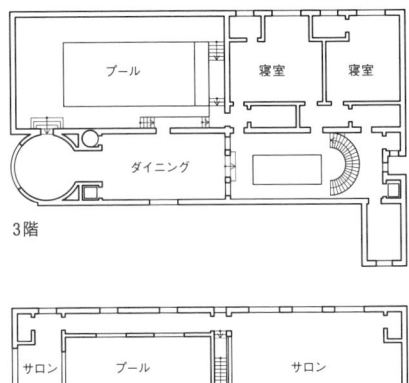

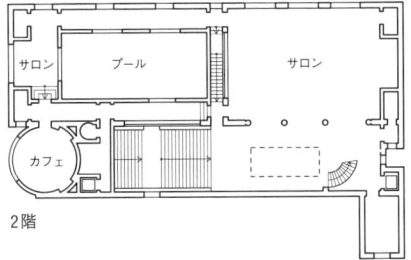

図9｜ジョセフィン・ベーカー邸、平面　S＝1:500

図8｜ミュラー邸

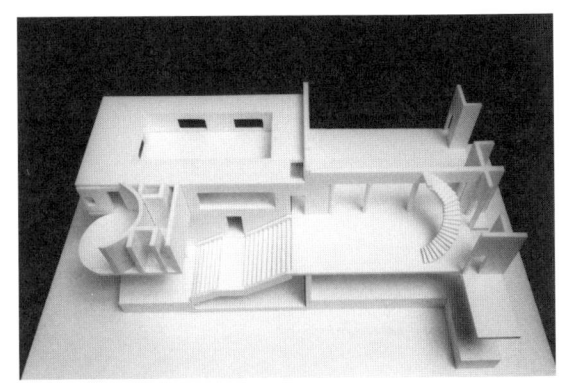

図10｜ジョセフィン・ベーカー邸、内部模型

15 Phenomenology of Perception

の主たる潮流は、透明性の追究による「窓」の全体化、あるいは建築そのものの窓化を目指していたと言えた。たとえば、ミース・ファン・デル・ローエによるチューゲントハット邸（1930）［図11］も、外部と対峙する前面ガラスがその透明性を強化していたし、コーリン・ロウが指摘するように、コルビュジエによるガルシュの家（1927）［図12］では、物理的な次元から離れた観念的な「虚の透明性」が目指されていた。

その中で、コルビュジエによるクルチェット邸（1949）［図13・14］は、不思議な立ち位置をなしている。これは構成的には、一見、サヴォア邸をネガポジ反転させているように見えるのである。中央部分にスロープがあり、視線を折り返している点ではサヴォア邸と同じだが、そのスロープ部分は外部空間となっており、それによって分棟形式の2つのヴォリュームを内的に対面させて、つなぎ合わせているように見える。そこでは、「窓」であると同時に「鏡」でもあり、外的世界の導入と同時に内的世界の充溢を同時成立させるような、記述困難で不可思議な空間の形式が生み出されているのである。

こうした視線の折返しを応用し、徹底させた例として、あたかも「クラインの壺」のモデルを建築化したような、UNスタジオのメビウス・ハウス（1993）［図15］や、流体的なフォルムから流れるような視覚体験を導出しているザハ・ハディドの作品、あるいは内部だけが堂々巡りして子宮のような空間をつくり出している、フレデリック・キースラーのエンドレス・ハウス（1960）［図16］などを挙げることができるだろう。

「生きられた空間」の諸問題

かつて数学者のポアンカレは、「幾何学的空間」と「表象的空間」を区分し、記述可能でニュートラルな幾何学的空間に対し、主体としての人間が経験する表象的空間は、それとは異なるものであると指摘した。この表象的空間とは言い換えれば、人間の体験が紡ぎ出す「生きられた空間」である。このポアンカレに影響を受けて、「知覚

図11｜チューゲントハット邸

図12｜ガルシュの家

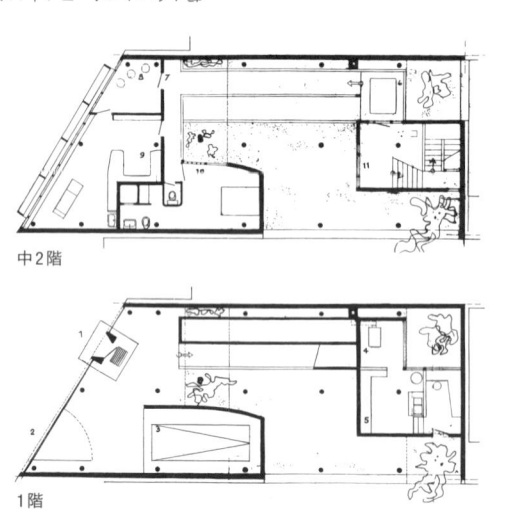

中2階

1階

図13｜クルチェット邸、平面　S＝1:350

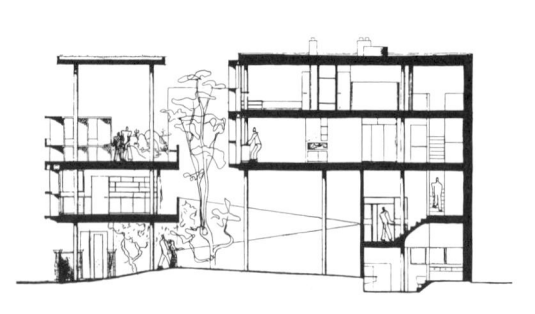

図14｜クルチェット邸、断面　S＝1:350

図15｜メビウス・ハウス

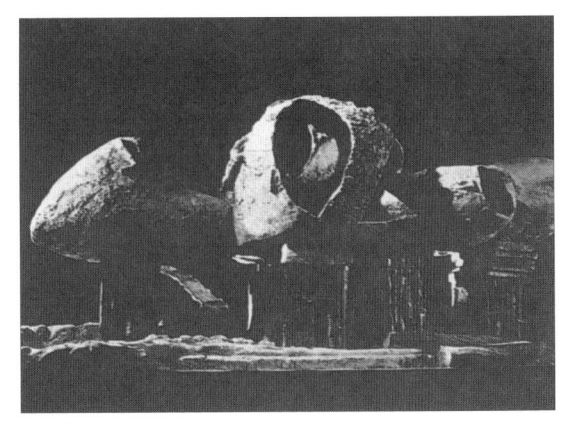

図16｜エンドレス・ハウス

の現象学」なる思考を展開したのがメルロ＝ポンティであり、彼は人間の身体図式なる概念を通して、動きを帯びた人間の五感により、環境世界を独自に構成されるものとしてとらえている。

「生きられた空間」という、こうした現象学的な空間了解は、その後の実存的な場所や空間の把握の系譜にもつながってゆく。建築にとって、空間とは何か、という主題はきわめて大きな問題で、「空間は記述し得ない」という空間体験派の建築作品を、いかに記述するかということが、空間研究においては常に課題となってきた。そうしたテーマに呼応して、スティーヴン・ホール自身、『知覚の問題』という作品集を著している。彼は自らの設計手法として、まずイメージを定着させるための水彩画を何枚も描き、そこから建築空間を具体化させる手続きを取っている。それは、記述し得ない空間の気配をいかに創出するか、という問いに対する、創作者の視点からの1つの試みである。

たとえば、圧倒的な色彩と強烈な日差し、静寂に満ちた池やほの暗い気配といったものの重ね合せにより、他に類を見ない空間を生み出しているルイス・バラガンの建築や、「絵画的ではなく、映像的な空間」と形容された、動きを誘発する装置としての、ピエール・シャローのダルザス邸（1932）などの空間体験を記述することは、きわめて難しい。ケネス・フランプトンはかつて、抽象的なインターナショナル・スタイルとは一線を画した、「批判的地域主義」の建築を定義する際に、ヨーン・ウッツォンのバウスヴェア教会（1976）［図17］やアルヴァ・アアルトのセイナッツァロの役場（1952）［図18］などを挙げていた。これらはいずれも、幾何学的で客観的な図面や写真のみでは伝達できないような、触覚や気配を通した「生きられた空間」の全体性を評価していたからである。

このように、客観的には記述が困難な、建築が現象させる「生きられた空間」の諸問題は、新しい建築を生み出そうとする者にとって、その都度、重要な課題として立ち現れてくるのである。

図17｜バウスヴェア教会

図18｜セイナッツァロの役場

ENVIRONMENT
Ⅳ 環境

建築はオブジェクトとして、そこにあるだけでなく、人間がそこで活動をするための環境あるいは背景としての存在でもある。建築には人間を守る内部空間があり、第二の地面としての床があることが必要条件である。この章では、人間の快適な居場所にするための、環境としての建築を成立させる方法や操作について考えてみよう。

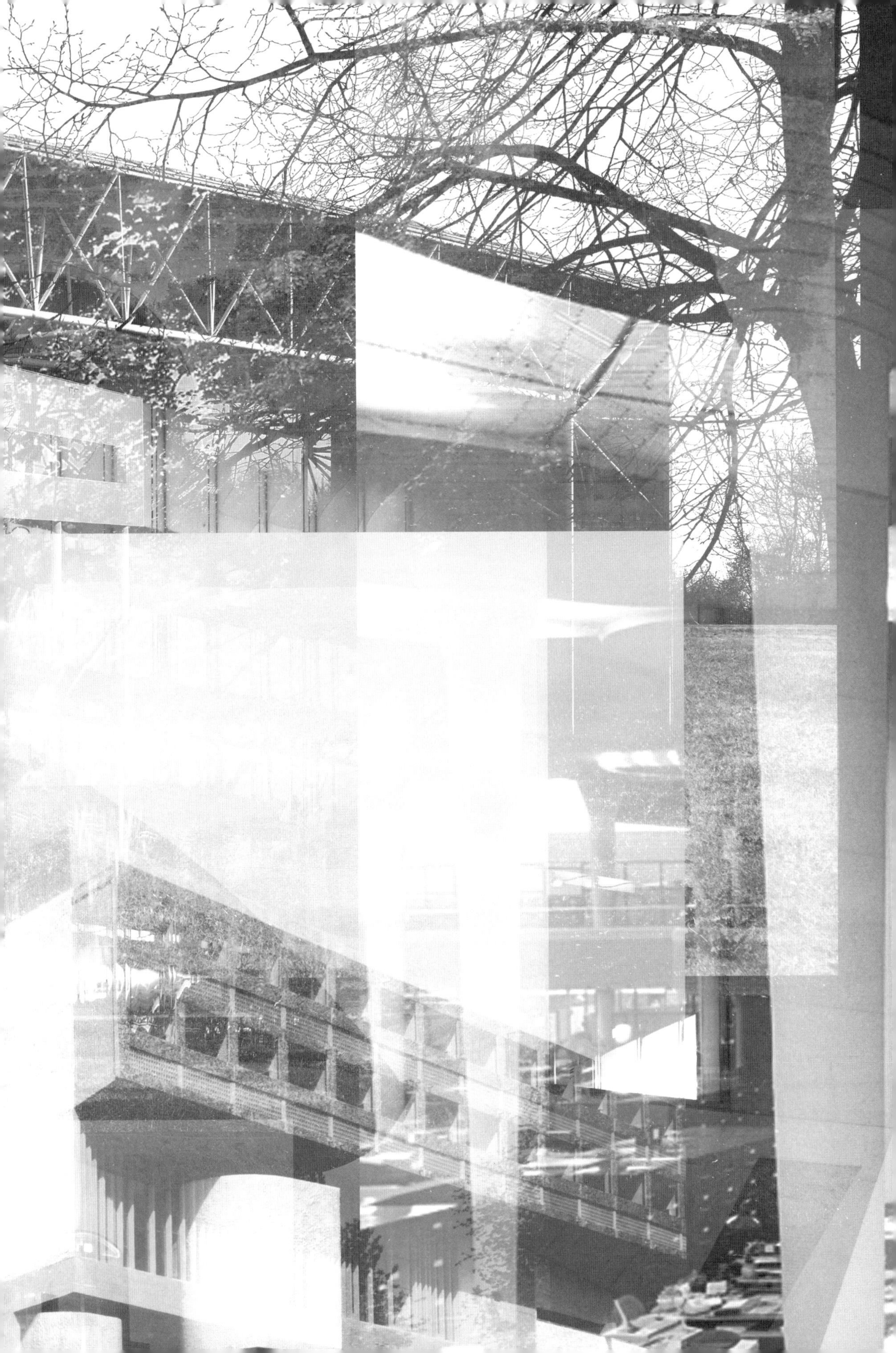

16 光と部屋

図1｜キンベル美術館

不完全な部屋

　部屋には窓や扉などの開口部が必ずある。開口部を通して、自然の光や風が内部に導かれて、内部は人間が活動するのにふさわしい場所になる。仮に開口部が1つもない部屋があるとすれば、それは構造体としては強く完全なものかもしれないが、光や風そして人も内部に入ることができない意味のない空間になる。部屋の開口部は不可欠な要素なのである。開口部を適切に設けると、内部は人間のための部屋に生まれ変わるのだが、そのことと引換えに構造的に不完全なものになってしまう。壁や屋根にあける開口・窓をデザインするためには、立面や屋根伏などの見えがかりに注意を払うばかりでなく、建築を構造体として成立させる工夫が必要になるのだ。

　具体的には、小さな「点」的な開口部であれば、開口部のまわりを2次部材で補強することによって、構造を成立させることができる。天窓（トップライト）の場合であ

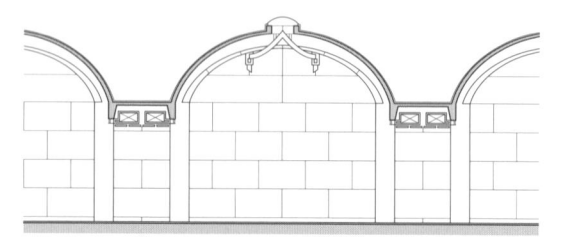

図2｜キンベル美術館、断面　S＝1:200

れば、屋根の孔のまわりを小梁などで補強してやればよい。天窓の開口率が小さく、構造体を構成する要素を十分に連続させることができ、お互いに力が伝達される状況をつくれれば大きな問題はない。ところが、理想的な光の状態を追求した結果、躯体に比べて大きすぎる天窓や長大なスリット状の天窓が必要になる場合などは、構造体に無理な負荷が掛かり、実現には技術や工夫が必要にな

16 Light and Room

図3 | テルメ・ヴァルス

図4 | テルメ・ヴァルス、スケッチ

る。つまり、光によって空間表現を行うためには、空間の形や開口部の形と光の導入方法の組合せを追求するという意匠的・幾何学的な問題のみならず、それを成立させるような構造の仕組みをどうつくればよいかを同時に考えながらデザインしなければならないのである。ここでは、部屋の性格を決定づける天窓のデザインのバリエーションとそのための工夫について考えてみたい。

「線」——光の帯

ここに挙げた2つの建築、ルイス・カーンが設計したキンベル美術館 (1972) [図1・2] とピーター・ズントーが設計したテルメ・ヴァルス (1996) [図3・4] は、内部空間の形状、仕上げともまったく表情が異なる建築だが、共通点がある。それは、基本的には平屋の建築で、屋根スラブを大きく切り裂く細長いスリット状の天窓が設けられているということである。天窓が連続的に設けられているので、平面的に次々に内部空間を延伸して配置することが可能である。隣の内部空間のその向こうに、また別の内部空間が現れるような、どこまでも展開していける平面システムなのである。

キンベル美術館では、スリット下部に吊された多孔質のアルミの反射板によって、ヴォールト天井に間接光を反射させている。その断面形状の効果で、ヴォールトの

図5 | キンベル美術館のヴォールト屋根躯体断面

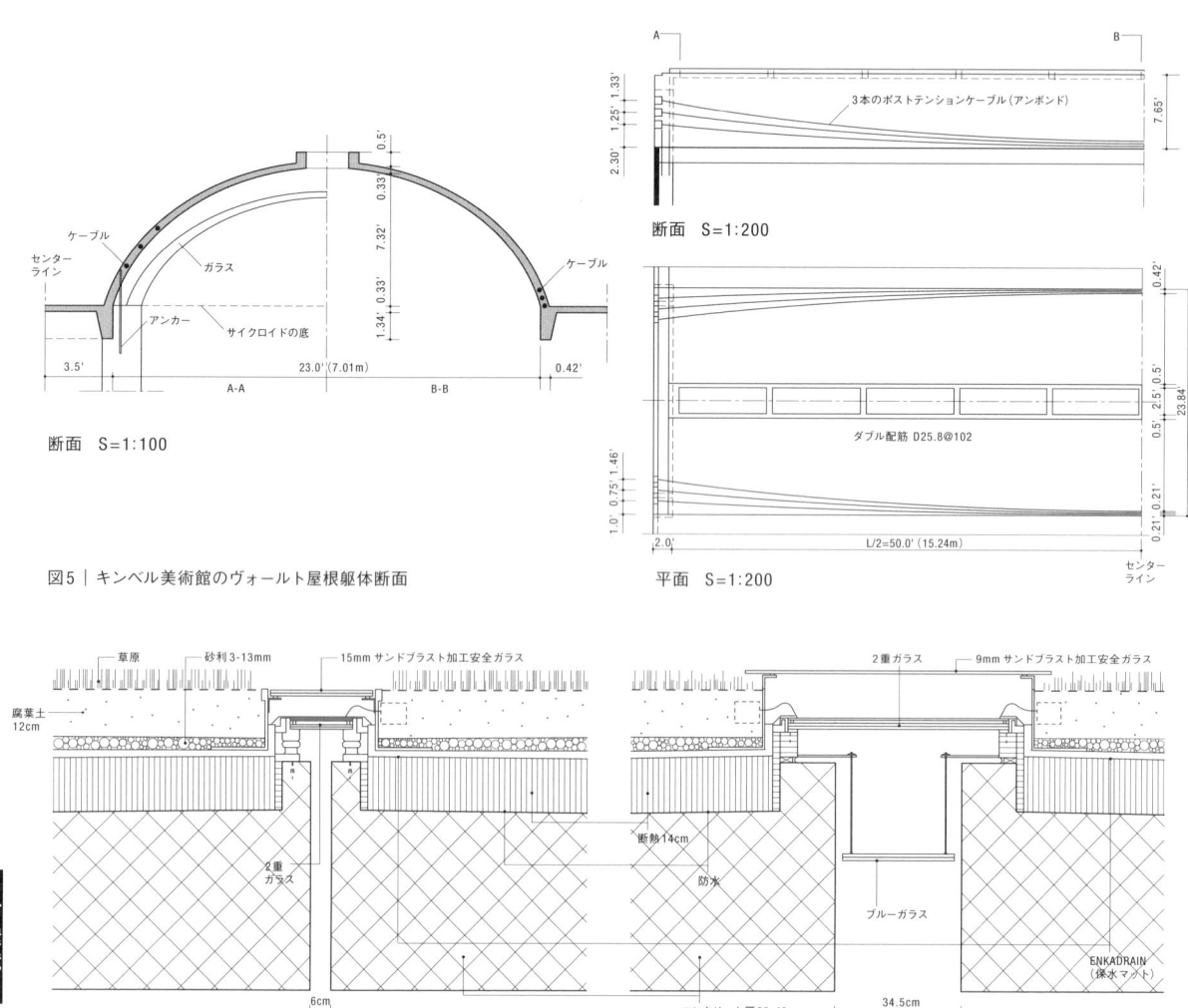

図6 | テルメ・ヴァルスのトップライト、断面詳細　S=1:20

単位ごとに、内部には均整の取れた明るさの分布が生まれる。光の分布を規則的に反復させることで、建物内部は空間的に秩序だてられる。テルメ・ヴァルスの壁際に設けられたスリットは、浴室というある種の宗教的な行為が営まれる空間のイメージにふさわしく、片麻岩の壁に抽象的な、耽美な光の陰影を形成する。壁面と天井面とがぶつかる入隅にスリットが切られているため、面の抽象性を損ねることなく光の陰影を形成することができる。点的な開口を設けると、面の純粋性を保つことが難しくなる。それぞれ、スリットによる光の効果は、まったく質が異なるが、スリットの幅や深さは、共通して、期待される効果から逆算して巧みにコントロールされている。

スリットの構造的な困難さとその解決

スリットは、構造的に、建築を構成している面が分離してしまうため、応力の伝達が難しくなり、その都度、構造的な工夫が必要になる。キンベル美術館では、ヴォールト屋根は現場打ちのコンクリートシェル構造になっており、シェルはそれぞれが下部構造の溝型の組み梁に載せられている。溝型の部分には設備が組み込まれており、エネルギーは床下から供給される。トップライトは、ヴォールト屋根の短手断面において、頂点が開口部となる合理的な形状を選択している。ヴォールトの1ユニットは、7×30mの矩形平面で、長手両端部にアーチ梁があり、足元がピンで4隅の柱にアンカーされている。シェルの内部には、3本のポストテンションケーブルが仕込まれており、両端部のアーチ梁に固定されている[1]。これにより、細長いヴォールトの中央が垂れ下がるようにたわむのを防いでいると同時に、溝型の組み梁への負担を小さくしている。スリットがあけられているヴォールトの中央部は、下辺全長が支持された状態であれば、単純に短手方向のアーチ構造になるが、4隅の柱で支えられているだけなので、アーチというよりも単純梁が平行に2本かかっている状態に

近い。3本のポストテンションのケーブルはこの2本の長手の単純梁の補強という意味で必要なのである[2][図5]。

これに対し、テルメ・ヴァルスでは、スリットは平面的に枝分かれしながら連続していく。そのため、実は、一体に見える建物は床レベルでつながっているものの、上部では構造的に、いくつかのブロックにほぼ完全に分割されている。ブロック間の荷重の伝達はスリットによって不可能になる。つまり、いくつかの小さな建物がスリットの間隔で寄せ集められて個別に建つ集合体になっているのだ。屋根に見えている部分は、壁面から、反対側の壁面のスリットの位置まで庇がキャンチレバー（片持ち構造）でせり出している［図6］。テルメ・ヴァルスの構造は、キンベル美術館の構造と異なり、建物の分節において、新たな存在の仕方を導入することで、構造を成立させているのである。このようにスリットが多用された建築の構造を理解するためには、見えないキャンチレバーが至るところに内在しているという認識が必要である。これは、鉄筋コンクリートという素材の強度が可能にしている。

ブレーゲンツの美術館（ピーター・ズントー、1997）［図7・8］の断面の例でも同様の問題とその解決が見られる。テルメ・ヴァルスと同様に、新しい構法的な解釈の介在がある。天井面はガラスでできているのだが、内部の照明は、あくまでも調整用のもので、基本的に外部のガラス壁から透けて入ってきた光が、構造のある部分を通過して、天井まで届く仕組みになっている。本来であれば、建築躯体と仕上げ壁によって密閉されてしまう闇の空間を、反転して光が通過するのである。そのために、非常に大がかりな仕組みとして、壁から宙吊りにされたスラブと壁のセットが、3枚ある大壁に吊されてできている。ある部分を完全に分離する代わりに、別のどこかを強く連続させるという、構造を「寄せる」発想があるのである。

「面」── 光の分布

がんばって構造を寄せて力を集中させ、細長いスリットをあけるという発想とは反対に、むしろ構造を分散配置することによって、小さな部材で面を構成することによって、面全体を透明とし、光を満遍なく導入しようという発想もある。技術的には、鉄骨を採用することによって、部材断面を小さくでき、さらに大面積のガラスを用いることができる環境が整ったことで、このような光の取扱いが可能になった。パクストンの水晶宮（1851）では鉄骨とガラスのこうした技術が初期的に導入された。

現代においては、大英博物館グレートコート（ノーマン・

図7｜ブレーゲンツの美術館

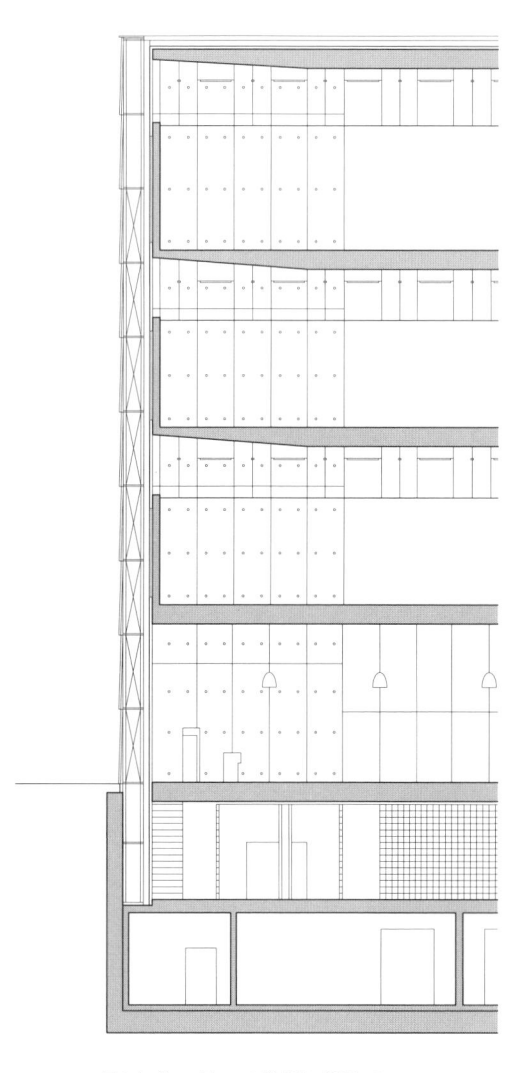

図8｜ブレーゲンツの美術館、断面　S=1:300

図9｜大英博物館グレートコート（2点とも）

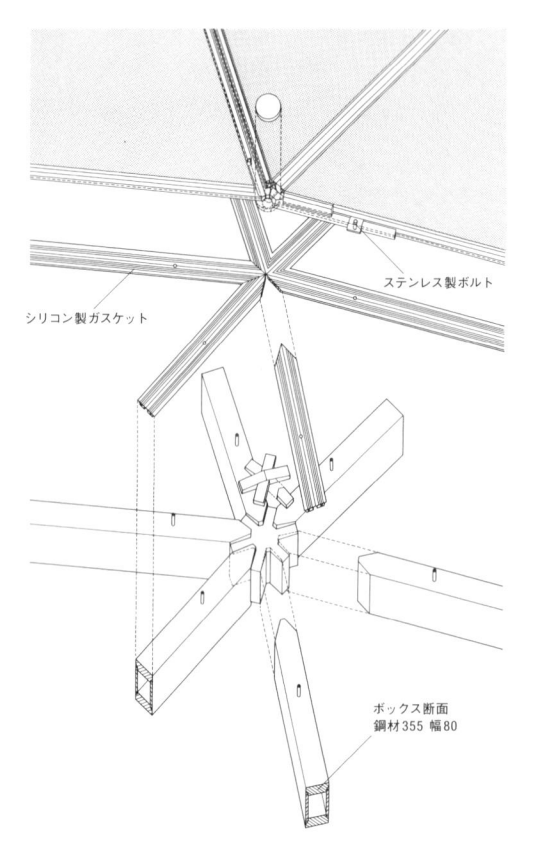

図10｜大英博物館グレートコート、屋根詳細

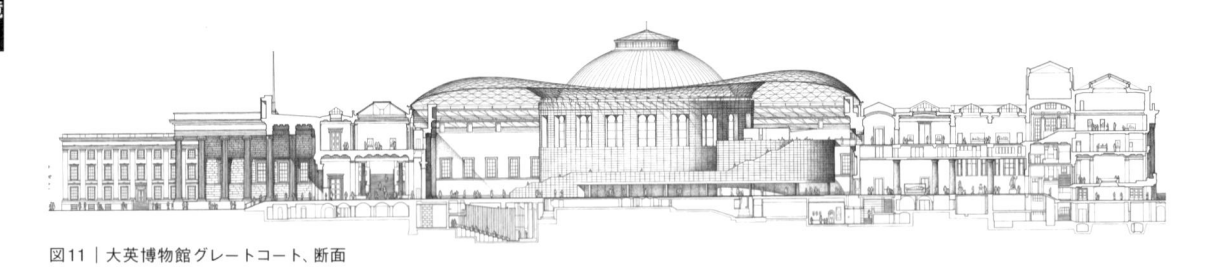

図11｜大英博物館グレートコート、断面

フォスター、2000）[図9-11] の中庭のように、細い鉄骨の部材をドローネ三角形の網の目状に組んだフレームとし、開口部を全体的に分布させて、アトリウム屋根を構成する方法がある。開口部にはガラスが用いられる。天窓によって、内部に明暗の分布のある場をつくるというよりも、内部の明るさは全体的に均等になり、外部のような内部空間が実現される。

アトリウム屋根にとって、もっぱら部材の細さ、覆う空間の大きさと屋根の高さ（空間のプロポーション）が、内部の光の状態にとって重要な変数になる。求められるプロポーションに応じて、フレームを効率的なトラス構造とするのか、割付けを矩形にできるフィーレンデール構造とするのか、あるいは、階層的に柱梁に分解して考えるのか

といった選択肢がある。グレートコートでは、平面的に矩形の空間に円形のホールが中央にあるので、これらをつなぐアーチは複雑な曲面になるが、これをコンピュータ解析技術でドローネ三角形に精度よく分解することによって、きわめて細い部材によるシングルレイヤーによって、大空間の面積を覆うことを可能にしている。

天窓と設備

近代・現代の建築とそれまでの建築が大きく異なる点の1つは、空調や照明など設備系統が発達したということであろう。開口部と構造の矛盾した関係をどのように調停するのかという問題のほかに、設備との関係をど

図12 | アカデミア書店（アルヴァ・アアルト、1969）のトップライト

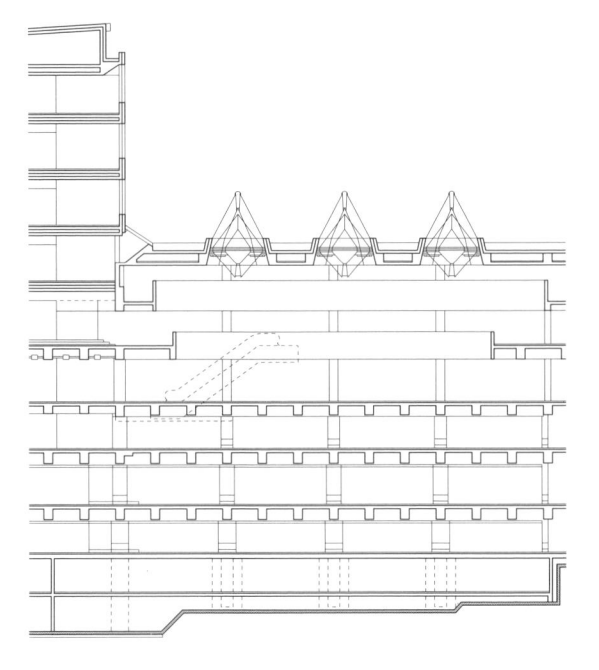

図13 | アカデミア書店、断面　S=1:1200

ように設定するのかも重要な問題である。中でも照明設備の天井への依存度が設計に大きな影響を与える。天窓という自然光を大事にする手法は、人工照明を用いることとは基本的に矛盾する発想である。ただし、夜間の状態や昼間でも曇り空で照明の補強が必要な場合を考慮すると、アンビエント光としての天窓と人工照明の共存をどのように扱うかが問題になる。できれば人工照明は見えない位置に設置したい。

「立体」——光の結晶

　こうした問題に対してユニークでかつ汎用的な解答として、アルヴァ・アアルトのトップライト［図12・13］が挙げられよう。それらは、いわばトップライト自体が1つの照明装置になるように設計されている。トップライトの上面だけでなく、下面にも天井面の延長にガラス面が設けられ、照明がその間に内蔵される。つまり、アアルトのトップライトは照明器具のシェードのような立体として計画されているのだ。厚みがある開口として、立体化されたトップライトには、内部を人に歩かせることや、その厚みを構造的に用いるなど多くの面白いアイデアに対して可能性が広がっている。

新しい天窓の素材

　最後に天窓を構成する材料に関して、近代以降はガラスが多く用いられてきたが、現代になってからは、特に大規模なアトリウムなどを中心に、ETFE[3]などの透明膜やPTFEなどの半透明の膜が用いられるようになってきた。1つの要因は軽量化を考えてのことである。プラスチックに比べるとガラスは重く、構造部材が太くなる。しかし、プラスチックは燃えやすく遮音性も低い。近年、膜のコストパフォーマンスが向上したことにより、スタジアムの屋根や植物園などで大規模な半透明の膜屋根が用いられているのである。膜屋根は、座布団のような2重膜を単位とし、内部に空気を送り込むことで風船のように膨らませて用いることでハリのある形態を保つことが可能になる。

　ここでは、さまざまな天窓の形式による内部への光の導入方法を見てきた。天窓のつくり方について、技術的な進歩は著しく、その方法のバリエーションは確実に増えてきている。建築家の知力を活かして、新たな可能性を開拓することが可能なエキサイティングなフィールドが広がっている。

1)　*Contemporary concrete structures*, August E. Komendant, D.E., McGraw-hill, 1972, pp.504-508
2)　佐藤淳氏の解釈による。
3)　ETFEは熱可塑性のフッ素樹脂である。軽量で、機械的強度と成型加工性があり、フッ素系の材料の特長である耐候性に優れ、しかも透明であるため、大面積のアトリウムなどでガラスの代わりに用いられる。巨大な植物園のエデン・プロジェクト（ニコラス・グリムショウ、2001）やサッカースタジアムのアリアンツ・アレナ（ヘルツォーク・アンド・ド・ムーロン、2005）で、六角形や四角形の袋状のユニットとし、それらを敷き並べることで、屋根として用いられている。

17 空間を覆う

図1 | ミュンヘンオリンピック競技場

ルーフ（屋根）のはたらき

　ルーフには、風雨や直射光を防ぐといった初源的な機能のほかに、ルーフの下にある領域の存在を指定するはたらきがある。壁のようなエンクロージャーによって囲い込む方法だけでなく、ルーフの支配圏をグラウンドやフロアに投影することによって、壁がなくても周囲と異なる領域をつくることができる。またルーフはその囲繞性によって、いくつかの領域を統合する力をもっている。このように、ルーフは空間を覆い内部空間を風雨から守るという建物の基本性能を保持する重要な役割を担いつつ、空間的には多義的なはたらきをする。また目的は同じでも、屋根の形態と架構の形式にはさまざまなバリエーションがあり実に多様である。設計を行う際には、この特性を熟知することで、ルーフの奥深い空間表現が可能になるだろう。

領域を指定する

　アーキグラムのインスタント・シティ（1968）[図2]は、ルーフの下にある領域の存在を指定するはたらきを鮮やかに表現したプロジェクトである。飛行船やバルーンに吊り下げられたルーフが、さまざまな場所を移動し、ルーフ

図2 | インスタント・シティ

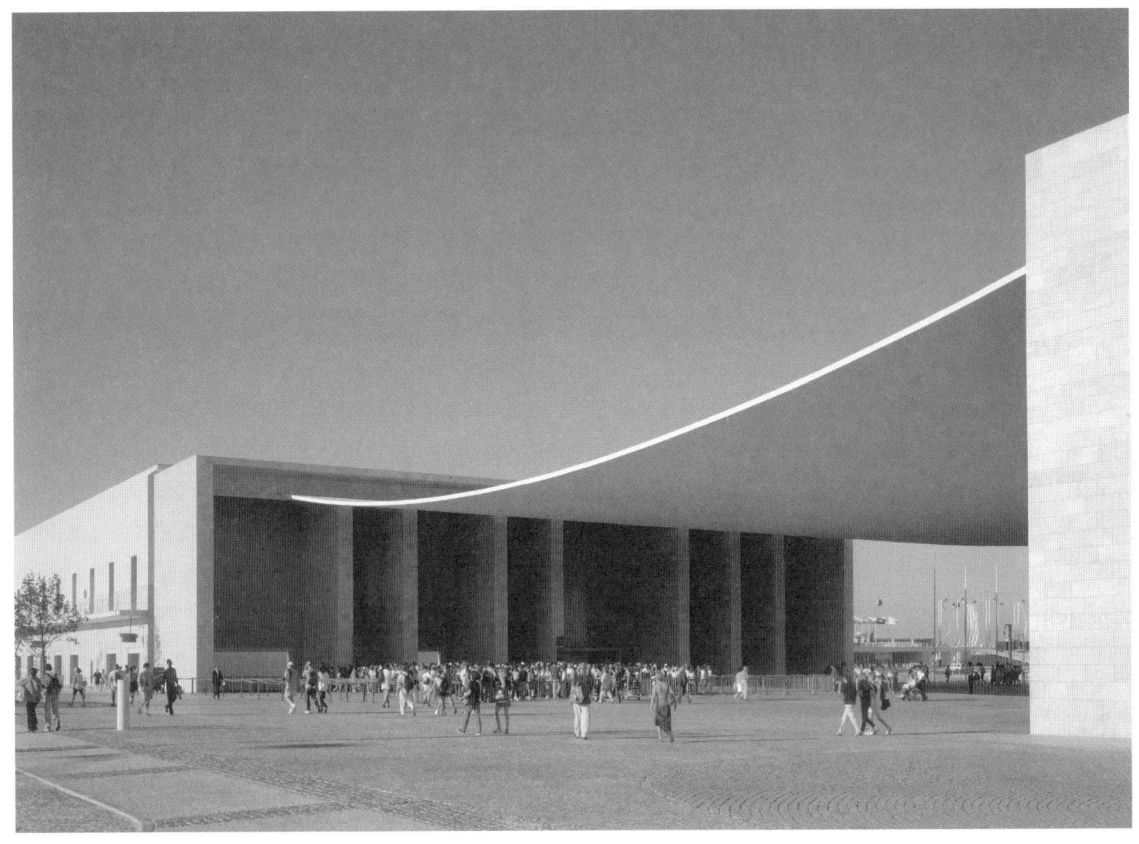

17 Covering Space

図3｜EXPO'98 ポルトガル・パビリオン

の下にはテンポラリーな都市が出現し、そこに人々が集い、にぎわいが発生する様子を描いている。

　ミュンヘンオリンピック競技場（ギュンター・ベーニッシュ＋フライ・オットー、1972）［図1］では、大きな吊り屋根が、スタジアムのメインスタンドを覆い、さらにスタジアムを越えてオリンピックパークのフィールドまで延長され、建築と公園を区別することなく同時に全体を支配している。屋根の下には、スポーツ観戦や公園を散策する人々が集い、憩いの場としてにぎわっている。フライ・オットーが構造設計を担当したこの吊り屋根は、張力構造によりつくられている。張力構造とは、圧縮や曲げによらず、引張力により成立する構造形式をいう。構造物は引張部材単独では成立しないため、何らかの圧縮材、たとえばマスト状の柱、コンプレッションリング、梁などの部材と組み合わせる必要がある。張力構造を建物の屋根に使うことで、コストの削減、大スパン、美しい曲面形状などが実現できる。

　アルヴァロ・シザが設計したEXPO'98 ポルトガル・パビリオン（1998）［図3］は、ポルトガルに建設された万博のためのパビリオンである。薄い皮膜のような広大なルーフで広場を覆うという単純な構成によって、ルーフの下に半屋内的な空間を生成し、式典を開催するセレモニアル・プラザとしての機能を満たしている。中央のセレモニアル・プラザを覆う壮大な屋根のスケール感が体験できる建物正面からの眺めは圧巻である。両側のポーティコのヴォリュームから吊り下げられた屋根はきれいなカテナリーを描いて垂れ下がり、確かに重力が存在していることを示す。一方、RCでできた薄い皮膜の浮遊感も同時に演出する。重量感と浮遊感、緊張と柔らかさ、こうしたアンビバレントな建築表現がこの屋根の魅力である。巨大な吊り屋根は、長さ65m×幅58m、最も低い地点でGLから10mである。両側のポーティコにアンカーされたステンレスロッドは、厚み200mmのコンクリートスラブで被覆され、ポストテンションが導入されている［図4］。屋根の端部

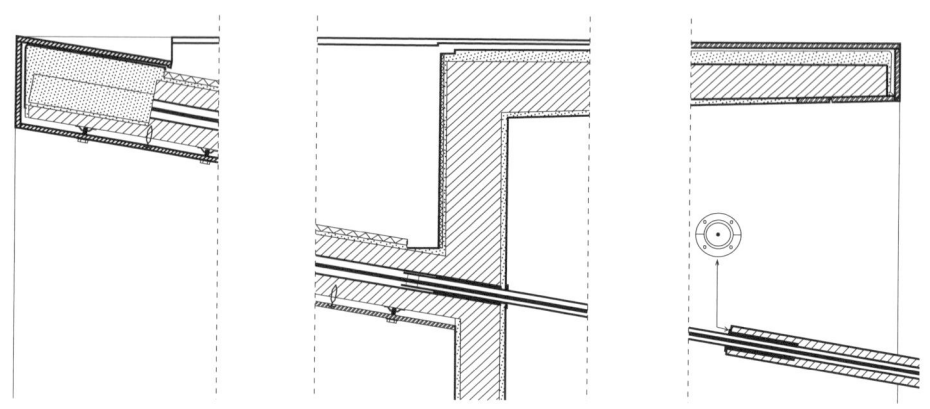

図4｜EXPO'98ポルトガル・パビリオン、ケーブル接合部断面　S=1:25

には、意図的に隙間を設け、壁と屋根を視覚的に分節することにより、屋根の浮遊感と独立性を高めている。一見ささいに見える吊り元のディテールは、コンセプトを具体化する上で重要なポイントとなる。

ダレス国際空港ターミナルビル（エーロ・サーリネン、1965）［図5］も、ポルトガル・パビリオンと同様に吊り屋根を採用した建築である。この屋根は、コンクリートの柱列に吊されたハンモックのような形をしており、吊り屋根を支えるコンクリートの柱列はケーブルの張力に釣り合うように外側に傾斜している。ポルトガル・パビリオンが示すように、吊り構造において「吊り元」のデザインは特に重要である。この作品でも、屋根と柱の取合いのディテールが注意深くデザインされている。つまり、柱は屋根を下部から支持するのではなく、一度屋根を貫通し、端部を上からつかむような形式となっている。また貫通部分の穴を大きく取り、柱との隙間を確保することで、屋根と柱を分節し、屋根の軽快さを損なわないように配慮している。

図5｜ダレス国際空港ターミナルビル

図6｜国立代々木屋内総合競技場、第1体育館

図7｜国立代々木屋内総合競技場、第1体育館（右）と第2体育館（左）

ミュンヘンオリンピック競技場とポルトガル・パビリオンの屋根に共通する点は、ともに「吊り構造」であることだ。屋根を吊り構造でつくることの利点は、大スパンが可能になること、引張材で構成するためほかの構造形式と比較して繊細で軽やかな屋根をつくれること、優美な曲線で内外観を構成できることなどが挙げられる。

吊り構造の技術を採用した代表的な作品として、国立代々木屋内総合競技場（丹下健三、1964）［図6・7］がある。1964年の東京オリンピックに備えて建設されたこの建築は、第1、第2体育館ともに吊り構造であり、第1体育館は2本、第2体育館は1本のマストから屋根が吊り下げられている。第1体育館の長手スパンは120m、短手スパン44m、メインケーブルの最高高さは地上27.5mである。屋根はメインケーブルから競技場外周にかけられた多数の吊り材で形成され、懸垂するワイヤーロープが美しい曲面と壮大な空間をつくり出している。

異質な領域を統合する

ルツェルン文化会議センター（ジャン・ヌーヴェル、1999）［図8-10］における巨大なキャンチレバーの庇は、湖に向かって伸び、その跳出しの寸法は23mにも及ぶ。この長大な跳出しを実現するための梁は、庇の上部に逆梁として納められ、構造的なからくりは隠蔽されている。庇の軒天は平滑な水平面として、ルツェルン湖の湖面と呼応する。通常、湖は建築の敷地とは異なるため、湖上に建築することは法的に難しいが、ルツェルンのルーフは、湖岸を越え、陸と湖を同時に屋根の下に収める。さらに、湖から細い2本の水路が建物内に侵入し、コンサートホール、ギャラリー、会議施設の3つの機能を分節する。つまり、ここでのルーフは、建築の平面に対応して架けられた屋根ではなく、湖畔の環境と建築空間を包括的に収める屋根である。

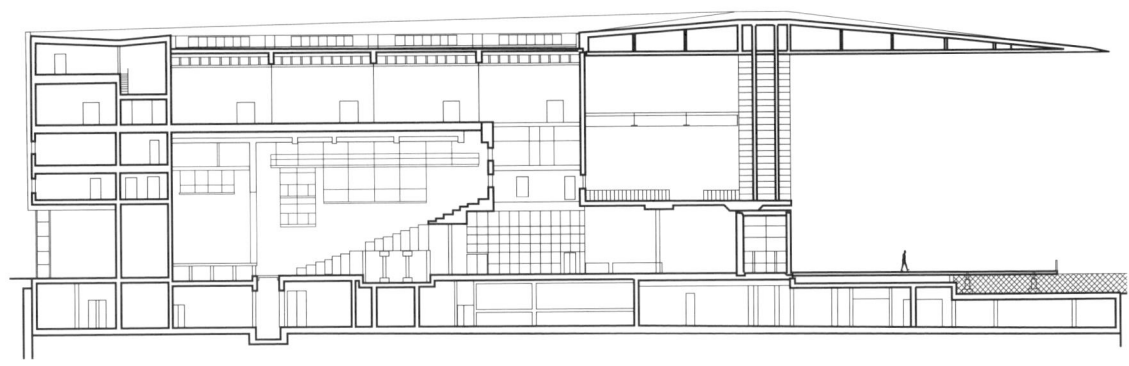

図8｜ルツェルン文化会議センター、断面　S=1:800

図9｜ルツェルン文化会議センター

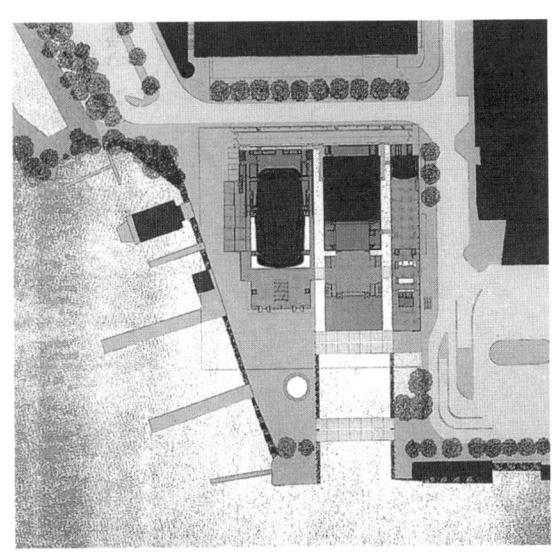

図10｜ルツェルン文化会議センター、平面

17 Covering Space

図11 | サルスエラの競馬場

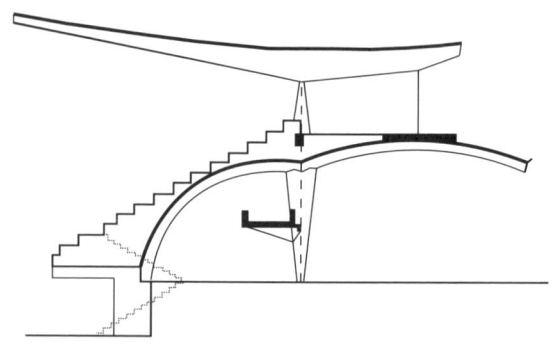

図12 | サルスエラの競馬場、断面

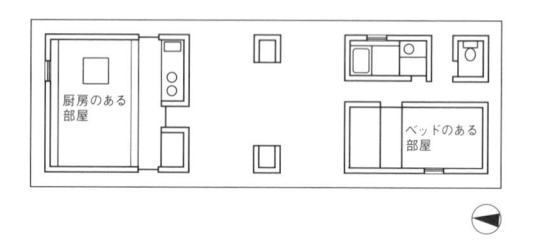

図13 | 山川山荘　S＝1:250

さらに、キャンチレバーのルーフの事例を見てみよう。エドゥアルド・トロハのサルスエラの競馬場（1935）[図11]は、スタンド全体を覆う軽快な大屋根が印象的である。どの客席からも柱に邪魔されることなく、良好な可視線を確保するという計画上の要求から、屋根は12.8mに及ぶ長大なキャンチレバーの形式を採用している。一見著しくバランスを欠くように見えるこの屋根の構造上のからくりはどのようなものであろうか。大屋根を支持する主柱の支点はピン接合とし、跳出しの反対側の端部にある細く目立たない引張材によってアンカーすることでバランスを取っている。屋根は双曲線の一部からなるヴォールト形状のコンクリートシェル構造とすることで、片持ち梁として機能する。シェルの厚さは主柱上の140mmから徐々に薄くなり、先端（自由端）でわずか50mmの厚みしかない[図12]。

ルツェルンとサルスエラの事例から分かるように、キャンチレバーの屋根をデザインするときには、安定的な構造に見えてしまうと面白みに欠けるので、構造的に成立させるためのからくりは隠蔽するとよい。あたかも重力から解放されたような浮遊感や映像性を獲得するためのアイデアである。

山川山荘（山本理顕、1977）[図13] は小さな別荘建築である。6つの独立した小個室を切妻型の大屋根が覆い、1つの住戸として統合している。食事やだんらんはこれらの小さな個室の隙間のスペースを使うことになる。このように屋根のはたらきによって独立した複数の空間の自律性を保ちつつも、それらを屋根で覆うことで1つの建築空間として統合することができる。

複数の領域を分節する

これまでさまざまな事例を通じて、ルーフが空間を統合するはたらきを見てきた。反対に、ルーフが空間を分節するはたらきについて確認してみよう。ただし、ルーフによる空間の分節は弱くあいまいなものであり、壁と異なり、物理的に強く空間を分割することはない。

ハウス・アサマ（塚本由晴＋貝島桃代、2001）[図14]は、ルーフの稜線に沿って配置された卍型の垂れ壁が、ワンルームの室内を緩やかに分節する役割を果たしている。

情緒障害児短期治療施設・家族療法棟（藤本壮介、2006）[図15]は、外観は切妻の家の集合体のような形をしている。間仕切り壁は家型のヴォリューム単位とは

無関係に配置されており、ルーフの谷の位置とズレが生じている。通常は、外観における家の単位と内部の部屋の単位を一致させるところを、あえて一致させていない。内部空間に対し、壁による強固な物理的分節とルーフの勾配変化に伴う柔らかな分節が交互に作用している。

大空間の覆い方

これまでルーフの抽象的な機能を見てきたが、視点を変えて、即物的な意味での屋根について考えてみよう。ルーフは建築である以上、「スケール」が大きな意味をもつ。つまり、小さなルーフをつくる場合と大きなルーフをつくる場合では、おのずとつくられ方や構造形式が異なってくる。特に柱を立てずに大空間を覆うためには、特別な構造的工夫が必要になることが多く、デザインの見せどころでもある。無柱の大空間を実現するために、立体トラス構造、吊り構造、シェル構造、ドーム構造、空気膜構造などの構造形式がある。以下にさまざまなルーフのあり方とそれを支える構造上の工夫について紹介する。

1）立体トラス構造

大阪万博お祭り広場（丹下健三、1970）［図16］の大

図14｜ハウス・アサマ

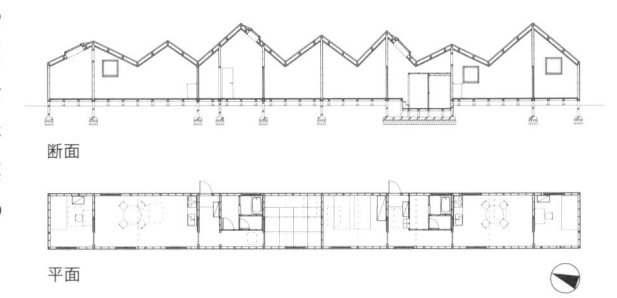

図15｜情緒障害児短期治療施設・家族療法棟　S＝1:450

図16｜大阪万博お祭り広場

図17｜ルノー配送センター

図18｜ルノー配送センター、アンブレラ構法

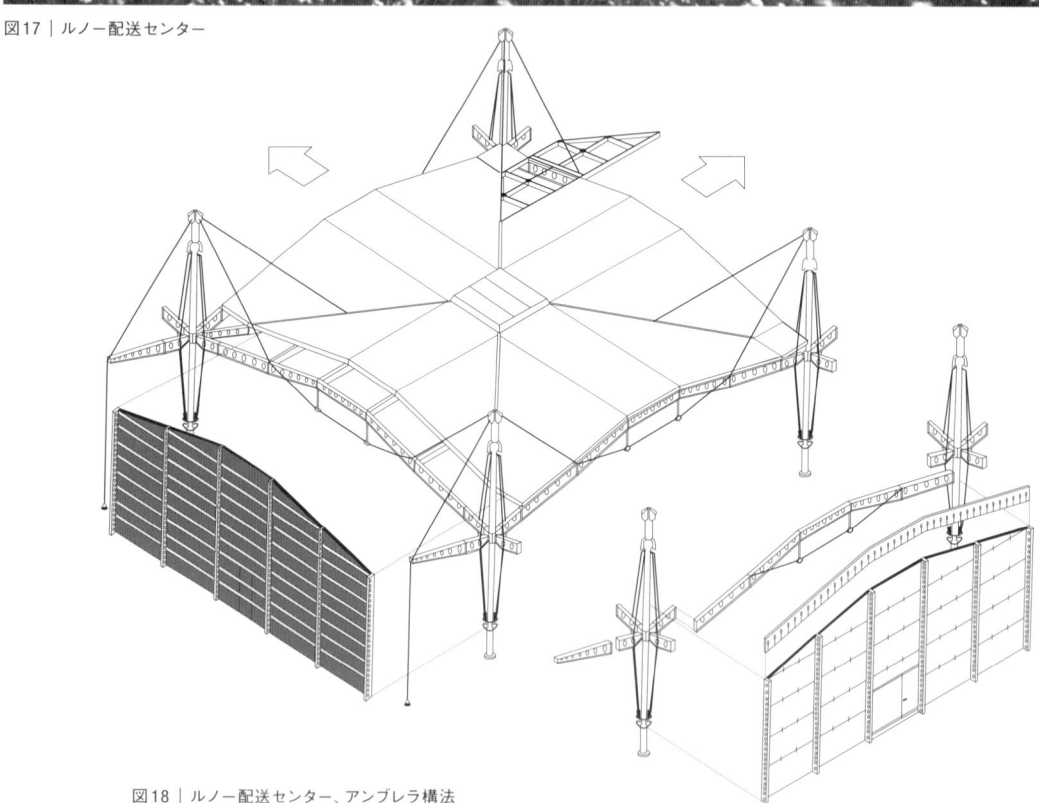

屋根は、中央口の北から広場背後まで続く長大なスケール（幅108m、長さ291.6m）を有している。屋根に直径54mの大きな穴があいており、太陽の塔が貫通している。鋳鉄のボールジョイントでスチールパイプを接合したトラス構造で、一般にスペースフレームと呼ばれる。ここでは地上で組み立て、リフトアップして完成させる工法が採用された。屋根に限らず大スパンの建築物に幅広く応用されている。

2）ルーフの集合

小規模なルーフを集合させて、大空間を覆う方法がある。ルノー配送センター（ノーマン・フォスター、1983）[図17・18] は、モジュールに従って、ユニットを反復させて大空間を被覆している。各ユニットは、24×24mの均等なグリッド上に配置された高さ16mの柱から鉄骨梁を吊り下げるアンブレラ構法を採用している［図18］。こうした空間の覆い方は、不整形な敷地形状に適用しやすく、将来の増改築計画に対応するのに有効である。

3）ドーム構造

ドームとは、半円形の形をした屋根を言う。最小の表面積で最大の容積を覆うことができるので、大空間を覆

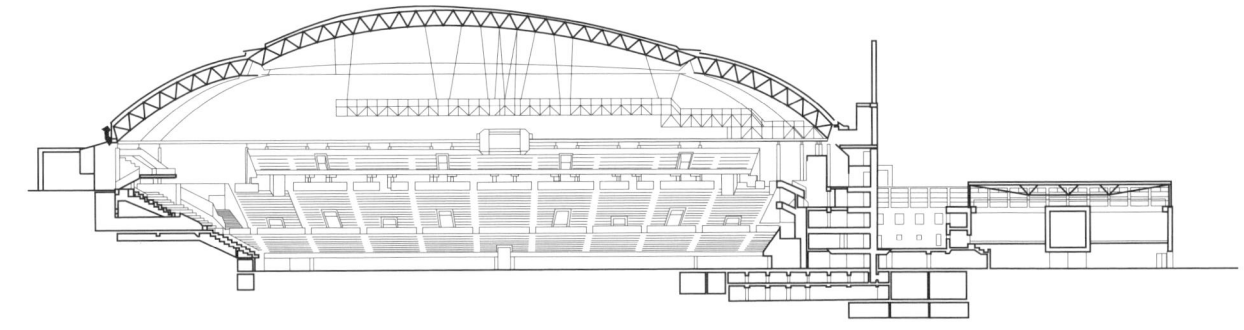

図19｜サンジョルディ・パレス、断面　S＝1:1200

図20｜サンジョルディ・パレス、パンタドーム工法（右とも）

うのに最も効率的である。サンジョルディ・パレス（磯崎新、1990）［図19］は1992年開催のバルセロナ・オリンピックのメイン室内競技場である。大屋根はスパン128×106m、アリーナ面から屋根頂部までの高さ45mを有するスペースフレーム構造である。この建築では、構造家・川口衞が考案した「パンタドーム工法」が採用されている。パンタドーム工法とは、グラウンドレベルで、大屋根を折り畳んだ状態で組み立てる工法を言う。油圧ジャッキで全体を同時に持ち上げてドームを形成する［図20］。工期の短縮や安全性に優れ、コスト上のメリットが大きい。このような理由から、建築の構造デザインもパンタドーム工法によるリフトアップ中の形を想起させるように、ドーム屋根の中腹部でピン接合により分節されたデザインになっている。

4）空気膜構造

　膜材料または膜材料および補強ケーブルで屋根を構成し、屋内の気圧を外よりわずかに高くすることによって支持する。建築は十分に気密性を保持することができないので、この構造では送風機などで常時空気を膜内に供給し、膜内の気圧を維持する。屋根の材料には高い気密性が要求され、テフロン膜などを用いるのが一般的である。広大な無柱空間をつくれるため、特に屋内競技場の屋根として好んで用いられる。代表的な作品に東京ドー

ム（竹中工務店＋日建設計、1988）、剛性をもった壁として用いた形式にはアリアンツ・アレナ（ヘルツォーク・アンド・ド・ムーロン、2005）［図21］などの例がある。

図21｜アリアンツ・アレナ

18 開放と閉鎖

図1｜ファンズワース邸

開く建築と閉じる建築

　ファンズワース邸と中野本町の家。2つは同じ住宅でありながら開放と閉鎖という点で対照的な建築である。

　木立に囲まれた敷地に建つファンズワース邸（ミース・ファン・デル・ローエ、1950）[図1]は、4面をガラスに囲まれた開放的な住宅である。床は地上5フィート（1.5m）のところにあり、内部と外部は透明なガラスを通して視覚的に連続している。別荘として計画されたこの建物では、都市の喧噪から離れ、豊かな自然に囲まれたロケーションに静かに佇む空間をつくることが求められた。そのため、外部と内部を区切る境界の存在ができるだけ意識されないようになっている。領域を境界づける壁や屋根などがなかったり、視覚的につながっていたりする場合、その領域は「開いている」と言える。多くの別荘がロケーションに恵まれた場所を選んで建てられることを考えれば、別荘は本質的に「開く建築」である。その中でもファンズワース邸の開き方は、ほかの建築に比べて際立って外に開いている。

　一方、中野本町の家（伊東豊雄、1976）[図2]は「閉じる建築」である。ある領域を境界づけるものが強く存在し、視覚的にもその領域の範囲を規定しているように見える場合、空間は閉鎖的に感じられる。新宿の副都心に近い住宅地に建っていた中野本町の家は、都市や周囲の環境との関係を切断して、建築が自律的に存在しているように建っていた。室内空間からはほとんど外部を感じられない。内部は白い壁と天井からなり、室内のどこもが同質な印象を与える。視線の先にも同質な壁や天井が湾曲して続くことで、閉鎖性の意識がさらに高められている。U字型の平面をもったチューブ状の空間では、視線はとどまる場所を見つけられずに奥へ動き続けるように感じる。

図2｜中野本町の家

開放と閉鎖を増幅する外部

　外部に目を向けると、2つの住宅の違いはさらに明確になる。ファンズワース邸ではエントランスの前に、建物とほぼ相似形でひと回り小さな平面形のテラスがある［図4］。このテラスも2フィートほど地面から浮いており、壁や天井はなく、ただ床だけが外部の木立の中に置かれている。このテラスこそが、環境の中に佇むという真の目的に合った空間であると言うこともできる。このテラスと建物であるガラスに囲まれた室内空間によって、周囲の環境を観賞する開放的な2つの質の場が形成されている。テラスと室内空間は対の関係であり、両者が隣り合うことでこの建築の開放的な特性が強められていると言うことができる。

　一方、中野本町の家ではU字型の建物の内側にきわめて閉鎖的な中庭がある［図6］。この外部空間は、建物のチューブ状の空間と絶えず接しているにもかかわらず、わずかな開口部以外では室内とのつながりをもたない。そして、建物の外側ともほとんどつながりをもたない。この庭には厨房やトイレなどの機能が出てくることもなく、上空とわずかなスリット状の入り口を除けば、ほぼ純粋に閉じていると言える。通常のコートハウス（中庭型の住宅）であれば、中庭に諸室が面し、かつ、その中庭に開かれているが、この建物では中庭は室内とのつながりも外とのつながりも断ち切られている。伊東はその場を「滞域（Lag）」と呼び、動きのよどみの場ととらえている。ファンズワース邸のテラスとガラスの箱のように中野本町の家の中庭とチューブの空間もまた、対の関係であり、閉鎖的な性質を壁の表裏で強め合っている。

アクティビティ

　こうした開放性と閉鎖性の差異は、内部での行為や姿勢とも関係づけられている。建築史家のフランツ・シュル

図3｜ファンズワース邸

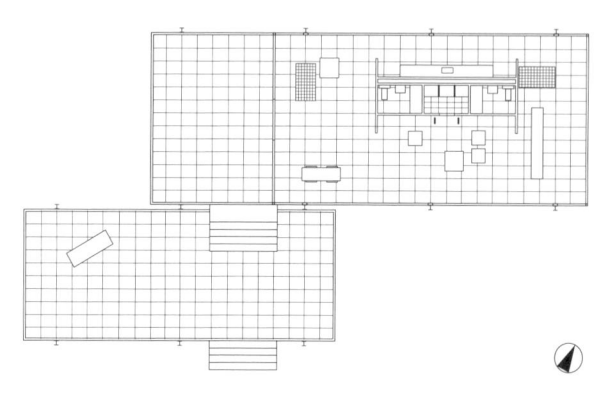

図4｜ファンズワース邸、平面　S＝1:400

図5｜中野本町の家

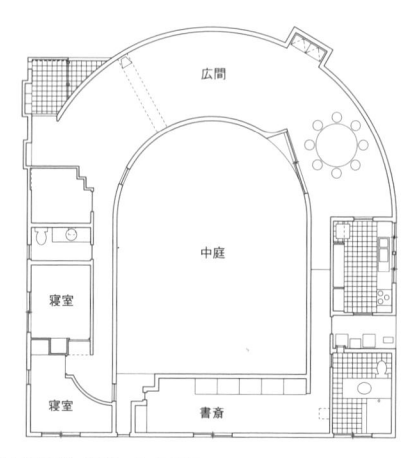

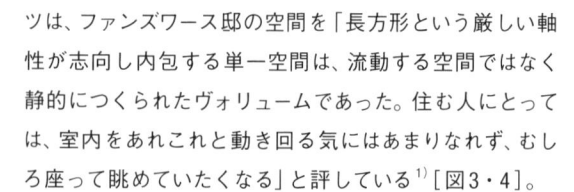

図6｜中野本町の家、平面　S＝1:300

ツは、ファンズワース邸の空間を「長方形という厳しい軸性が志向し内包する単一空間は、流動する空間ではなく静的につくられたヴォリュームであった。住む人にとっては、室内をあれこれと動き回る気にはあまりなれず、むしろ座って眺めていたくなる」と評している[1)][図3・4]。

一方、伊東は中野本町の家のチューブ状の空間を「流域（Flow）」と呼び、その中を光や空気、人の状態が流れていく領域を実体化したかったという［図5・6］。この違いは両者の幾何学的な差異に負う部分も大きいが、開放的な空間では外部を観賞する静かな佇まいが想定され、閉鎖的な空間では内部を運動する動的なイメージが想定されていたことは興味深い。ファンズワース邸は風景写真のように静的で透き通るような外観写真によってその特徴が表され、中野本町の家は回廊状の広間を女の子が走り抜ける動的でドキュメンタリー映画のような写真によって特徴が表されている。開放と閉鎖という即物的で視覚的な違いは、空間の質を介して内部のアクティビティを誘起させる空間理念へもつながっている。

開閉を制御する装置

開放と閉鎖は本来、相反する性質である。それらを1つの建築で同時に成立させることは難しいが、建築では多くの場合、2つの性質を併せもつことが求められる。こうした要求を満たすためには、境界が可変的であったり、両義的であったりする必要がある。

日本の住宅において間仕切りが多用されるようになったのは室町時代の住宅からである。この頃から引戸が発達し、襖や明障子、舞良戸、杉戸などが考案された。これによって住宅の各部の開放と閉鎖の選択可能性が飛躍的に高まったと言える。間仕切りの発達の背景には寝殿造の意匠的な左右対称性の崩壊があり、実用に応じて自由な平面配置が考えられるようになった点が指摘される[2)]。慈照寺東求堂の書院同仁斎（1485）［図7］は、こうした特徴を備えた書院造の発生を伝える。この時代の武家住宅には会所などが生まれ、接客空間が重視されるような変化が起きていた。私的な空間であった住宅の空

図7｜慈照寺東求堂同仁斎

間に他者が入ることによって、空間の配置や境界の質に変化をもたらしたのである。部屋の配置や間仕切り、建具などの発達というかたちで、開放と閉鎖を制御する建築的な装置の進化へとつながったと言える。開閉を制御する装置は近世に入るとさらに発達し、日本特有の選択的開放性の高い建築を実現していった。

ルーバーと解像度

さらに、開きつつ閉じる境界の装置として格子やルーバーがある。これらの特徴は視線や周囲の明暗によって存在感や透過性が変わることである。格子やルーバーの正面に立つとその向こう側がよく見えるが、角度を付けて見ると格子やルーバーの厚みによって視界が遮られる。また、暗所側から明所側は見通しやすいが、その反対は見通しにくい。町家のファサードはこうした両義性をうまく使って、通りと室内の境界を制御し、開放と閉鎖を両立させている。

隈研吾はルーバーが見る側の位置や環境によって透明性を変化させる「リアクティブなフィルター」として機能することに着目した。「川／FILTER」(1996)［図8-10］では、街道側と川側の2枚の木製ルーバーの間に諸室が配されている。ルーバーの密度は意識的に不均一であり、2つのルーバー面の間やその外側との間を、来場者が移動することで風景の見え方が変わっていくように計画されている。方向性や偏向性をもつフィルターを視点と風景の間に挟み込むことによって、主体と建築の間にリアクティブな関係が生まれるのである。

同様に馬頭町広重美術館（隈研吾、2000）［図11・12］では、およそ80×30mの平屋切妻の建築全体を、地元産の杉材を使ったルーバーが覆っている。「川／FILTER」との違いは、ルーバーが均等に、かつ、全面的に配置されていることである。この建築では30×60mmのルーバーが120mmピッチで壁面と屋根のほぼ全面に並べられている。京町家の格子が見付とあきの寸法をほぼ

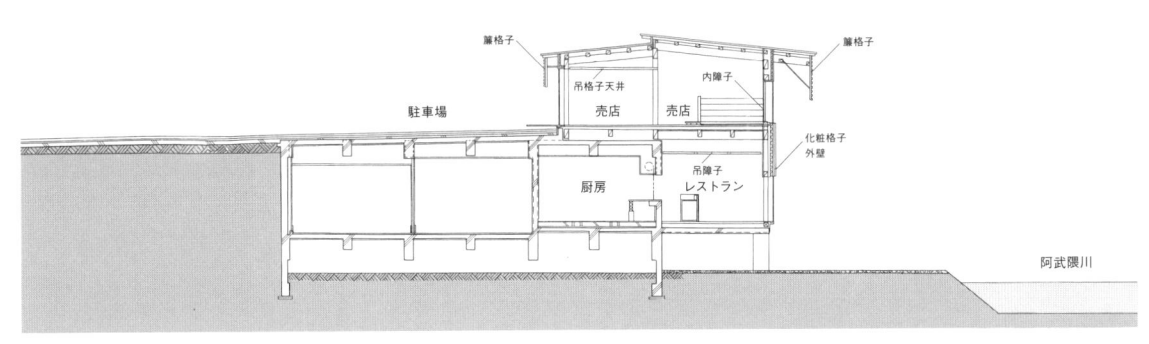

図8｜川／FILTER、断面　S=1:300

図9｜川／FILTER

図10｜川／FILTER

そろえているのに比べると、馬頭町広重美術館のルーバーはそれよりも隙間があいている。それゆえ、ルーバーの目の前を見ると視界は抜けるのだが、角度を付けて見ると開放性が漸減し、数メートル先では完全に不透明な壁体となる。しかし、そこに光と影が交互に現れることによって、単なる面ではなく線材の集合であるという意識が強く感じられるようになる。すべてのルーバーが同じであるからこそ、この建築では開放性から閉鎖性への漸次的な変化を体験し続けることになり、建築の透過性が揺らぎ続けるのである。

開閉装置と中間領域

隈のルーバーは開放と閉鎖に対する伝統的な装置を再評価し、拡張したものである。開きつつ閉じる装置は格子に限らず、伝統的な仕掛けである。坂茂のカーテンウォールの家（1995）［図13］は縁側の窓を開放して暮らしていたクライアントの生活を再現したものであり、ガラスの引戸とその外側にある回廊、さらに外側にある高さが2層分の大きなカーテンによって、開放と閉鎖の中間的な状態を選択できるようにしている。また、ヘルツォー

図11｜馬頭町広重美術館（2点とも）

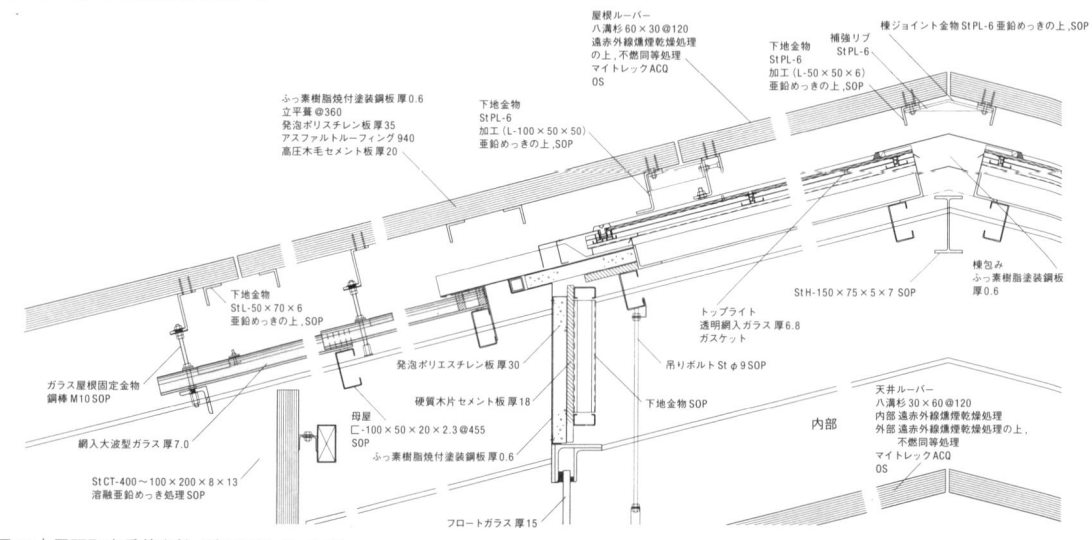

図12｜馬頭町広重美術館、断面詳細　S＝1:20

ク・アンド・ド・ムーロンのシュッツェンマット通りのアパートメント（1993）[図14]では鋳鉄製の折戸によって、正面の通りとの開閉の関係が両義的なものになっている。同じヘルツォーク・アンド・ド・ムーロンのスイス通りのアパートメント（2000）[図15・16]では、開口部に2種類の開閉装置が用意されている。1つはスイス通り側のファサードを覆うシュッツェンマット通りのアパートメントと同様の鋳鉄製の折戸であり、もう1つは敷地の奥にある中庭棟の木製巻上げルーバーである。前者は街路という公共性の高い空間に面しており、光をわずかに透過させつつ鎧のように道路の喧噪から住民の生活を守っているような印象を与えている。一方、後者は建物の背後にある残余空間をつなぎ合わせた路地的空間に対面するファサードに付けられ、家具が建物の外部に表出したかのような印象を与える。性格の異なる2つのカーテンは、採光とプライバシーの両立のために施されたファサードの操作である。これらによって建築の表情が大きく変わるだけでなく、その背後にある空間の開き方や使い方も大きく変える。境界が重層的になることで、内側の境界はより開放的になり、外の境界と内の境界に挟まれた空間は開放と閉鎖の違いを選択的に受け入れる空間になる。それゆえ、カーテンウォールの家もスイス通りのアパートメントの中庭棟も、2つの境界の間に縁側のような中間領域をもっているのだ。開きつつ閉じる中間的な開閉装置を重ねることは、内部であり外部であるような中間的な領域をつくることなのである。

　このように建築では空間を形づくる境界のあり方によって、開いた空間や閉じた空間を強く意識させることがで

図13｜カーテンウォールの家

きる。さらに、可動間仕切りや格子、重層的な開閉装置によって開きつつ閉じる空間を生み出すこともできる。開放と閉鎖は、境界の様態に基づく空間認識であり、内外でのアクティビティを誘起する重要なデザイン操作なのである。

1）フランツ・シュルツ『評伝ミース・ファン・デル・ローエ』澤村明訳、鹿島出版会、2006年、279頁
2）太田博太郎『日本建築史序説 増補第三版』彰国社、2009年、144頁

図14｜シュッツマン通りのアパートメント

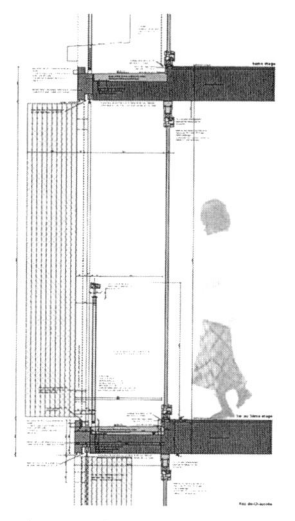

図15｜スイス通りのアパートメント、断面（スイス通り側）

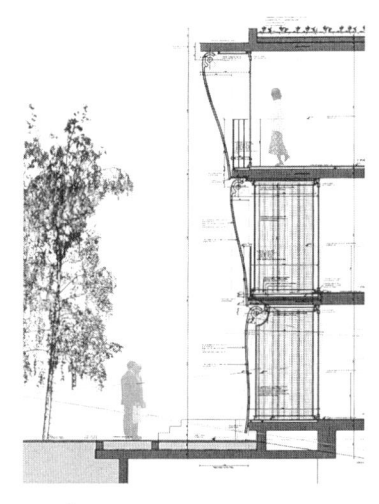

図16｜スイス通りのアパートメント、断面（路地側）

19 内部に環境をつくる

図1 | ジオデシック・ドーム(モントリオール万博アメリカ館)

多層スキンのシェルター

　人間は自然のただ中に放り出されると、生きていくことが難しい、か弱い存在である。したがって、これを保護するための基本的なシェルター(建築)が必要になる。シェルターによって、人は厳しい自然界から空間を切り取り、人間のための快適な居場所をつくることができる。快適性への希求は、原始の建築からあったに違いない。そのレベルには、風雨をしのぎ、日光や寒気から生命を守るという必要最小限のものから、採光や換気によって、衛生的で健康的な空間を目指す近代的なレベル、そして、高度な環境制御をアクティブに行い、環境負荷を低減しようとするハイエンドのものまである。このとき、原始的なレベルのシェルターは、シングルスキンで十分に実現可能であるが、内部空間に要求される条件が高度化し、空調・換気や人工照明など設備的な負荷が増えると、ダブルスキンやトリプルスキンのシェルターが必要になってく

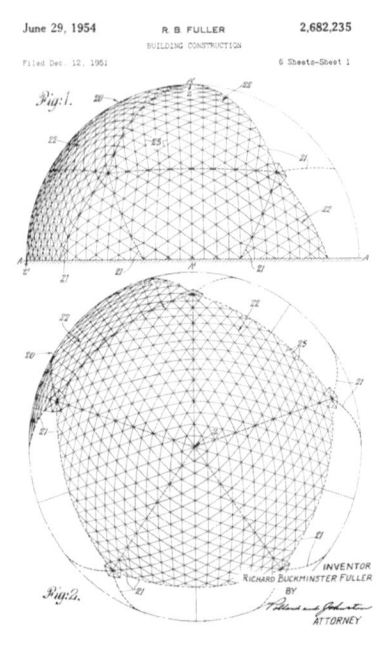

図2 | ジオデシック・ドーム解説図(特許)

19 Internal Environment

図3｜セインズベリィ美術センター

る。つまり、建築の内部環境を整えるための工夫が、シェルターの多層性につながっていくのである。ここでは、シェルターと環境制御のデザインについて考えてみよう。

大空間を覆うスキン

ここに挙げた2つの建築はともに、単純な形態で、単一の大空間が内部化されており、建築のシェルター性が前面に押し出された計画になっている。内部には、外部と異なる新しい環境が出現している。バックミンスター・フラーが設計したジオデシック・ドーム（モントリオール万博アメリカ館）（1967）［図1］は、数多くあるフラー・ドームの代表作であり、球形のドームは「最小のエネルギーで最大の空間をつくる」というダイマキシオンの原理を目指した結果、導き出された形態である。すなわち、体積を最大化、表面積を最小化できる球形を用いた、いわゆるジオデシック構造[1]によって部材を極小化して、全体の重量を軽量化することを第一の課題としている［図2］。フラーは、構造の最適化に問題を特化したため、最低限のシングルスキンになっている。

これに対して、ノーマン・フォスターが設計したセインズベリィ美術センター（1978）［図3-5］はトラス構造による門型大フレームを構造とし、トラスの厚みの両面に2枚の隔壁を想定することで、ダブルスキンとし、その内側に、構造と設備の機能を両方収納している。フラーとフォスター、師弟関係にあったとされる[2] 2人の差異が端的に表れているのは、フォスターがフラーの基本的な哲学を受け継ぎながらも、建築の環境的な性能を向上させるフラーのシングルスキンを、ダブルスキンに発展させている点であろう。

建築が制御しなければならない環境には、光、音、水（雨）、熱（日射・放射・対流）、空気（風・空調・換気・排気）などの複数の物理的要素がある。内部空間と外部の境界であるスキンには、これらをそれぞれ制御するよう

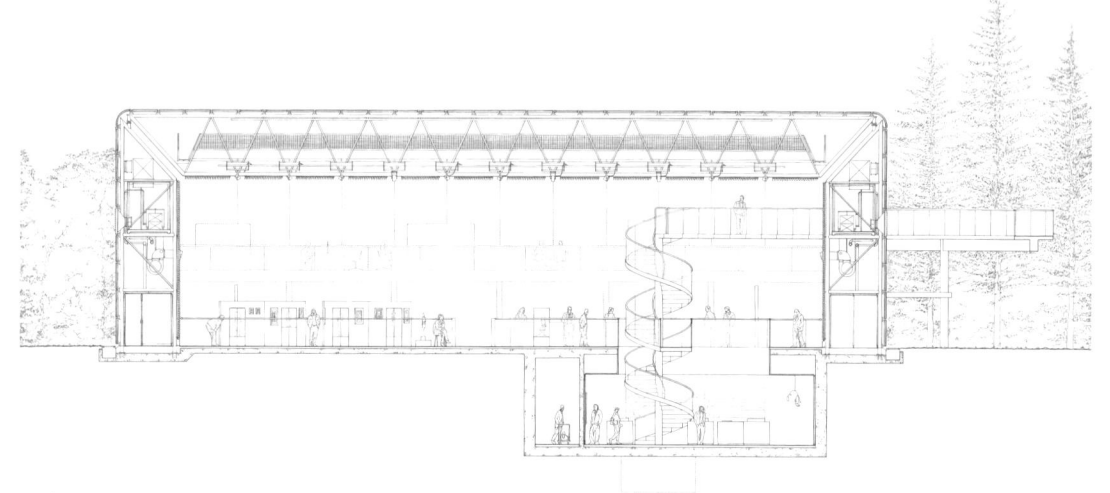

図4 | セインズベリィ美術センター、断面　S＝1:350

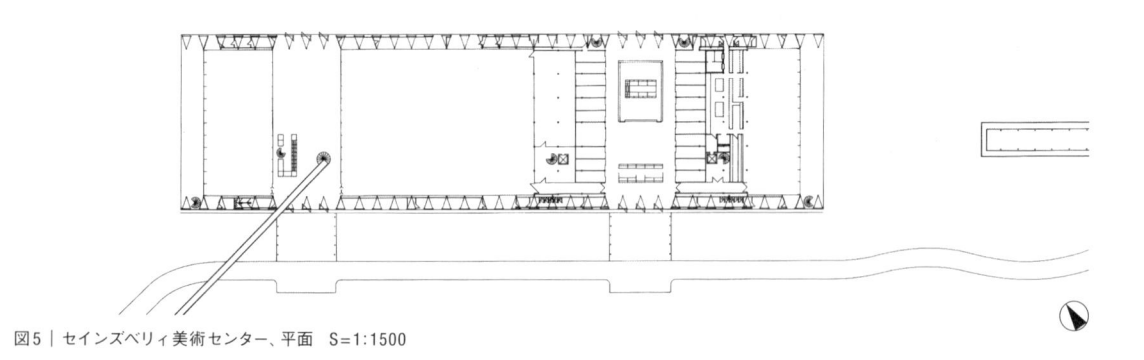

図5 | セインズベリィ美術センター、平面　S＝1:1500

に、ガラスや断熱材などのレイヤーが複数用意される。建築は、シングルスキンに見える場合であっても、何枚ものスキンによって包まれている。いわば、1つの人工環境をその内部につくり出そうとしている。アーキズームのno stop city（1967）[図6]では、都市のスケールに至るまでどこまででも続く内部空間というヴィジョンが提案されているが、現代の建築を考える上で、非常に重要な概念と考えられる。

環境要素の制御方法

光は、ガラスやフィルム、表面処理によって透明度を変え、光の透過量および反射量などのコントロールが薄皮1枚で可能である。シングルスキンで光をコントロールするためにはそれ自体の透明度を変えなければならないので、素材の選定が重要になる。これに対して、ル・コルビュジエのブリーズ・ソレイユ（日よけ）[図7]のように、奥行き

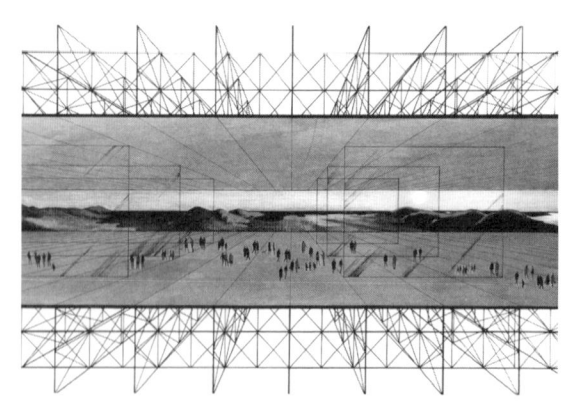

図6 | no stop city

図7 | ル・コルビュジエのブリーズ・ソレイユ

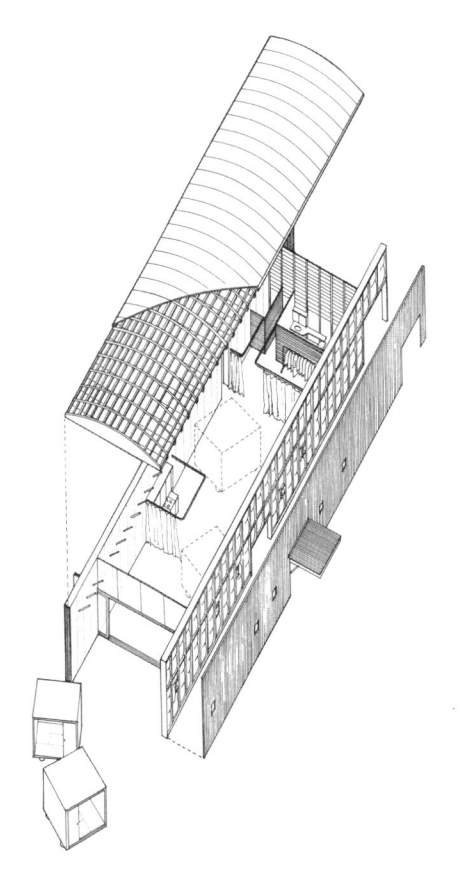

図8｜はだかの家、アクソメ

図9｜はだかの家

方向に厚みをもったルーバーを用いて、立体的に光をコントロールする方法がある。シングルスキンよりもダブルスキンの方が厚み方向の寸法が使えるので、こうした対応が取りやすい。

音は、質量のあるもので遮断しないと止めることは難しい。したがって、音楽ホールなど静けさが求められる空間は、コンクリートの厚い壁など密な物体でシームレスに空間を覆う必要がある。日常的なレベルでは、厚めのガラスでも十分な遮音性能がある。これについてもシングルで止めることは難しいが、2重にすれば、かなりの遮音性能をもたせることができる。遮断できなかった音は、吸音によって対処するほかはない。

水は、アスファルトやガラスなどの止水性のある面を連続させていき、その間を高分子の素材等でシール（コーキングとも言う）することで、全体として1つの止水面を形成することが、屋根、壁ともに、必要である。巨大な建築には材料の継目がどうしても出てくる。ただし、シールは時間がたつと切れてしまうので、屋根面では特に、庇や笠木などをうまく使って、シールが切れることを想定した防水の考え方が必要である。その意味で、場所によって、2重、3重の備えが必要になる。

熱は、外部からの影響を遮断する、すなわち、現代建築では断熱することが基本的な考え方である。断熱には、基本的にはグラスウールやスタイロフォームなど微細な空気が含まれた、ある程度の厚みの層が必要である。遮熱塗料というものも存在するが、まだ性能的に劣る。また、断熱性と透明性は両立させるのが難しい。これは、透明断熱材の開発が遅れているからである。進んだ事例としては、坂 茂のはだかの家（2001）［図8・9］のように、梱包材であるエアパックを積層して透明断熱材に用いた例や、シリカエアロジェルを開口部に用いる方法が考えられている。ダブルスキンにして、その内部の空気を煙突効果などを用いて換気することによって、熱をコントロールすることも考えられる。

空気は、音や水、熱と違って、光と同様に、選択的にスキンを通過させる必要がある。一般的には開閉可能な建具を用いて、空気を通過させることになるが、開放している間は、音や水、熱が外部から入ってくる。しかし、建築内で発生する水蒸気やCO_2、ホルムアルデヒドなどの有害物質を排気する必要もあるので、最低でも機械的な換気は必要になる。これについても、ダブルスキン内の煙突効果や、電動で制御された給排気口などの技術を組み合わせてアクティブにコントロールする方法が考案されている。

もともと多くのレイヤーをもった建築のスキンであるが、あえてダブルスキンと呼ばれるのは、空気層を挟んだことで、寸法的に多層性が顕在化したからにすぎない。現代では、世界的な状況として、環境をコントロールして、省エネルギーを目指そうとする方針がしっかりと定着している。

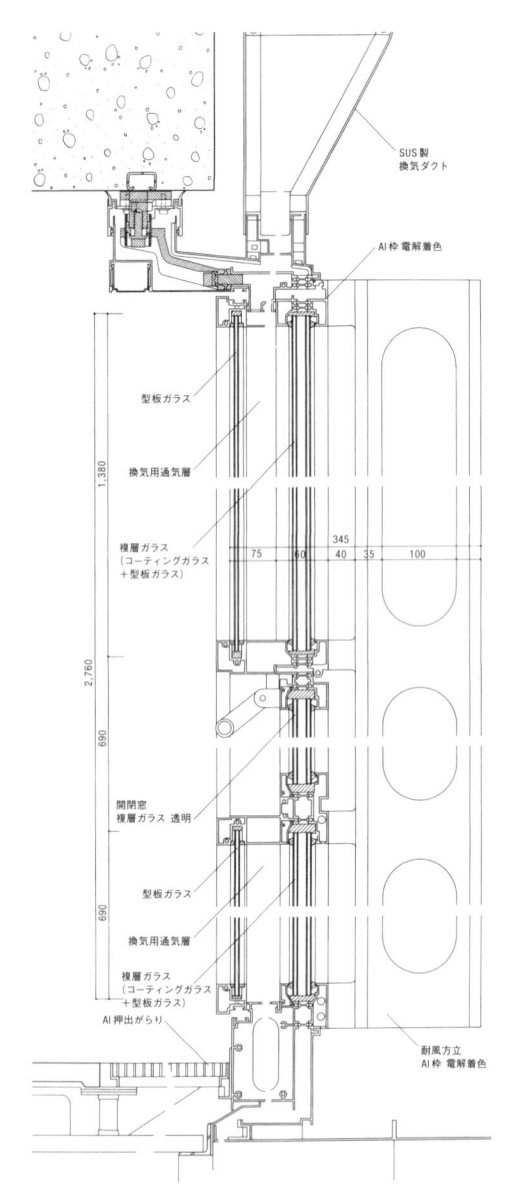

図10 | ロイズ・オブ・ロンドン、ファサード断面詳細　S＝1:10

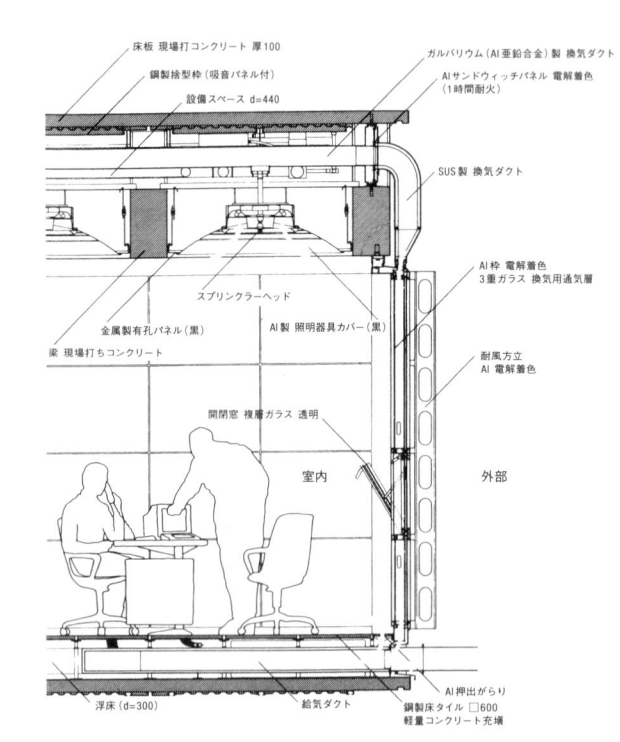

図11 | ロイズ・オブ・ロンドン、部分断面　S＝1:60

図12 | 関西国際空港旅客ターミナルビル

進んだ環境技術

　スキンに焦点を当て、これを制御する技術はファサード・エンジニアリングと呼ばれている。イギリスのハイテク建築がその始まりで、リチャード・ロジャーズが設計したロイズ・オブ・ロンドン(1986)[図10・11]において、ファサードに整流層を内蔵したトリプルスキンが採用されたのが、当時では最も進化したハイエンドのファサードとして知られている。

　その後の展開で、ダブルスキンによって明確な空気の隔壁をつくる方法だけでなく、関西国際空港旅客ターミナルビル(レンゾ・ピアノ＋岡部憲明、1994)[図12]のオープンエアダクトなどの方法によりダイナミックかつアクティブに、空気の流れを人工的に形成して環境を整える方法も考えられている。

　それぞれの環境制御の要素に対応して、万全に層を設けていくと建築は十二単のようになってしまう。事実、建築の外壁は多くのレイヤーにより構成されている。問題はこれらのレイヤーをいかに統合して減らすかということである。外皮の中でこのレイヤーが最も手薄になる部分は、ガラスが用いられる開口部であろう。ガラスは、光を通し、ある程度の厚みがあれば、遮音性もそれなりによい。また、水も通過しない。衝撃に弱く割れてしまうという欠点を除けば、日常的な用途では、汚れにくく耐久性が

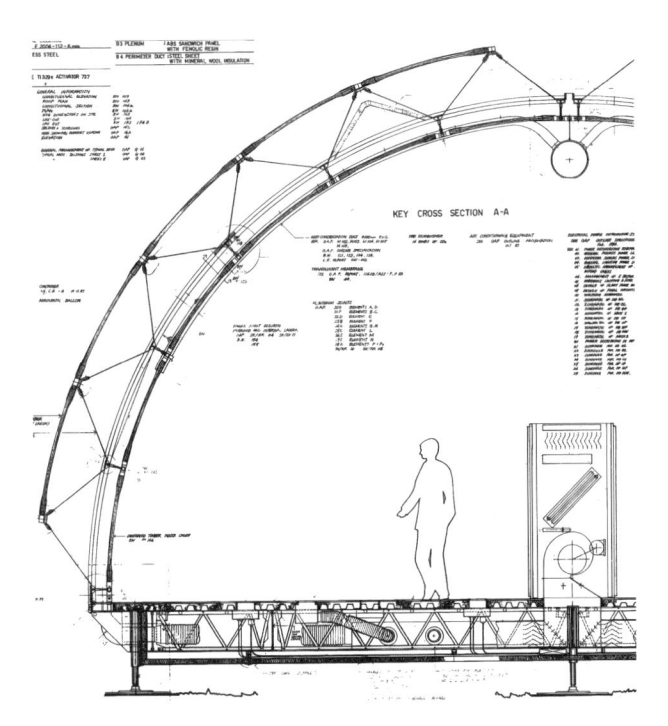

図13｜IBM巡回パビリオン、部分断面　S=1:70

図14｜IBM巡回パビリオン

高い素材である。問題は断熱である。ガラスの熱伝導率は木材に比べ3倍程度と比較的高く、しかも壁に比較して厚みがない上、サッシにアルミなどが用いられているので、断熱的には欠点になる。そこで近年ではガラスとガラスの間に乾燥空気を封入した複層ガラスが用いられることが一般的である。空気の熱伝導率は非常に小さいからである。また、中空層の厚みやガラスに金属の蒸着面を設けることによってトータルな断熱性能は変わってくる。全面ガラス張りの建築でありながら、環境性能を最大限引き出そうとしたヴェルナー・ゾーベックのR128（2000）では、3重のトリプレックス、Low-Eガラス[3]によって、建物の透明感と断熱性能を両立させている。ただしこれは、多大なコストがかかる方法であって一般的な手法にはなりにくいかもしれない。プラスチック系の透光性断熱材など、光を入れながら、断熱性能が高い新しい手法の研究がこれから必要になってくるであろう。

　光を透過するのは、一般的にはガラスだが、ポリカーボネートなどの強化プラスチックにも透明なものがあり、これを構造レイヤーと統合した特殊な事例もある。レンゾ・ピアノのIBM巡回パビリオン（1982）［図13・14］では、ピラミッド形状に成型されたポリカーボネートのシェルをアルミダイキャストのジョイントと集成材の部材でつないで、全体として立体トラス形状にすることによって、構造レイヤーでありながら、光を入れる外皮を成立させて

いる。プラスチックが構造になることは、耐火性の問題から難しく、またシングルスキンにインテグレートされることで、断熱性能も犠牲になっているが、仮設パビリオンという機能であれば適用が可能になる。こうした実験的な事例は、建築の可能性を開くだけでなく、同時に、建築の保守性を打開することの困難さを明らかにする。また、こうした性能論だけでなく、スキンには、環境の観点から、また意匠的な外観の表情、メタファー（表現）のための装飾技術のコントロールが要請されている。

1）　ジオデシック（geodesic）とは、幾何学的に、地球上の経線や緯線のように球面上の測地線のことであり、局所的に見れば最短経路を示す。フラーによれば「ジオデシックは、別々の事象の間の、ある時点でのもっとも経済的な関係である」（『バックミンスター・フラーのダイマキシオンの世界』バックミンスター・フラー／ロバート・マークス著、木島安史・梅澤忠雄訳、鹿島出版会、61頁）。フラードームに採用されたジオデシック構造は、「球面上の三角形から構成される網目構造」である。「球面上の1つの三角形の3辺は、3つの大円によって構成されている。大円によってつくり出される、全体の完全な網目構造は、『グリッド』と考えることができる。三角形を構成するためには、グリッドは3方向に延びる直線をもたなければならないので、フラーは、このジオデシックドームのことを大円による3方向グリッドと考えていたのである」（前掲書、79頁）。
2）　『ノーマン・フォスター　建築とともに生きる』（ディヤン・スジック、三輪直美訳、TOTO出版、273-285頁）には、フラーがフォスターへ与えた影響について述べられている。その中で、フォスターによる環境的なアプローチがフラーの共感を得たという記述がある。
3）　3枚のガラスの間の2つの中空層にアルゴンガスを封入し断熱性を向上させた上、内側のガラスの表面に金属蒸着面を設けることによって、遮熱および断熱性能を向上させたもの。性能は優れているが、高価なため採用が難しい。

20 地形と建築

図1｜森の墓地

地形を活かしてつくる／地形のようにつくる

　建築が大地の上に建つ構築物である以上、建築と接触する地面との関係は無視できない。通常、敷地は平地が好まれるが、必ずしも平坦な場所ばかりとは限らない。人間は一見建築に適さない傾斜地や、起伏に富む土地にも知恵を使って建築を建て続けてきた。そこには、起伏をもつ地形の上にいかにして平らな床をつくるか、という根源的な問題が存在する。さらに少し視野を広げて考えると、敷地周辺の地形との間にも、そこに建つ建築と何らかの相互作用が発生するため、周辺の地勢を丁寧に読み解きながら建築デザインに反映させることが必要となる。

　建築と地形の関係に対する設計上の基本的態度は、大きく分けて2つあるだろう。1つは、地形を活かしてつくる方法である。この場合、自然の地形をできるだけ尊重し、造成などによって地形を傷めることを避け、建築は地形の一部として存在するようにつくられる。比較的、親自然的な方法と言ってよい。2つ目は、建築を地形のようにつくる方法である。この場合、建築の床によって人工的な地形をつくる。特に平坦で変化に乏しい地に建築をつくるときに有効な手法となる。ここでは、この対照的な2つの方法を起点に建築と地形の関係について考える。

風景との共鳴

　グンナール・アスプルンドが設計した森の墓地（1940）［図1］は、建築と周囲の風景が調和した美しい作品として知られている。砂利採石場の跡地を利用してつくられた緑豊かなランドスケープの中に、大礼拝堂、2つの小礼拝堂、地下の火葬場、事務所が配置されている。特徴的なのは、起伏に富む地形である。緑の芝で仕上げられた

20 Topography and Architecture

図2｜横浜港大さん橋国際客船ターミナル

大きくうねる丘が絶妙ともいえる見え隠れを生み出す。森に大きく開放されたロッジア、アプローチに沿って続く直線の低い壁、丘に建つ大きな黒い十字架といった、幾何学的な建築と有機的な周囲の自然との対比がすがすがしい緊張感を醸成している。

　大礼拝堂は、当初、メインのアプローチの軸線上に配置されていたが、設計の過程で、配置をずらされ、代わりに奥の森がアイストップとなった。ここでアスプルンドは、アイストップとしての森、ロッジアの列柱と呼応する遠くの林など、自然の要素を建築的に扱うことで、森の墓地の環境をデザインしている。環境のすべてを建築の力でデザインしなくてもよいことに気づかせてくれる。近代建築の歴史上、このように建築とランドスケープを包括的にデザインし、自然との共存を目指した作品は少なく、地形と建築の関係を考察する上での貴重なメルクマール的作品である。

海に浮かぶ人工地形

　横浜港大さん橋国際客船ターミナル（ファーシッド・ムサヴィ＋アレハンドロ・ザエラ・ポロ、2002）［図2］は、横浜港に大きく突き出た大さん橋に建設された。赤レンガ倉庫と山下公園の間に位置するため、2つの公共空間をつなぐように、屋上は一般に開放された長大な広場として機能しており、隆起した曲面はウッドデッキや芝生で仕上げられている。この巨大ターミナルは、有機的な形態をした床の連続体である。各プログラムをつなぐように計画されたループ状の動線はコンピュータプログラムによって屈曲した曲面の連続体に変換されて形態が生成されている。曲面からなる複雑な断面は長手方向に連続的に変化し、洞窟的な空間を内部に生み出している。特筆すべきは内部空間と外部空間のシームレスな連続性だろう。起伏をもつ屋根の一部がスロープになり、内部空間に滑り込むことで、シームレスに外部と内部がつながっている。

駐車場、ターミナル、屋上広場の3層からなる複数のフロアを床で連続的につなげるというダイナミックな構成になっている。この建築は、ウォーターフロントという平坦な場所に、土木的なスケールと建築的な技術を統合することにより、新たに創出された建築的な地形であり、本来その場所には存在しない異質な場所性を生み出している。

建築で地形をつくる

横浜港大さん橋の例からも分かるように、「地形としての建築」により、人工的に新しい場所や環境をつくることができる。妹島和世＋西沢立衛（SANAA）が設計したROLEXラーニングセンター（2010）［図3］は、大胆な造形と新鮮な発想で、建築により地形的空間を創造している。この建物は、大学のキャンパス内に計画された学習センター、図書館などからなるが、周囲のあらゆる方向からアプローチできる敷地条件に応答するために、すべてのプログラムは、166.6×121.5mの大きな平屋のワンルームに収められている。3次曲面でできたコンクリートのスラブによって、緩やかに隆起したり、地面と接したりしながら、谷、丘、尾根といったランドスケープのような地形を生み出す。またこのスラブの起伏により、建物の下に大きなオープンスペースが生まれるほか、平屋のヴォリュームにあけられた大小さまざまなサイズの光庭により多様な空間ができている。

エミリオ・アンバースが設計したアクロス福岡（1995）［図4］は、巨大なアトリウムを内包した複合施設である。南側に隣接する天神公園と連続したオープンスペースをつくるために、「ステップガーデン」と呼ばれる大規模な階段状の屋上緑化スペースを設けている。山をコンセプトとした大規模な屋上緑化は、公園と一体となったランドスケープを構成している。人々は地上約60mの高さにある最上階の展望台を目指して階段状の屋上庭園を上りつつ、四季の植物やさまざまな木々を巡ることができる。

これまで挙げた地形のアナロジーとしての建築は、自然地形を模したものであった。これらと対照的に、ジュシュー図書館案（レム・コールハース、1992）は、道を折り畳んだような構成で、都市の地形の延長としてとらえることができる。

また、京都駅ビル（原広司、1997）では、駅ビルの中央に「地理学的コンコース」という階段状の都市的広場が計画されている。この他に類を見ないコンコースは、長さ470m、高さ60m、幅27mという巨大なスケールを有し、上部はガラスのシェルターで覆われている［図5］。

図3｜ROLEXラーニングセンター

図4｜アクロス福岡

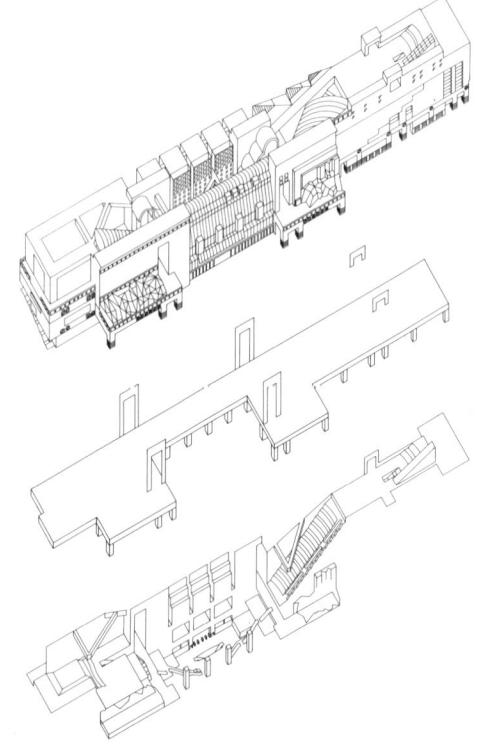

図5｜京都駅ビル、地理学的コンコース

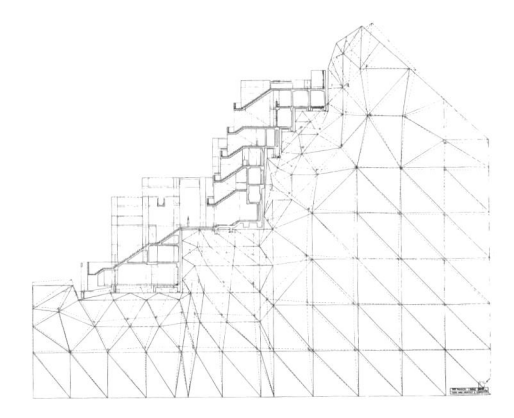

図6｜六甲の集合住宅Ⅰ、断面

図7｜マラパルテ邸

地形に沿って建てる

六甲の集合住宅Ⅰ（安藤忠雄、1983）は、神戸六甲山のふもとにつくられたひな壇状の集合住宅である。約60度の急勾配をもつ傾斜地に建てられており、斜面は南に向いていて、住戸からは神戸港はもとより広く大阪湾を見渡すことができる。周辺の緑深い環境となじむように、建物の高さを抑え、傾斜に沿うように建物は階段状につくられている。住戸はメゾネットを基本とし、上階が下階の屋上テラスを利用できるように計画されている。断面図［図6］から分かるように、大きく2段のひな壇造成を行った上でこの集合住宅は建てられており、傾斜地に建築する場合には、大きな造成工事により地形の改変が避けられない。地面と建築の関係では、このように建物を埋めて、できるだけ地形に沿って建てる方法のほかに、対照的なものとして、サヴォア邸のように、ピロティによって建築を地面から浮かせることで、地形と縁を切る方法がある。

海を背景とした舞台装置

マラパルテ邸（アダルベルト・リベラ、1938）［図7］は、カプリ島の東端、マッスーロ岬の断崖の上に建つ個人住宅である。あえて地形的な特異点を選んで建設されたこの邸宅は、赤い組積造の壁が海面から約32ｍの高さに聳え立つ。海に向かって広がる三角形の大階段は美しい海に突き出た屋上テラスへと人を導き、やがて視界が開け、青い海、対岸の断崖、巨岩などが眺められる。海面と呼応する水平なテラスには湾曲した白い壁を除いて何もない。マラパルテは、「（前略）この光景は私がデザインした」[1]と語ったが、ゴダールの映画「軽蔑」のロケーションに使われたことが象徴するように、海を背景とした舞台装置としての建築である。

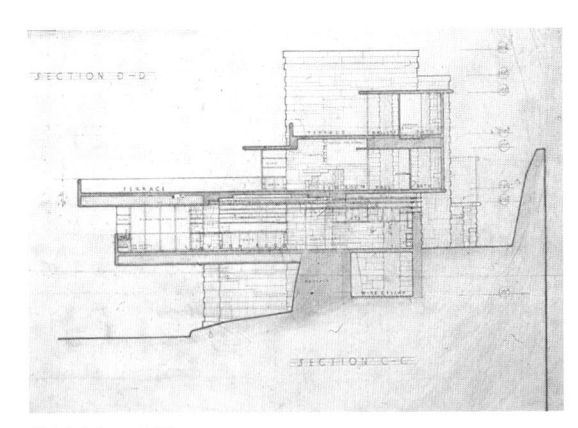

図8｜カウフマン邸

地形と建築の不可分な関係

カウフマン邸（落水荘）（フランク・ロイド・ライト、1935）［図8］は、森の奥深くの渓流の岩盤の上に建つ住宅である。鉄筋コンクリートのキャンチレバーの床板が、岩棚から大きく突き出している。この住宅は、段状の岩盤と同化して見え、建築と自然の境界が判然としない。周囲の森に埋没するように建てられていることもあるが、何よりも荒々しい石積みの煙突が周囲との調和を生み出している。リビングから渓流に降りられるバルコニー、渓流の川底のメタファーとしてのリビングの石張りの床など、細部にわたり自然と建築が結合する工夫がなされている。この建築の前に佇むと、そもそも自然と建築の分節が無効であるかのような錯覚を覚える。それほど地形と建築が強い結合状態を保ち、分かち難い関係を築いている。

1)『栖十二』磯崎新、住まいの図書館出版局、1999年

RELATION
Ⅴ 関係

建築はそれだけで成立しているわけではない。社会的な存在であり、建てられる場所、求められる機能、施工方法、自然との関係、都市的な建築同士の関係など、さまざまな境界条件に応じて、デザインがなされている。この章では、建築を成立させるための、建築を取り巻く外部条件との関係について考えてみよう。

21 フレキシビリティ

図1 | IITクラウン・ホール

空間のフレキシビリティ

　建築はそもそも重厚で固定的であるから、可変性や柔軟さに欠ける性質をもつ。建築が持続可能であるためには、さまざまな利用形態を受容し、時間の経過に伴って発生するプログラム変更に対して、フレキシブルに対応できるように計画することが重要である。建築が完成した瞬間だけでなく、建物の寿命をトータルで考え、数十年先の将来を見通した計画を行う配慮が求められる。その意味において、フレキシビリティをデザインすることは、建築における「時間の設計」にほかならない。また、フレキシビリティを具体的に考える上で、建築の動かない部分をいかに柔軟な器として設計するかという問題がある。計画によっては、この固定的な器に対して、間仕切りなどの可動的な要素を挿入することで、利用の自由度を高める方法が取られる。つまり、フレキシビリティを考えることは、建築の動く部分と動かない部分をデザインすることである。

機能と空間の関係性

　ミース・ファン・デル・ローエが設計したIITクラウン・ホール（1956）[図1]は、イリノイ工科大学のキャンパスに建つ建築学科の製図室棟である。1階はワンルームで展覧会やセレモニーを開催できるが、適当に区切ることにより複数のクラスルームが同時に活動することもできる。この作品でミースは、内部にフレキシブルな空間を実現するため、柱を外皮の外側に追い出し、無柱で方向性のない均質な大空間を獲得することを目指した。ところが、大スパン構造とすると梁せいがあまりに大きくなるため、過剰な天井懐を必要とする問題が生じる。これを解決するため、大トラスを逆梁とした吊り屋根を採用し、全体として門型の柱梁を外部に追い出した構成になっている[図10]。

　金沢21世紀美術館（2004）[図2]は、妹島和世＋西沢立衛（SANAA）が設計した金沢市の中心部に建つ美術館である。この作品では多種多様な美術作品の展示に対応

21 Flexibility

図2｜金沢21世紀美術館

するため、さまざまなスケールやプロポーションをもつ分棟形式の展示室を数多く設け、円盤状の大屋根がそれらを統合する形式を取っている。

　この2つの事例は、空間のフレキシビリティを実現する方法には、次に示す2つの方法があることを示している。
①柱や壁の制約を受けないユニバーサルなスペースをつくる。
②さまざまなサイズのスペースをたくさん用意する。

　フレキシビリティを追求することは、設計時に機能と空間の関係を固定できない、あるいは意図的に固定しないことを意味する。IITクラウン・ホールのように、オープンなスペースをつくる方法と、金沢21世紀美術館のように機能と空間を一対一に対応させつつも、多数のバリエーションを用意することで、空間利用の選択肢を増やすといったまったく異なる2つの方法が存在することは非常に興味深い。

　森山邸（西沢立衛、2005）[図3]は、スケールや用途はまったく異なるが、金沢21世紀美術館と同様の考え方に基づき、敷地内に複数の住棟が分散して配置されている。森山邸はオーナーのほか、3世帯が入居しており、専用住宅に加え賃貸住宅が併設されている。この住居における所有のあり方は流動的で、長いタイムスパンで見ると、あくまでも一時期の状態に過ぎない。1つの家族がすべての住棟に住むことが可能であり、それぞれの住棟を賃貸住宅として複数の世帯に貸し出すことも可能である。オーナーは、将来的には家族の拡大に合わせて賃貸住宅の部分を段階的に減らし、敷地内のすべての住棟に自分の家族で暮らしたいと考えている。この建築は柔軟に住居を運用することが可能な優れたフレキシビリティをもっている。

地下と地上の二分法

　IITクラウン・ホールは、一見平屋のワンルーム建築に見えるが、実は地下1階、地上1階の建物である。何もないがらんどうの1階とは対照的に、地下には教室、事務

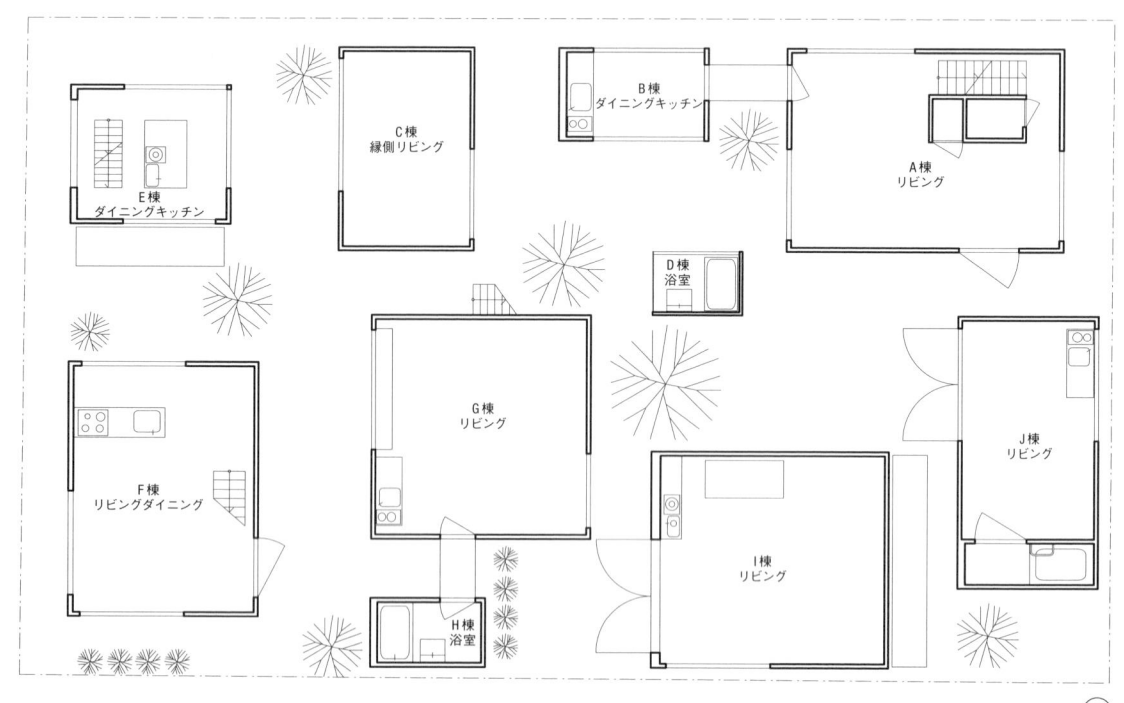

図3｜森山邸、1階平面　S＝1:150

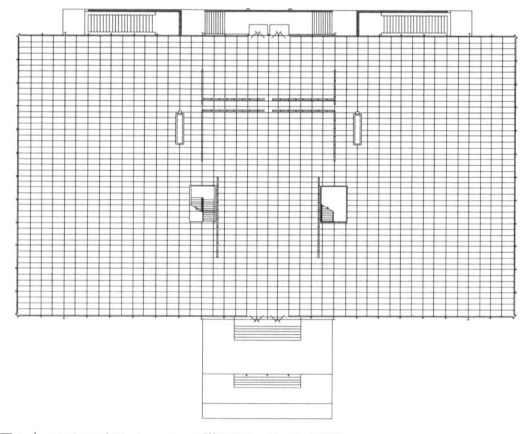

図4｜IITクラウンホール、1階平面　S＝1:1000

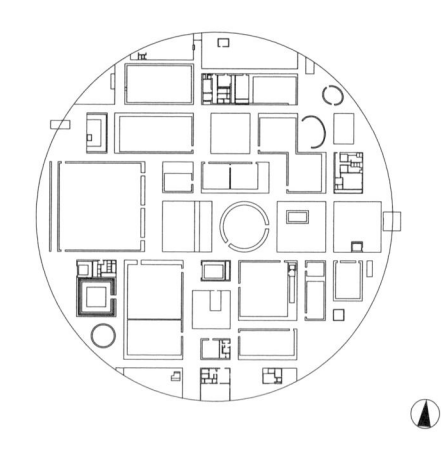

図6｜金沢21世紀美術館、1階平面　S＝1:2500

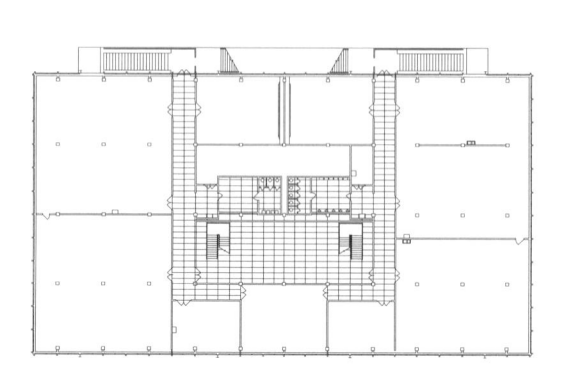

図5｜IITクラウンホール、地下1階平面　S＝1:1000

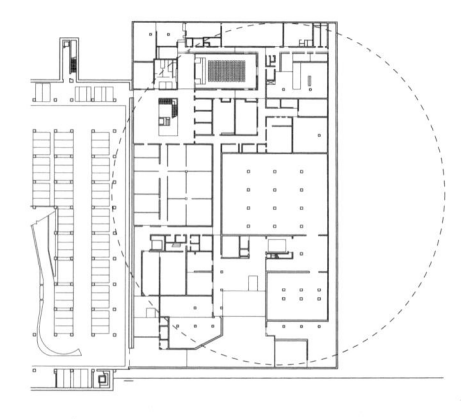

図7｜金沢21世紀美術館、地下1階平面　S＝1:2500

V 関係

室、機械室などが収められている［図4・5］。同様に、金沢21世紀美術館も裏廻りの諸室を地下に収めることで、地上にオープンでフレキシブルな空間を実現している［図6・7］。両作品とも、地下と地上のプランを見比べると、1つの建築とは思えないほど違いがある。建物の管理部門や裏廻りなど、固定的な使われ方をする室を地下にまとめることで、機能的な制約から解放されたオープンで透明な空間を地上に実現し、全体としてフレキシブルな建築としての純粋性を獲得することに成功している。

平屋の積層としてのスカイスクレーパー

ミースが立案したIITキャンパスのマスタープランを見てみよう［図8］。キャンパス全体に24×24×12フィートのモジュールからなる3次元グリッドをかけ、そのグリッドに合わせて矩形の建物を配置するという考え方である。敷地境界線いっぱいまでグリッドは延長されており、概念上はどこまでも無限に延長されていくという意思が込められている。このキャンパスの中心に配置されたクラウン・ホールの内部に宿る均質空間が、建物の内外を隔てる境界を越えてキャンパス全体にまで延長されているのだ。無限な空間の広がりを理想とする均質空間の理念に従えば、同一平面上にどこまでもフロアを延長していくのが正しいわけだが、現実には敷地の制限があるため難しい。また極端に広いフロアをつくることは動線が無駄に長くなることにつながり、必ずしも機能的な空間とはならない。したがって、実際に均質空間が物象化される際にはフロアを幾重にも積層した建築として現れる。ガラスカーテンウォールの外皮をまとい、均質なフロアを積層させてつくる高層建築である。こうした均質空間を積み上げてできる建築の形式は、ミースのフリードリヒ街のオフィスビル計画（1919）で提示され、近代建築史上最も重要な建築モデルとなった。この建築形式は、瞬く間に世界中の都市に普及することになり、その究極の姿がワールド・トレード・センターである［図9］。

クラウン・ホールの柱やマリオンなどの垂直要素は、

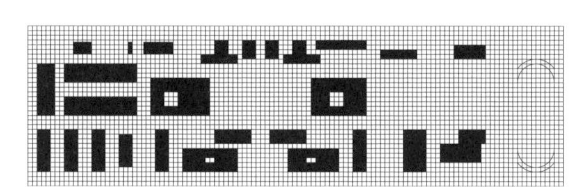

図8｜IITキャンパス、マスタープラン

図9｜ワールド・トレード・センター

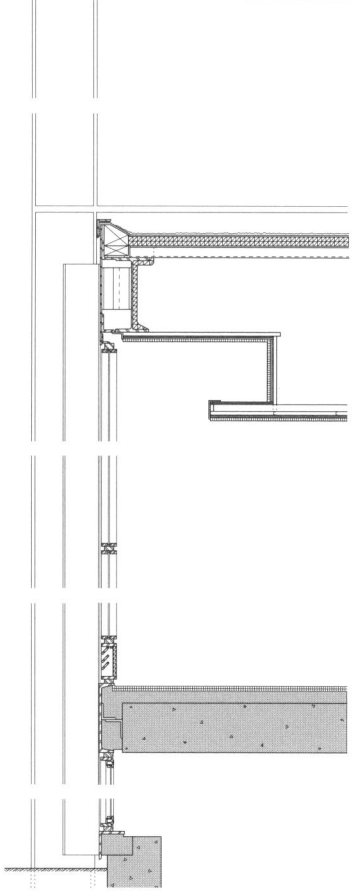

図10｜IITクラウン・ホール、断面詳細

図11 | レイク・ショア・ドライブ・アパートメントの建設現場

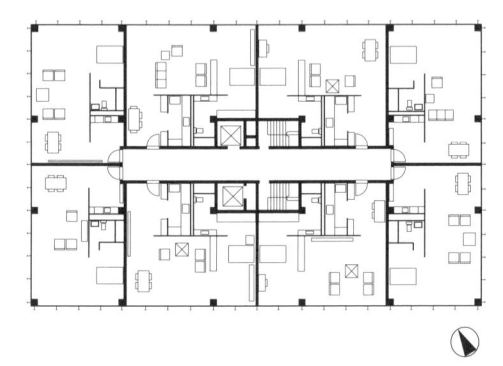

図12 | レイク・ショア・ドライブ・アパートメント、平面

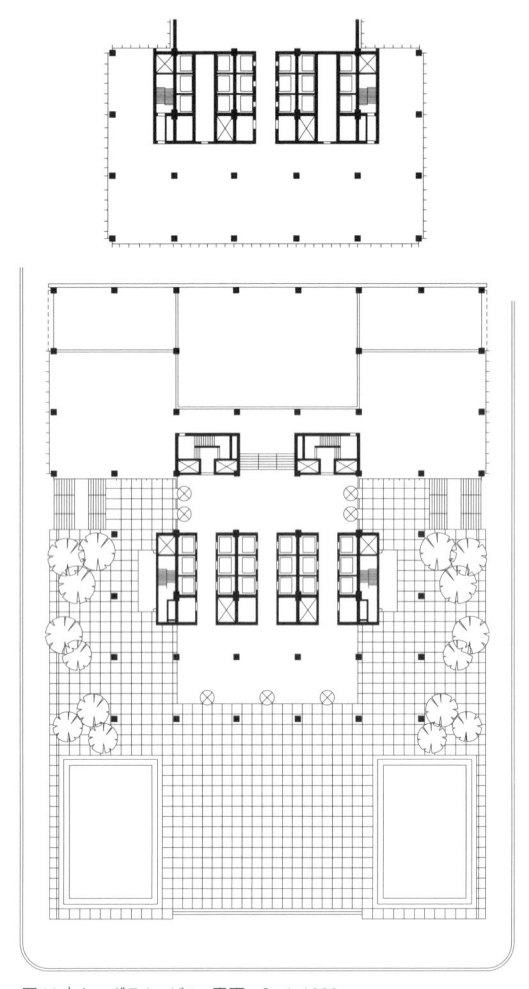

図13 | シーグラム・ビル、平面　S=1:1000

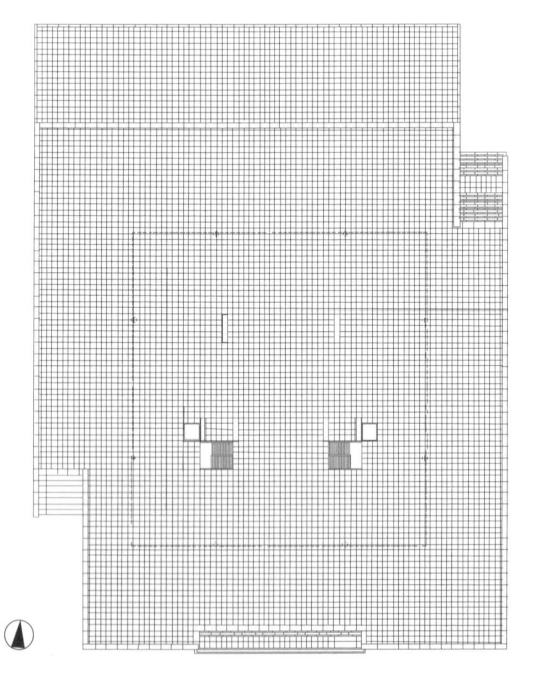

図14 | ベルリン新国立ギャラリー、平面　S=1:1500

ウォールガーダーの外側に付く納まりになっている［図10］。これは、垂直方向への連続性を暗示しており、クラウン・ホールは無限に積み重ねることで高層建築に発展できる空間の原型と解釈することができる。

　ミースが設計したレイク・ショア・ドライブ・アパートメント（1951）［図11・12］は、平面の中央部に設備や垂直動線を集めたセンターコア型を採用し、厳格なモジュールに従い外周に柱を配置することにより、内部にはオープンな無柱空間を実現した。このアパートメントは、住戸の界壁を撤去すれば、いつでもオフィスビルとして利用できる平面形式をもっており、文字通りあらゆる機能に対応する普遍的な空間（＝ユニバーサル・スペース）を具現化したものである。ミースは、このほかにも、シーグラム・ビル（1958）［図13］、ベルリン新国立ギャラリー（1968）［図14］に代表されるフレキシビリティに富む多数の建築を次々と生み出していった。

図15 | ポンピドゥー・センター

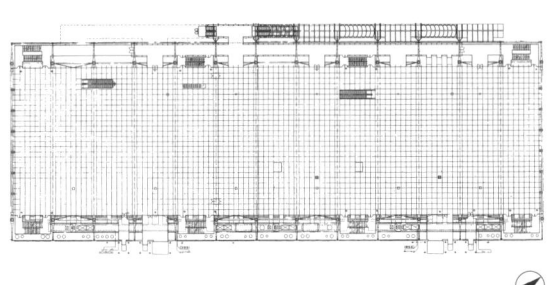

図16 | ポンピドゥー・センター、平面

図17 | ポンピドゥー・センター

動く部分と動かない部分

　冒頭にフレキシビリティを考えることは「時間の設計」であると述べた。建築の寿命は建築の全体において平等ではなく、その部位によって異なる。特に構造体と設備の寿命の差は著しい。定説によればRCの構造体は品質よく施工することで、100年もつとされているが、これと比較して設備の寿命はきわめて短い。躯体に設備を埋設したり、躯体と設備が不可分な関係にある建物は、設備の更新やメンテナンスに困難がつきまとい、内部の間取りの変更にも柔軟に追従できないため維持しにくい。結果として設備の寿命とともに構造体を破壊する羽目になり、短命な建物に終わることが多い。

　レンゾ・ピアノとリチャード・ロジャースが設計した、ポンピドゥー・センター（1977）[図15-17]は、こうした建築の各部位における寿命の偏差を踏まえた上で、構造と設備の分離を徹底することでサスティナブルな建築を目指した作品の典型である。鋼管の構造フレーム、カラフルな原色で塗装された設備配管、エスカレーターなどの構造・設備の要素は、すべて建物の外周にむき出しで配置され、それぞれ明確に分節されて存在している。その結果、内部には柱や設備スペースなどがない、広々とした空間

21 Flexibility

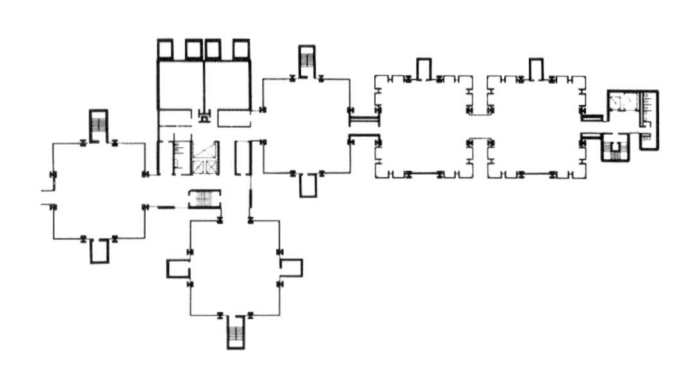

図18｜ペンシルベニア大学リチャーズ医学研究所、2階平面　S=1:1000

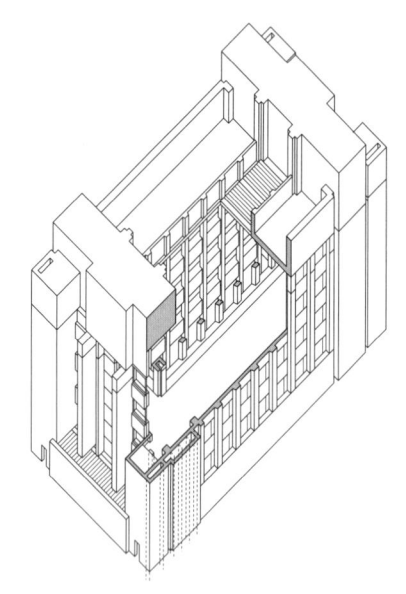

図19｜ラーキンビル、アクソメ

が広がっている。実際にはさまざまな展覧会に対応するため、その都度フレキシブルに変更できる可動壁を備えている。

このように、建築の居室に対する電気の供給、空気や熱の循環のための専用のスペースを与え、機能的な観点から建築を分節して計画する考え方は、ルイス・カーンが提唱した「サーヴド／サーヴァント・スペース」なる概念にさかのぼる。カーンは建築をサーヴド・スペース（奉仕される空間）とサーヴァント・スペース（奉仕する空間）に分けて、それぞれにふさわしい空間を与えることを考えた。ペンシルベニア大学リチャーズ医学研究所（1965）[図18] は、カーンがこの概念を実践した代表的な作品として知られている。また、フランク・ロイド・ライトのラーキンビル（1903）[図19] は、きわめて先駆的な事例として、「サーヴド／サーヴァント・スペース」による計画の萌芽を確認することができる。

ユニバーサル・スペースの分節

フレキシビリティに富む1室空間を実現しても、面積が大きければ大きいほど実際の利用においては扱いにくい。この場合、ユニバーサル・スペースを効率的に使うために、適当に間仕切りを入れて、空間を分節する方法が効果的である。ユニバーサル・スペースとは、そもそもこのように自由に領域編成が行えるように考えられた空間なのだ。ポンピドゥー・センターで示したように、可動間仕切りを計画的に設置すると、モードによって自由に場面を転換

することができ、建築の固定的な性質を克服する手法の1つとなる。

場面の転換

スポーツ競技を観戦するスタジアムやコンサートホール、劇場のような大規模建築では、建設費や維持管理費が莫大なものになるため、経済的な観点から施設の稼働率は無視できない問題である。したがって、ある用途に特化した専用施設は限られた建築のみに許されており、多くの施設は、多種多様な種目、イベント、演目に対しフレキシブルに対応できるように計画することが求められる。

ジャン・ヌーヴェルのスタッド・ドゥ・フランスコンペ案（1994）[図20] は、オリンピックやワールドカップを開催する目的で計画された、最大8万人を収容するスタジアムである。このスタジアムは、サッカー、陸上競技など種目に合わせて可動式のスタンドと屋根が動く大掛かりな仕掛けが施されている。

札幌ドーム（原広司、2001）[図21] は、2002年ワールドカップのために建設された4万3千人を収容するドーム球場である。ドームの屋根に覆われた内部のアリーナと外部の「オープンアリーナ」の双方が接する形で共存する「デュアルアリーナ」形式がこの建築の特徴である。ホバリングステージと呼ばれる、空気圧で浮揚するフィールドを載せた巨大なパレットが、サッカーモードと野球モードに合わせて、ドームの内外を移動する大掛かりな仕掛けが計画されている。ホバリングステージを出し入れする際

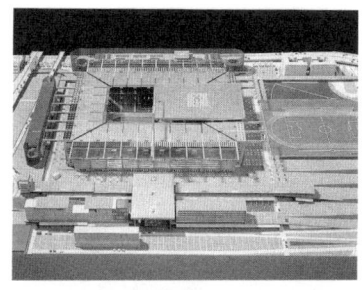

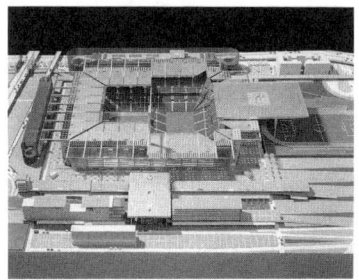

図20 | スタッド・ドゥ・フランスコンペ案、模型

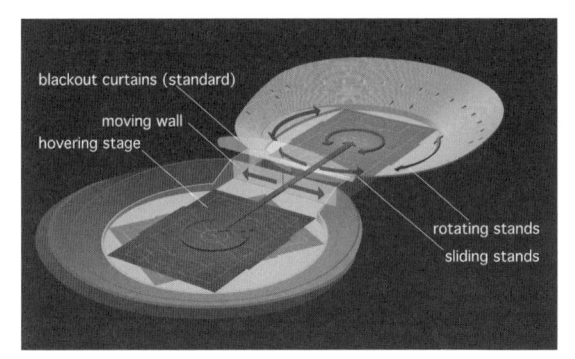

図21 | 札幌ドーム、モード転換のダイアグラム

には、外野席のスタンド（＝ムービングスタンド）が外野席の両翼の中に格納され、ドーム内部と外部の境界を構成する巨大なカーテンウォール、「ムービングウォール」が開閉する。歴史上類を見ない大掛かりな場面転換装置を備えた建築である。建築家の構想を支える技術の発達が、未来において重厚で固定的である建築の不自由さを克服することにつながるであろう。

参考文献
『空間＜機能から様相へ＞』原広司、岩波書店、1987年
『ミースという神話　ユニヴァーサル・スペースの起源』八束はじめ、彰国社、2001年

22 組み立てること

図1｜ロイズ・オブ・ロンドン

図2｜ロイズ・オブ・ロンドン、立面

湿式と乾式

　巨大な建築をつくり上げるために、小さな人間が選択できる方法は、少しずつ伸ばしながら連続的に大きくしていく方法（湿式）か、バラバラに部品化してそれらを組み立てる方法（乾式）のどちらかである。例外的であるが、インドの石窟寺院のように、掘り進む方法もある。ただし、この方法は、ネガとポジが反転しているだけで、発想として湿式と変わらない。また、1つの塊から掘り抜いて、建築をつくることはコスト的にも時間的にも現代では不可能に近い。乾式と湿式のどちらが優れているということはないのだが、一般的には、建築の規模や条件に応じて、生産性の高い方法の選択が求められる。

　鉄筋コンクリート造の場合、構造躯体を立ち上げる方法は通常は湿式であり、鉄骨造や木造の場合は乾式である。ところが、この2つは必ずしも素材に水を用いるかどうかに依存した概念ではなく、むしろ部材の連続性に関

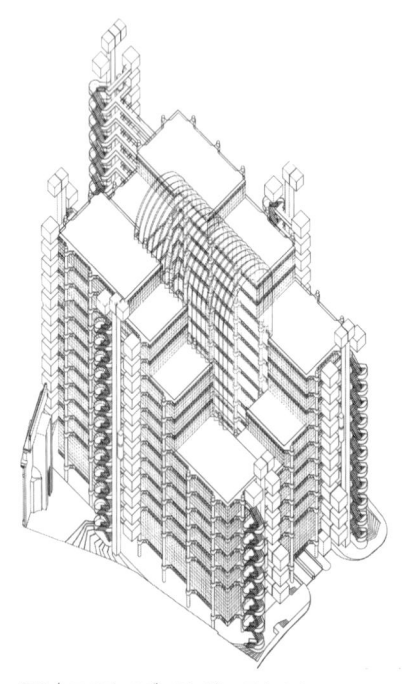

図3｜ロイズ・オブ・ロンドン、アクソメ

22 Fabrication

図4｜梅林の家

する概念である。すなわち、連続体＝湿式、不連続体＝乾式と理解すると、コンクリートの梁や柱の部品をプレキャストとして工場でつくり、これを乾式の考え方で組み立ててつくることもできれば、湿式の考え方に基づいて、鉄を溶接しながら徐々に伸ばしていくことで、建築全体を鉄のモノコックの構造体としてつくることもできる。あるいは、木材を用いて、これを接着・積層し、コンクリートのような塊として建築を構成することができる。つまり、素材の連続性に着目し、これをコントロールすることによって、建築の組立て方をデザインすることができるのである。

両方のメリットを兼ねる

ここに挙げた2つの建築のうち一方は、一般的には湿式と考えられている素材であるコンクリートを用いて、乾式として組み立てたものであり、他方は反対に、乾式の素材と考えられている鉄を用いて、湿式として組み立てた事例である。

リチャード・ロジャーズが設計したロイズ・オブ・ロンドン（1986）[図1-3]は、工場で打設した高品質のコンクリートを、現場に運搬し、プラモデルのように、接合部をつないで組み立てられている。この方法を選択すると工場でピースを製造することになるので、コンクリートの精度と強度を高くして、高品質の建築とすることができる。その結果、鉄骨に近いスレンダーなプロポーションと同時に、コンクリート特有の普遍的な仕上げと耐久性が得られる[1]。平面的には、階段室やエレベーターなどの縦動線はプランの外周部に取り付けられており、これらのパーツが視覚的にモジュール化され、各要素が反復することと、PC造であることの表現がお互いに増幅し合って、ハイテク建築の美学を極限にまで進めた表現に至っている。

もう1つの、妹島和世が設計した梅林の家（2003）[図4・5]では、鉄板の面を連続的に溶接することで、あた

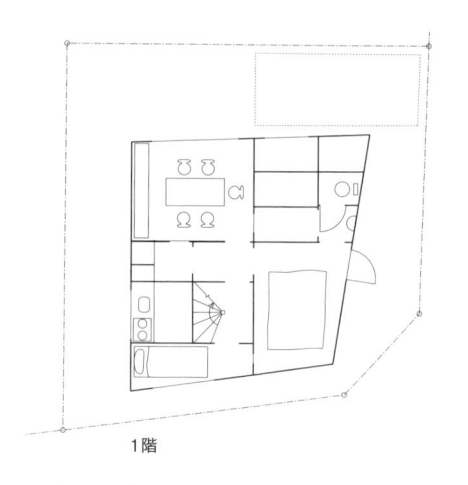

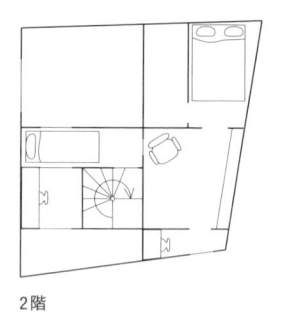

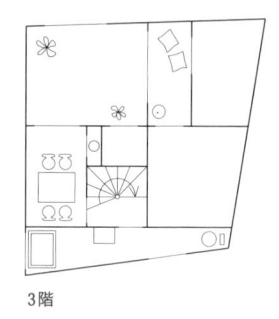

図5｜梅林の家、平面　S=1:200

かも紙でできているかのように、薄い壁だけで建築が組み立てられている。いわば鉄板壁式と呼ぶことができるような建物のつくり方である。このことを利用して、小さな空間でありながら、いくつもの分節された場所が併存するような、接近したスケール感と密度の高い空間体験を実現している。いずれの組立て方も、一般的に流通している素材の取扱いとは異なる考え方で素材の使用方法を再解釈し、新しい加工・成形方法を適用することで、これまでにない空間の質を獲得している。

PCaPC

ここで、コンクリートを用いた乾式造としてのPCについて詳しく見てみよう。PCは、事前に工場で打設されたコンクリートという意味のプレキャスト・コンクリート（PCa）と、引張りに弱いコンクリートに事前に圧縮力を導入することで補強するプレストレスト・コンクリート（PC）の2種類の意味で使われている。正しくは、PCaPC造で、2つは併用されることが多く、総合してPCと言う。

図6｜北九州市立中央図書館

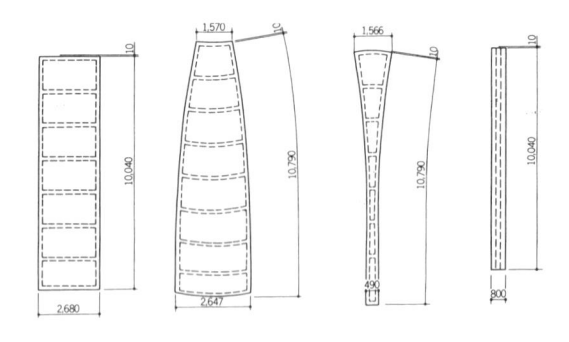

図7｜北九州市立中央図書館のPC版の種類

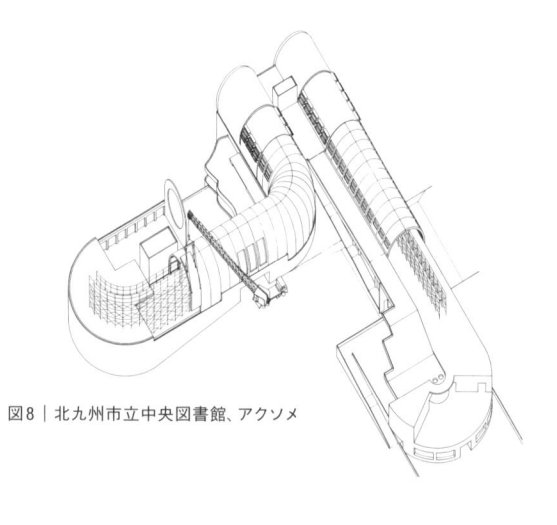

図8｜北九州市立中央図書館、アクソメ

PCの特長については、すでに述べた通りだが、PCのピースは工場で製造される。このときピースの型枠の種類を限定することによって製造コストを安価に抑えることができる。それだけでなく、建築の規模が大きくなるとコストの面だけでなく、計画上も、部品の規格化によって、可能性の選択がデジタルなものとなることで、設計効率を向上させる。その上、PCを導入すると幾何学的なシステムの導入が図られるので、空間的な秩序と程よい緊張感がもたらされる。形態的な側面だけでなく、特に規模や部屋数が多い施設に対して、システマチックなモジュールを伴う計画が可能になり、反復の秩序を誘導することが可能である。

これらのPCのメリットが活かされた代表例が、ヨーン・ウッツォンが設計したシドニー・オペラハウス(1973)である。コンペ案の自由奔放な曲線美を実現するに当たって、構造エンジニアとして建設をリードしたオヴ・アラップによってPCシェル構造が提案され、結論的には、すべての曲面を球の一部に置換して近似する案が採用された。幾重にも連なった、多様に見える曲面は、実は単一曲率の球面PCシェルの部品に規格化されている[03「曲面で構成する」図4・5]。その結果、自由な美しさだけでなく、抑制が利いた端正さと、正確なディテールを併せ持つ、たぐいまれな美しさを兼ね備えるに至ったのである[2)]。このようにPCの導入はジオメトリー(幾何学)の単純化と整理を促す効果がある。したがってPC造に適合する典型的な例として、基準断面が反復する建築がある。

磯崎新が設計した北九州市立中央図書館(1974)[図6-8]は、半円ヴォールトの幾何学が連続するチューブ状の建築である。ヴォールトの頂点にヒンジがある合掌型のPC版構造で、チューブが曲がる部分では、頂点を境に、外側のシェルと内側のシェルを組み合わせて実現している。これによって、PC版の種類を4種類に限定することを可能にしている。PCの土木的な粗野なスケール感は、チューブが曲がることで内面にできる陰翳と相まって、遺跡のような印象を空間にもたらしている。

内藤廣が設計した海の博物館・収蔵庫(1990)[図9-11]は、屋根瓦を載せることを前提にした切妻屋根のシンプルな形態である。構造は山形フレームのPCを大スパンで飛ばしている。このような大スパンを飛ばすと、発生するスラスト力が大きくなるという問題が生じる。この問題には、タイバーを水平に飛ばし抵抗する方法があるが、タイバーを水平に飛ばすと、せっかく大きく確保した内部空間がタイバーによって切り取られてしまう。そこで内部空間をできるだけ大きくするように、タイビーム

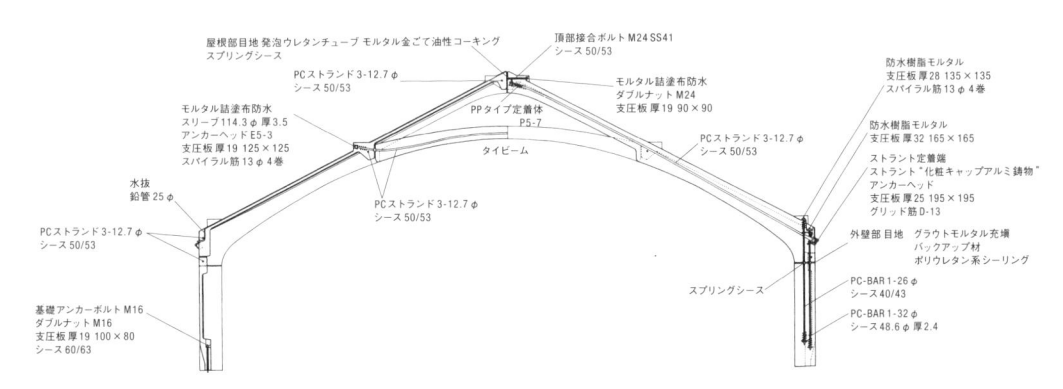

図9 | 海の博物館・収蔵庫、架構断面　S=1:200

図10 | 海の博物館・収蔵庫

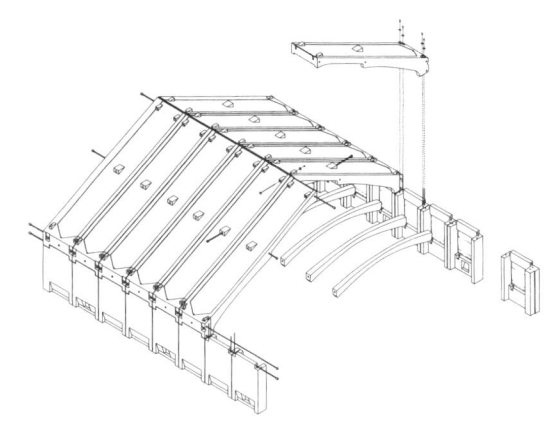

図11 | 海の博物館・収蔵庫、アクソメ

を持ち上げ変形したヴォールト断面形状のタイアーチとし、山形フレームとのハイブリッドな断面が採用されている。このようにインテグレートされ、多少複雑な形状になったピースであっても、PCを用いると、型を起こすことによって、ある程度合理的に製造できる。

またきわめて特異な例として、PCを小住宅に持ち込んだ事例で、大谷弘明が設計した積層の家(2003)[図12-14]がある。住宅のスケールに合わせて極限まで薄くした5cmのPC部材をガラスや階段の段板と交互に積層させた家である。この小住宅を通してPCという工業生産品はクラフツマンシップと融合されている。

新たな組立て方

次に、組立て方に特長があるPC造以外の例を見てみよう。乾式は工場生産を前提にし、合理的に高品質に施工されているので、正確な目地割や製品誤差の小ささから、工業的なイメージと人の手の跡が消えた無機質なイメージに仕上がる傾向がある。湿式は、現場での施工が前提で、ある種の手の跡を感じさせるクラフトワークになる。したがって、新たな湿式の試みは、小住宅や美術館などで、経済性の追求よりも趣向を凝らすことを目的に、建築の意匠を追求する過程において、アトリエ系の事務所が中心になって、発展させてきた経緯がある。鉄板を溶接して、1枚のシームレスの板にする方法は梅林の家のほかにも、アトリエ天工人(テクト)が設計したペンギンハウス(2002)がある。こうした鉄板を利用する例は、近年多く見られるようになってきている。その背景には、遮熱塗料や、耐火塗料の開発が進み、技術的に鉄板の実用性が上がってきた状況がある。鉄板による湿式の導入は、さかのぼれば、石山修武が造船技術を用いた鉄板を、リアス・アーク美術館(1994)[図15]で建築に適用した例、さらにその先人として、川合健二が自邸の建造とともに鉄の合理性を説いている。川合健二邸[図16]は、接地しているが、基礎がなく、地震のときには、コルゲートによる円筒形の躯体を揺らしながら、まわりに盛られた砂利を崩し、エネルギーを吸収する、究極の免震構造になってい

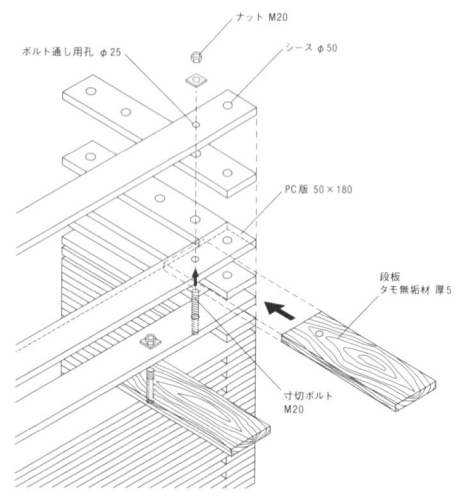

図12｜積層の家、PC版と段板の構成

図13｜積層の家

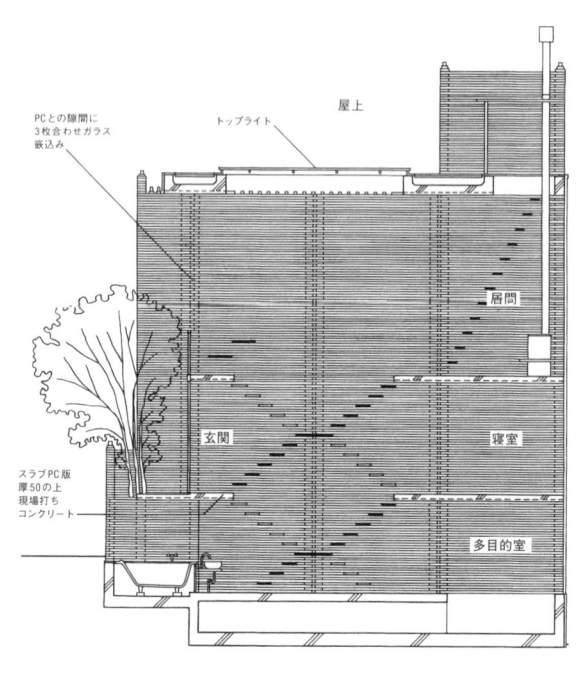

図14｜積層の家、断面　S＝1:150

る。古くなった家は解体され、鉄は最終的にスクラップにされて売却されるという。

　木造においても、同様の試みがなされている。木造では軸組み工法や2×4のようなパネル式が標準であるが、藤本壮介がモクバン（2005）というバンガローで木造の組積造のような構造を実験的に試しているほか、赤松佳珠子／CAtがHouse YK/Islands（2005）［図17］で、極薄の木パネル構造によって、幅4mの門型フレームの連なりによって直交方向に壁がない奥行きが40mの空間を実現している。厚さ62mmの木パネルは露出で仕上げにも使用されていて、小嶋一浩／CAtは、これを「木造打放し」仕上げととらえている。

　以上のように、特に構造に用いられているコンクリートや鉄、木といった素材には、伝統的に適用されてきた構法があるが、構法の考え方を相対化し、ほかの素材に適用することは、新しい建築を提案する契機になり得る。

1）『知られざるPC建築』渡辺邦夫監修、建築技術、2004年
2）『シドニーオペラハウスの光と影』三上祐三、彰国社、2001年

図15｜リアス・アーク美術館

図17｜House YK/Islands

図16｜川合健二邸

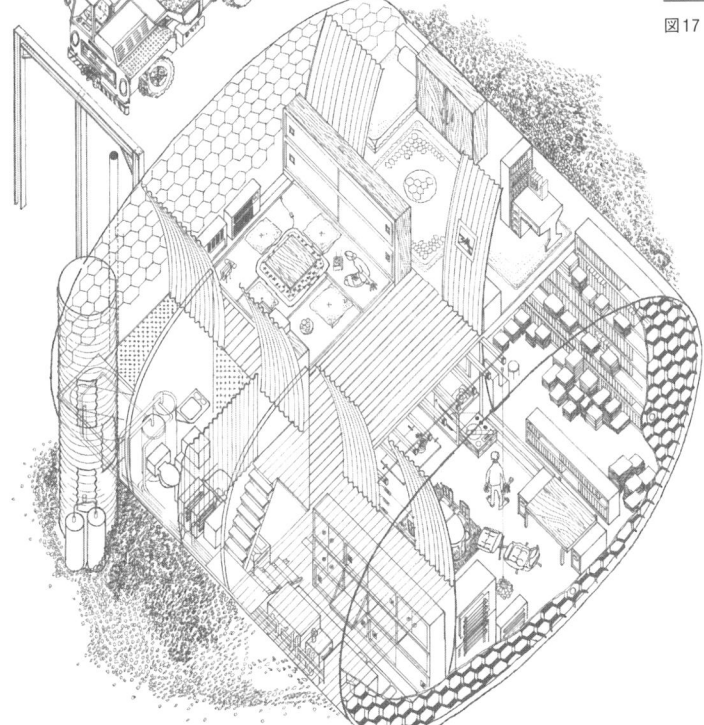

23 有機的建築

図1｜カウフマン邸（落水荘）

有機的建築とは

　建築には抽象的で構成的なものと、有機的で親自然的なものがある。近代以降の建築史において、この対照的な2つのタイプの建築が並行してつくられてきた。抽象的で構成的な建築は、あらかじめ決まった形式性をもち、場所や敷地がもつコンテクストから切断され、あらゆる場所に成立可能な形式をもっている。ミース・ファン・デル・ローエのユニバーサル・スペースをはじめとするインターナショナル・スタイルの建築がこの典型である。同時に20世紀初頭には、ル・コルビュジエによって機械のアナロジーとしての建築が構想されたが、これも大きくは前者に属する思想である。

　インターナショナル・スタイル全盛の時代に、フランク・ロイド・ライトのように有機的建築を標榜する建築家が存在したことは注目に値する。ライトが主張する有機的空間（建築）とは有機体のように諸部分が緊密な連携を保ちつつ全体を形づくっている状態を意味する。機械としての建築と異なり、有機的建築には、あらゆる部分に意味があり、いきいきとした空間をつくることが可能である。また有機的な建築の多くは、その建築が建つ場所と非常に関係深い。場所と建築が分かち難く結び付いているのだ。さらに、ライトの「有機的建築」なる概念の周辺には、生命体のアナロジーとしての建築を模索する動きがあり、生命体や自然界に存在する秩序をモデルとする建築空間の可能性を探る動きは古くから存在している。このほかにも擬似的な自然形態を模倣して流動的な建築フォルムを構成するものも多数見受けられる。このように、ひとくちに「有機的」といっても、時代や設計者などのコンテクストによって意味が微妙に異なることに留意しなくてはいけないだろう。現代においては場所や自然環境を尊重する建築のつくられ方が見直されつつある。有機的建築の概念的な広がりやさまざまな意味の違いを再確認することは大変重要なことである。

23 Organic Architecture

図2｜シュレーダー邸

自然との結合／非場所性

　フランク・ロイド・ライトが設計したカウフマン邸（落水荘）(1935)［図1］はアメリカ・ピッツバーグの近郊に、デパートのオーナーであるエドガー・カウフマンが週末を過ごす別荘として建設された。広大な敷地の中でライトが建設地に選んだのが、渓流の岩盤の上であったとされる。森林の中を流れる滝の上に建物を建てるという大胆な構想を実現した、建築史上屈指の名作である。ライトのプレーリーハウスによく見られるように、水平線が強調されて見えるが、よく観察すると、水平に大きく突き出たキャンチレバーのバルコニーと荒々しい石積みの煙突による垂直性が対比的に見えるように構成されている。リビングの床は光沢がある割肌の石張りによって仕上げられ、まるでもともとそこに存在した渓流の川床であるかのような錯覚を覚える。石を積み上げた暖炉の煙突はリビングを貫通し、インテリアに見事なアクセントを与えている。このように建築空間と周囲に広がる森の景色の有機的な関係性において、自然と建築の分かち難い結合状態を示している。

　シュレーダー邸（1924）［図2］は、ヘリット・リートフェルトが設計したオランダのユトレヒトにある個人住宅である。この住宅はデ・ステイル派の造形原理にのっとり、線と面によって構成されている。壁、床、柱、梁といった要素は互いに独立性を保持しており、柱や梁などの線的な要素は黄、赤、青の3原色に、壁や床といった面的な要素は白、グレーに塗装されている。こうした面と線の独立性を重視した構成の萌芽は、1918年にリートフェルトが発表した「赤と青の椅子」の原型である「肘掛け椅子」に認めることができる。この家具に見られる直交する部材が一点で納まらずに交点を越えて跳ね出す特徴的なジョイント構造は、もともと家具職人であるリートフェルトが優れた木工技術を修得していたからこそ実現可能なものであった。

図3 | シュレーダー邸、2階平面。可動間仕切りが開いた状態(左)と閉じた状態(右)

図4 | カウフマン邸、書斎開口部

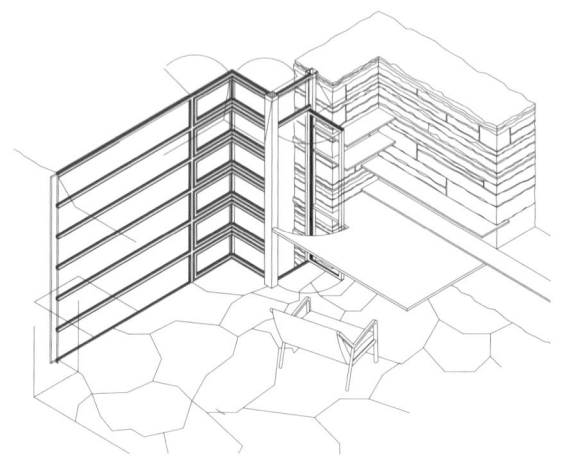

図5 | カウフマン邸、書斎開口部まわり内観アクソメ

　3次元の空間に浮遊する面と線によって組み立てられたシュレーダー邸は、厳格なシンメトリーを排除した非対称な外観になっている。開放された建物のコーナー部分の納まりは、現代的な軽さを実現すると同時に古典的な閉じた箱を解体している。シュレーダー邸の内部には可動間仕切りが巧妙に配置されており、生活の様態に合わせて自由に空間を仕切ったり、つなげたりできるようになっている[図3]。それは固定的で重厚な建築の性質と裏腹に、家具の扉を開閉するような軽快さ、小さな寸法、日常性を備えている。まさに「家具としての住宅」である。リートフェルトにとって家具と建築の区別はなく、同じ価値をもつものであり、空間のつくられ方にも共通する原理が徹底されている。抽象的な空間の構成原理は、スケールを超えて家具から建築まで適用できる。また、リートフェルトは家具をつくるように建築をつくったため、この住宅が建つ場所とは無関係に成立することが可能で、たとえまったく別の場所に建っていたとしても、この作品の本質を損ねることはない。

　面と線で構成する造形原理は、家具と建築との間に存在するスケールと機能の距離を超えて適用可能な抽象的モデルである。シュレーダー邸は抽象的な方法論を徹底し、最後まで建築空間を抽象へ還元しようとするのに対し、カウフマン邸は同じ面や線による構成的な方法を採用しつつも、完成した建築空間は、決して抽象的ではなく、むしろきわめて具象的で有機的な空間である。また両作品とも建物の角にある柱を排除し、コーナーの開放を目指しているが、シュレーダー邸はあくまでも観念的な箱という形式の解体を試みるのに対し、カウフマン邸では、建築の内部と周囲の自然を相互に結び付けることを目的とし、明確な対比を見せている[図4・5]。

場所への応答

フランク・ロイド・ライトは1890年代から1910年代にわたる初期の活動において、「プレーリーハウス」（大草原住宅）を数多くつくり上げた。プレーリーハウスとは、文字通り北米大陸の大平原に適応した住宅形式のことであり、大きく突き出た庇、庇に覆われた半外部的空間、内部と外部の流動性などの特徴が挙げられる。ロビー邸（1906）［図6］は、プレーリーハウスの最高傑作と言われている。内部は各部屋が独立しつつも、間仕切りをつくらない流動的な空間になっており、リビングから大きな庇に覆われた半外部的テラスまで視線が抜けるようにデザインされている。

アルヴァ・アアルトは、北欧の風土に根差した建築表現とモダニズムの融合を目指した建築家である。アアルトの最高傑作といわれるマイレア邸（1938）［図8］の玄関ホールから、リビング、書斎、ミュージックルームに至る空間は、小さな床の段差や、林立する柱のスクリーンなどにより緩やかに分節されつつも、滑らかに連続するワンルーム空間としてデザインされている。アアルトはこのような複数のスペースを滑らかにつなぐときに波形の曲面を用いることを好んだ。各スペースは濃密なディテールや自然素材の豊富な活用により、それぞれに意味づけられて独立性を保ちつつも、相互に関係づけられていることはライトの建築にも通じる真髄である。玄関ホールに佇んだときに、リビングを介してさらに奥の中庭の風景へと視線がつながるシーンは、この住宅における最大の見せ場の1つになっている。

スイスの現代建築家ピーター・ズントーのテルメ・ヴァルス（1996）［図7］はアルプスの谷あいの秘境の村につくられた温泉施設である。建築タイプこそ異なるが、カウフマン邸と同様に周辺の環境から導かれた素材の選択、地形との調和といった配慮が見られる。この建築は、山の斜面にはめ込まれるように建っており、谷筋から見上げると、地元で産出される青灰色の片麻岩を積み上げた外壁が周囲の岩肌に溶け込んでいるように見える。反対に山側から見ると、緑化された屋上が斜面とつながり、建物の境界が分からないようにデザインされている。

図6 | ロビー邸

図7 | テルメ・ヴァルス

図8 | マイレア邸（右とも）

図9 | ガルカウ農場

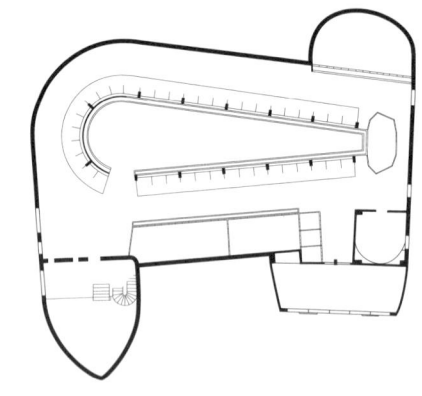

図10 | ガルカウ農場、平面

図11 | ベルリン・フィルハーモニー・コンサートホール

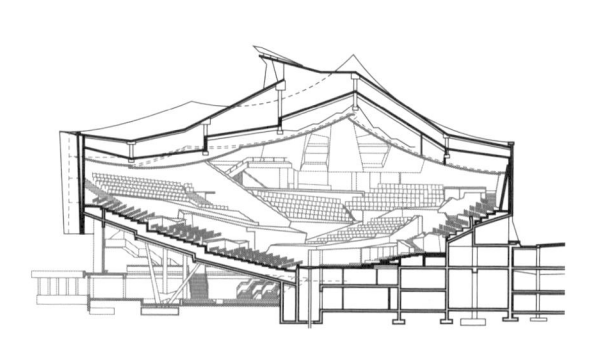

図12 | ベルリン・フィルハーモニー・コンサートホール、断面　S=1:1200

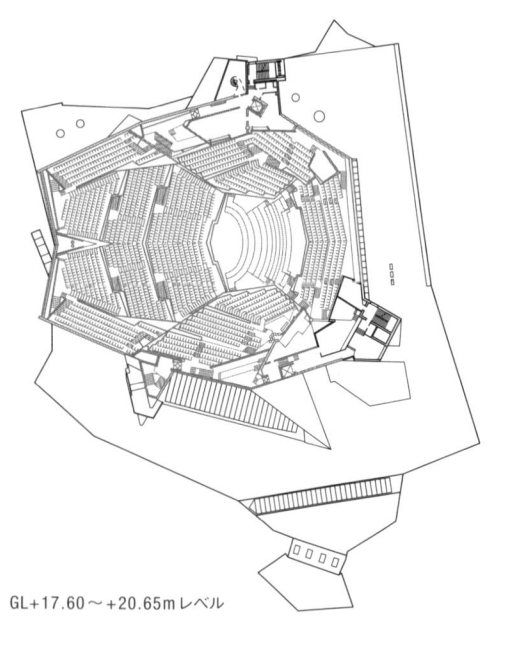

Ⅴ 関係

GL+17.60〜+20.65mレベル

GL+4.16〜+6.10mレベル

図13 | ベルリン・フィルハーモニー・コンサートホール、平面　S=1:1500

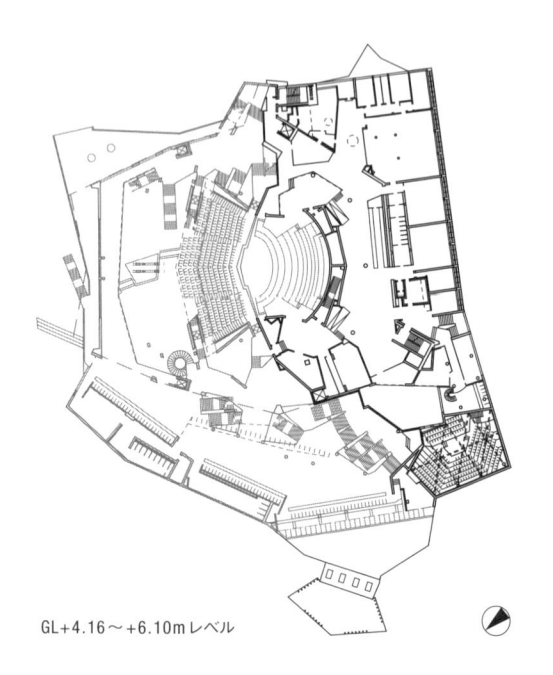

器官としての建築

20世紀初頭に、ル・コルビュジエによって機械のアナロジーとしての建築が構想された。「住居は住むための機械である」というテーゼはあまりにも有名である。CIAMにおいて「コルビュジエとヘーリングとの理論的対立があり、コルの側に賛同者が多かったことは、その後の世界の建築デザインの方向を決定づけたのである」[1]。

コルビュジエの機能論とは異なり、フーゴー・ヘーリングが提唱した有機的建築の理論は、建築の空間組織を生命体における器官「Organ」としてとらえ、機能と形態の関係を導こうとするものであった。そして、あらかじめ定式化された建築形式を採用するのではなく、個々の建築用途に適した機能から、最も自然な形態を導き出す独創的な方法を展開する。ガルカウ農場（1925）[図9・10]は、その代表的な作品である。牛舎の掃除や餌やり、荷車の動きなど、1人の労働者が効率よく飼育の一連の動きに対応する形態を決定している。つまり、建築の形態は内部の自然な機能的要求から決定されると考えたのだ。

こうしたフーゴー・ヘーリングの設計理論は同じドイツ出身のハンス・シャロウンに強い影響を与えた。シャロウンのベルリン・フィルハーモニック・コンサート・ホール（1963）（以下、ベルリン）[図11-13]は世界的に有名なコンサートホールとしてよく知られている。ホールは、指揮台を中心に観客席が取り囲む変則的な平面形式をもっている。通常は舞台と観客席が二分される形式が一般的であるが、シャロウンはこうした常識にあえて挑戦したのだ。段状の観客席はいくつかのブロックに分節されたユニークな構成となっており、演奏者にとって聴衆の圧迫感を軽減する効果をもたらしている。また、完成されたホールは指揮者、演奏者、観客の一体感において優れたものとなった。天井はテントの膜のような垂れ下がった形をしており、外観にも率直に現れている。シャロウンの機能と形態に関する鋭い洞察力がつくり上げた傑作として評価が高い。ベルリンの近くにはミースが設計した近代建築の金字塔、ベルリン新国立ギャラリー（1968）[21「フレキシビリティ」図14]が並んで建っているが、機能と空間のかかわりにおいて対極的な2つの建築が並んでいることは象徴的な風景である。

擬似自然的形態としての有機的建築

19世紀末の欧州では自然の中にある流麗な曲線をモチーフとして装飾に採用する様式が流行した。これをアール・ヌーボーと呼ぶ。アール・ヌーボーでは植物のつるや草木をモチーフとした曲線が好んで用いられた。タッセル邸（ヴィクトル・オルタ、1893）[図14]はその代表作である。

ほぼ同時期にパリの市内にもポルト・ドーフィン駅（エクトール・ギマール、1900）[図15]をはじめとするアール・ヌーボー様式の地下鉄の出入り口が多数つくられ、パリの街並みを華やかなものとした。

アントニオ・ガウディのサグラダ・ファミリア大聖堂（1883-）[図16]は、世界中に知られた有名な建築である。その外壁には、キリストの生誕や受難をテーマにした

図14｜タッセル邸

図15｜ポルト・ドーフィン駅

宗教的世界観を表す彫刻が施されているが、詳細に観察すると地元カタルーニャの動植物のモチーフが数多く採用され、全体として有機的な表現になっている。

生命のアナロジーとしての建築

　日本の近代においては、建築の部分と全体の関係や部分の交換可能性を生命体の細胞や器官のアナロジーとしてデザインしようとする運動が起こった。新陳代謝を意味する「メタボリズム」と呼ばれる運動である。運動を推進した建築家グループの1人に黒川紀章がいる。代表的な作品に中銀カプセルタワービル（1972）［図17］があり、世界で初めて実用化されたカプセル建築として知られている。恒久的な構造体とカプセル型の居室ユニットを明快に分離し、居室ユニットが自由に交換可能なように設計されている。メタボリズムの設計思想を明確に表現した作品として高く評価されているが、一度もユニットが交換されたことがないのは皮肉なことである。

新しい有機的建築

　現代では、これまで実践されてきた有機的建築の価値に加え、持続可能な建築への関心や地球環境への配慮から、新たな様相に移行しつつあると言えよう。
　チバウ文化センター（レンゾ・ピアノ、1998）［図18-20］は、ニューカレドニアのヌメアにある文化博物館である。敷地内には「カーズ（住居小屋）」と呼ばれる巻貝のような形をしたカナックの伝統家屋を再現した建物が大小10棟あり、外観のデザインは場所のコンテクストを十分にくみ取ったものである。熱帯に植生する巨木イロークーによりつくられたカーズの素朴で原初的なイメージとは対照的に、内部は現代の建築テクノロジーによって武装されている。カーズの外皮は2枚のラミネート板によるダブルスキンになっており、空気層を空気が循環する仕組みになっている。海から吹く風を利用し、空気の流れを調整するため、最適な場所に天窓が配置されている。微風の場合には、天窓が開放されて換気を誘導し、強風の場合には窓が閉鎖される。このシステムはコンピュータで制御され、実物大の風洞実験によって効果の検証を行っている。
　ここでは、「有機的建築」の定義は実に多様で、時代や建築家によってその意味が異なることが確認できた。ライトやヘーリングが主張した建築の思想は、近代建築の主流と真っ向から対立するものであったため、顧みられ

図16｜サグラダ・ファミリア大聖堂

図17｜中銀カプセルタワービル

ることは少なかったが、現代においては、むしろ新しい建築の方向性を示唆するものとして再評価する余地があるだろう。しかし一方で、建築はどのように親自然的につくったとしても、結局、自然に還元できない人工的なものであることも確かである。自然の中に屹立する幾何学的形態が周辺の環境との間に緊張感をもたらし、絶妙のハーモニーを奏でる名作が数多く存在することは歴史が証明している。親自然的で具象的なる建築か、幾何学的で抽象的な建築かという2項対立は永遠に解けないテーマなのかもしれない。

1)『GA21 ハンス・シャロウン ベルリン・フィルハーモニック・コンサート・ホール』、エーディーエー・エディタ・トーキョー

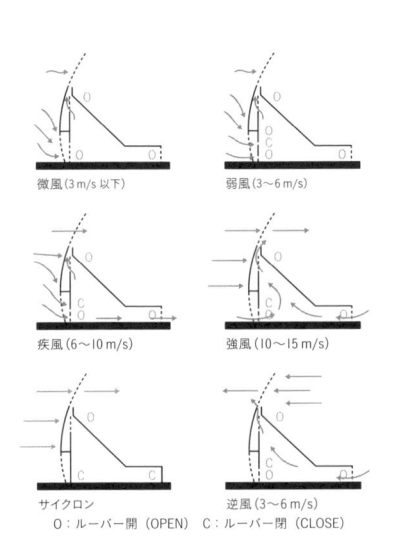

図18｜チバウ文化センター、自然換気システムのダイアグラム

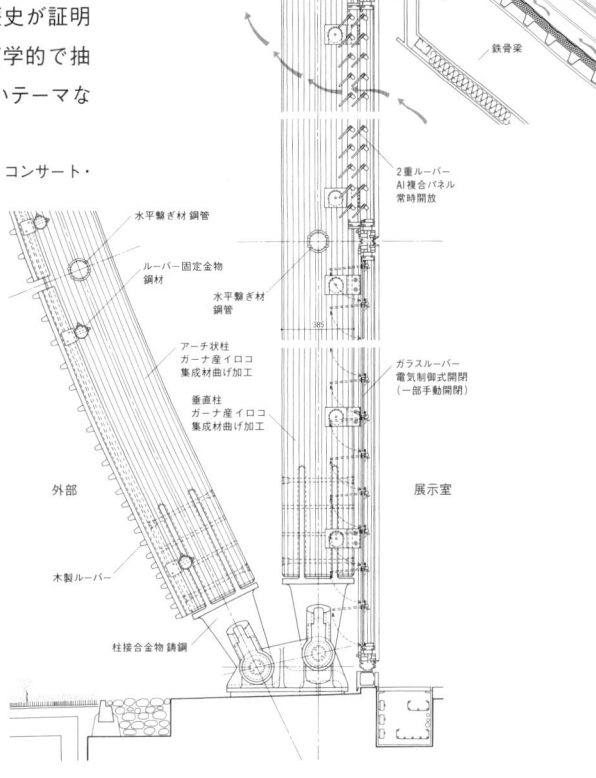

図19｜チバウ文化センター、断面詳細　S=1:40

図20｜チバウ文化センター

23 Organic Architecture

24 群

図1 | ヴァイセンホーフ・ジードルンク

部分と全体

　建築の設計では部分と全体を考えなければならない。何を部分とし、何を全体とするかは設計の内容によって異なる。たとえば、集合住宅の場合は、住戸が部分になり、住棟あるいは住棟群などを全体と考えることができる。住戸は住宅としての機能を自律的にもつが、集合住宅という全体の中にあることで、集まって住む優位性を獲得できる。同じように、住宅団地や学校、病院、オフィスビルなど多くの建築が、部分の集合として考えることができる。部分が集まってできる建築は単体とは異なる論理が必要である。

住棟配置と景観

　近代住宅が建ち並んだ初めての住棟展、ヴァイセンホーフ・ジードルンク(ミース・ファン・デル・ローエ、ル・コル

1・2　ル・コルビュジエ
3　J.J.P. アウト
4　ミース・ファン・デル・ローエ
5　M. スタム
6　H. シャロウン
7　P. ベーレンス

図2 | ヴァイセンホーフ・ジードルンク、配置　S=1:2500

24 Group

図3 | ヒルサイドテラス（第1期）

ビュジエほか、1927）［図1・2・4］。会場の丘は、現在は住宅地となっている。そこでは高低差のある団地のどこからでも複数の住宅が重なり合って見えるようになっている。団地全体のまとまりが感じられると同時に、建物同士の類似や差異も意識されるようになっているのだ。この展覧会は近代建築運動のもとで新しい住宅建築のプロトタイプを示すことが目的であった。それと同時に、群として来たるべき近代建築による新しい街並みの姿を示す目的もあった。しかし、配置計画を考えている段階では各々の敷地にどのような住宅が建設されるかは分からない。そのためどのような建築が建てられても成立するような配置のルールが必要であった。また、傾斜のある郊外の新興住宅団地に適応できるような住棟配置の論理でなければいけなかった。それらが高低差を活かした敷地割りや、傾斜に合わせた建物規模の混合、建物間の距離や道路線形などに現れている。ヴァイセンホーフ・ジードルンクでは、個々の建築に目を奪われがちだが、ミースらが行った建物の配置には、現代にも通じる住居集合のための群の論理が見られるのである。

群の調和と集合のデザイン

槇文彦のヒルサイドテラス（1969-98）［図3・5］は、住宅や店舗、ギャラリーなどが複合した建築群であり、7期

図4 | ヴァイセンホーフ・ジードルンク（建設当時）

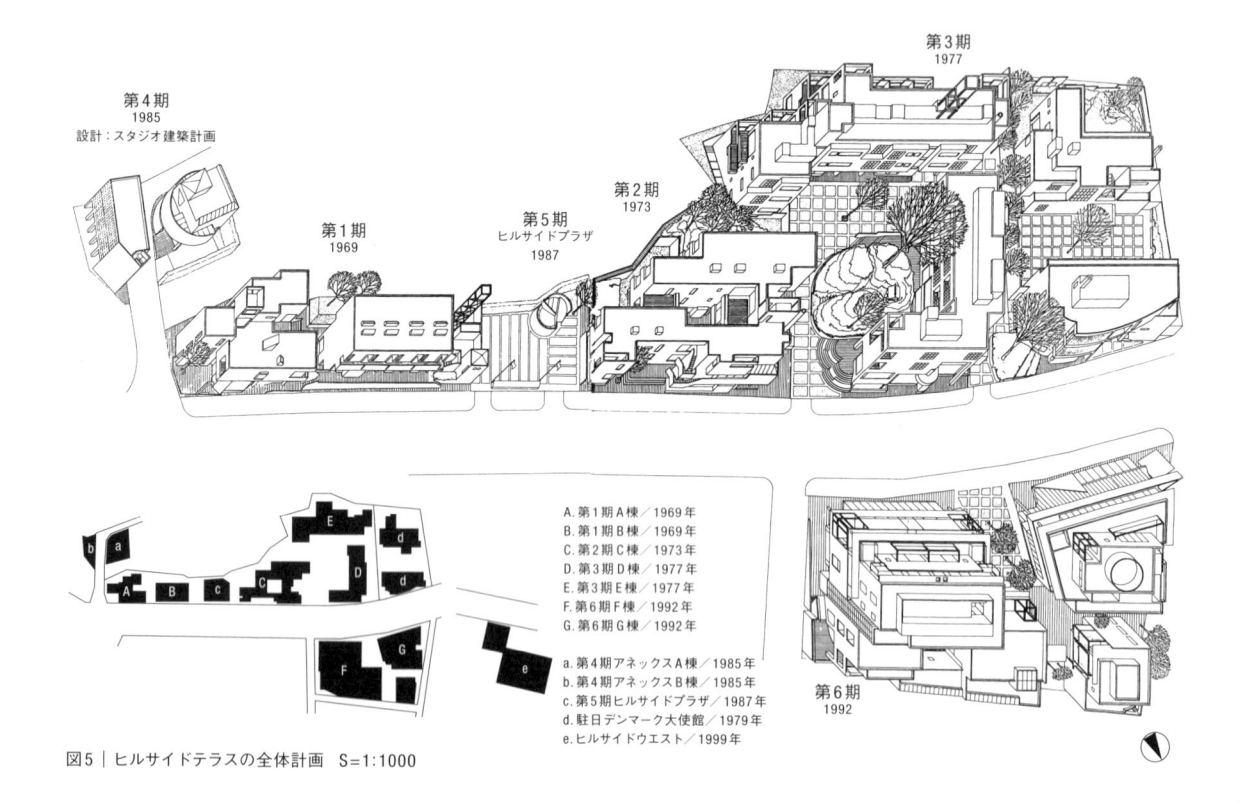

図5｜ヒルサイドテラスの全体計画　S＝1：1000

A. 第1期A棟／1969年
B. 第1期B棟／1969年
C. 第2期C棟／1973年
D. 第3期D棟／1977年
E. 第3期E棟／1977年
F. 第6期F棟／1992年
G. 第6期G棟／1992年
a. 第4期アネックスA棟／1985年
b. 第4期アネックスB棟／1985年
c. 第5期ヒルサイドプラザ／1987年
d. 駐日デンマーク大使館／1979年
e. ヒルサイドウエスト／1999年

　30年をかけて、通りに沿って東側から西側に「街」はつくられていった。しかし、当初から現在の姿が計画されていたわけではない。むしろ、現代につながる全体計画など初めからなく、その都度、従前の建物群との調和を図りながら、新しい群が付け加えられていったという方が正しい。それでも結果として群としての整合性が確かに見られる。そこには通常の群の論理とは異なる論理がある。

　通常の群の論理とは何か。ここでは再開発を例に考えてみる。再開発には必ず全体計画（マスタープラン）がある。ヴァイセンホーフ・ジードルンクでは、ミースがこの全体計画を担った。再開発の工事が何期かに分かれたとしても、そして、各工期で部分の修正があったとしても、基本的に全体計画は変わらない。再開発のような群の計画では、部分は上位の全体のシステムによって支配されているからだ。槇のヒルサイドテラスには第1期からこうした全体計画への言及がほとんど見られない。代わりに示されたのは「アーバン・ファサード」と「都市の部屋」という概念である。

アーバン・ファサードと都市の部屋

　「アーバン・ファサード」とは、建築の自己顕示としてではなく、都市との関係においてとらえられた個々の建築のファサードを指す。このとき、建築のファサードは都市に面する個々の顔であり、都市の集合景観を形づくる構成要素（部分）でもある。ヒルサイドテラスではファサードをヒューマンスケールに分節し、ヴォリュームや奥行き、各部の高さや位置・形状などに変化を付けて、建築を街に向けている。一方、「都市の部屋（シティ・ルーム）」とは、建築に取り込まれた都市空間を指す。第1期ではコーナープラザと連続するエントランスホールがこの都市の部屋（シティ・ルーム）になる。内外で同じ床の仕上げがなされ、視覚的にも外部が内部化されている様子が分かる。第2期以降の建物でも同じような空間が用意されている。こうした空間の近傍にデッキやテラス、パティオなどがある。ヒルサイドテラスでは、街を歩く人を引き込み、とどまらせるような仕掛けが、重層的につくられている。槇は著書『見え隠れする都市』で奥の概念を示している。「都市の部屋（シティ・ルーム）」は建築の中に入り込んできた都市の奥であり、ヒルサイドテラスでは建築と都市の間をつなぐ媒介空間が多層的につくられているのである。「アーバン・ファサード」や「都市の部屋」という概念には、全体との関係性のルールを内在する部分の集合として、群が形成されるという論理が共通している。これは部分をプロットする全体のデザインをあらかじめ規定していたヴァイセンホーフ・ジードルンクとはまったく異なる論理である。

組織と群

　建築や都市は多くの部分から構成されているが、そこに見られる部分と全体の関係は一様ではない。一般に、組織には共通の目標があり、一定の規範と役割分担があり、序列や階層性などの集団内での差異が明確にある。組織には部分（＝構成員）を統制する構造が必ずあり、部分は組織の中で全体の効用を最大化するような属性を与えられる。一方で群衆には、帰属意識や役割分担が希薄であり、各々が無名（アノニマス）で見分けがつかない。群衆を構成する人間には高い同質性を見ることができる。これは社会学や哲学の考え方であるが、数学においても初源的な群の概念は自己同型写像の集まりとして定義されており、相互に置換えができるアノニマスで同質な要素からなる。

　建築を部分から構成される集合であると考えたときに、それらが組織を形成するような集合であるか、群のような集合であるかということは、設計思想上、大きく異なるものである。それは後述するようにデザインの違いにも現れてくる。

部屋の社会

　ルイス・カーンは「平面は部屋（ルーム）の社会である」と言った。ブリンモア大学エルドマン・ホール（1965）［図6・7］の平面を見ると、各部分が明確に組織化されていることが分かる。建物全体は隅を合わせて対角線方向に接続された3つの正方形平面のヴォリュームからなる。それぞれには外周から寮の個室、収納、廊下、水廻りが同心的に配置され、中央にはトップライトをもつリビング・ホールやエントランス・ホール、ダイニング・ホールがある。3つの正方形は厳格に同じ大きさをもち、パブリックからプライベートまで空間の配列も同じ形式になっている。部分から全体までの序列が階層的に規定されており、空間同士の関係性や役割分担が明確に定められている。同じ機能の要素同士は形態的にもまったく同型だが、異なる機能の要素は異なる形態をもち、それらを入れ替えることはできない。各部は建築という組織を形成する部分として規定され、平面図式の中に直截に投影されている。この集合としての建築は、部分相互の規制が強いため、自由な変更を許さない構えをもっているが、正方形ユニットが同じ形式をもっているため、対角線方向や垂直方向への拡張が可能になっている。

図6｜ブリンモア大学エルドマン・ホール

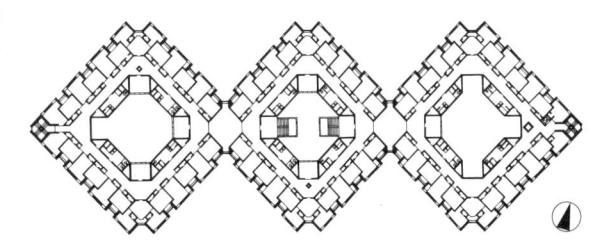

図7｜ブリンモア大学エルドマン・ホール、2階平面　S=1:1500

クラスター

　拡張性の高い集合形態には、拡張性を担保するシステムが必要である。その1つが「クラスター（cluster）」である。クラスターはもともとブドウの房や房状の花を意味する言葉である。建築計画では「たとえば1本の道路や歩行者路に房状に取りついた一団の住戸などのように、ある秩序でまとまった空間単位の一群」を言う（『建築大辞典』）。たとえば学校の設計で学年ごとにまとまりをつくったり、看護単位ごとに病棟のまとまりをつくったりするような場合は、機能に即して建築がクラスター状に計画される。ほかにもラドバーン（アメリカ、ニュージャージー州）

図8｜ハビタ67

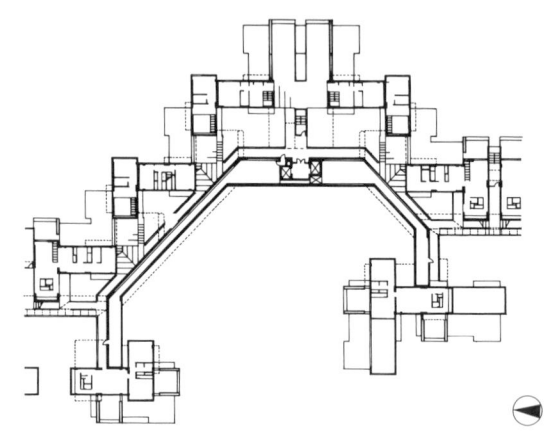

図9 | ハビタ67、5階平面（部分）　S=1:1500

に代表されるクルドサック型の住宅団地も引込み道路ごとに住宅がクラスターを形成していると言える。

モシェ・サフディのハビタ67（1967）[図8・9]にはクラスターのシステムがそのまま外観に現れている。この建物は158戸の住戸からなり、各住戸は5.33×11.73×3.05mの基本ユニットを1〜3個程度組み合わせて構成されている。これらの住戸ユニットは空中歩廊（ペデストリアン・ストリート）に接続し、エレベーターや階段シャフトを通って地盤面につながる。クラスターの語源であるブドウの房のアナロジーがそのまま建築の構造や外観になっているのだ。

クラスターの場合は全体の骨格をつくり部分を位置づけるためのストラクチャーが必要になる。そのストラクチャーがハビタ67では歩廊であり、ラドバーンではクルドサックの街路である。房から実を取り除いたり、枝に房を増やしたりしてもブドウの全体性が損なわれないように、クラスター状の建築は建物の拡張性や増殖性、部分の交換可能性などが可能なシステムである。中銀カプセルタワービル（黒川紀章、1972）などメタボリズムの建築の多くも同様のシステムをもっている。

自律的な基本ユニットの集合

セントラル・ベヒーア（ヘルマン・ヘルツベルハー、1972）[図10・11]は9×9mのオフィス用の基本ユニットからなり、クラスター状にそれらが集合する平面形態をもつ。ユニット同士の間に3mの空間をあけ、光を上部から取り込めるようになっている。この建物がほかのクラスター状の建築と異なるのは、幹から枝、枝から房、房から実というように全体から部分へ枝分かれしていくツリー状のストラクチャーをもたないことである。セントラル・ベヒーアの基本ユニットは4つの方向に連結できるようになっており、各ユニットの中央を十字に通過できるように動線を設定している。それぞれのユニットの中にはワークテーブルや会議テーブル、トイレや収納などが置かれるが、どれも交換可能で、それぞれのユニットにあらかじめ固定的な機能や役割が与えられているわけではない。セントラル・ベヒーアの平面は、ブリンモア大学エルドマン・ホールに見られたように、部分から全体までの序列が階層的に規定され、空間同士の関係性や役割が明確に定められているのではなく、ユニット共通の仕様と接続形式だけが与えられ、個々が自律し、部分から全体を形成するシステムとなっている。その意味でより群的であるが、個々のユニットは直交グリッドに従って規則的に配置され、外観や内観にも全体をコントロールするグリッドパターンの特性が反映されており、形式的な秩序が強くデザインに現れている。

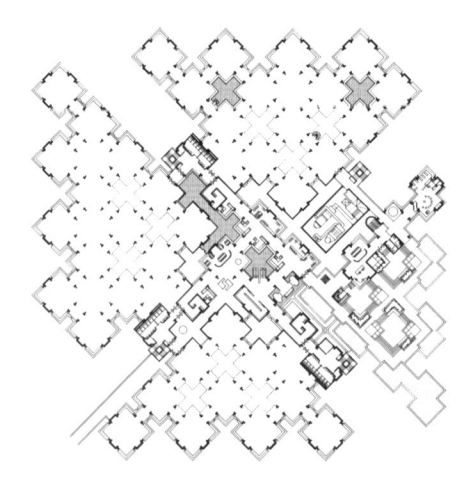

図10 | セントラル・ベヒーア

図11 | セントラル・ベヒーア、平面

同質性と差異性が共存する群

チャールズ・ムーアらMLTWが設計したシーランチ・コンドミニアム（1965）［図12・13］は中庭を囲む10戸の週末住宅群からなるが、そこにはセントラル・ベヒーアに見られるようなグリッドや部分をつなぎ合わせるようなストラクチャーが明確ではない。住戸は7.3m角を基本とするユニットからなる。杉竪羽目板張りの外装や軒の出がほとんどないシングル葺きの片流れの屋根、室内のジャイアント・ファニチャーなど、建築のデザインボキャブラリーは各ユニットで共通しているが、屋根の向きや高さ、窓の位置、室内の配置などは異なっており、個々の建築要素が強い規則に縛られずに緩やかに集まっている。たとえるならば、伝統的な集落に見られる同質性と差異性の共存のようなまとまりがある。荒々しい大自然に対峙するため、強い海風を避けながら太陽光を取り込めるように住棟でコンパクトに中庭を囲み、それぞれの住戸から海への眺望を確保し、個々の住戸のプライバシーや独立性を確保していった結果が集落的な姿になったのかもしれない。シーランチ・コンドミニアムでは全体を統御する集合のシステムをもつのではなく、デザインボキャブラリーを共有し、個々の関係性を最適化するように計画されることによって魅力的な群造形が生み出されたのである。

図12｜シーランチ・コンドミニアム

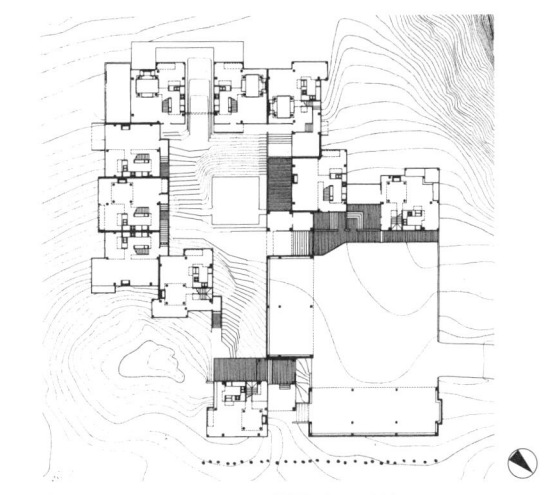

図13｜シーランチ・コンドミニアム、平面　S＝1:1000

群造形

槇は群造形について「エレメントが自己固有のシステムを発展させる。換言すれば、システムはエレメントの中に内在する」[1]と記述している。ブリンモア大学エルドマン・ホールやハビタ67などに対して、シーランチ・コンドミニアムはより内在的なシステムによって造形されている。またヴァイセンホーフ・ジードルンクとヒルサイドテラスについても同様に比較できる。前者が全体計画によって予定調和的に最適な配置を生み出すように計画しているのに対して、後者は将来的な改変を受け入れても部分に内在するシステムによって、群としての全体性が損なわれないように計画されている。槇はさらに「群の空間の中ではたとえそのうちの1つのエレメントが消失しようと、又は、まったく異質なものが付加されようとそれは全体としての機能又は像にまったく影響を与えない」[2]ようにして部分が有機的に組み上がる建築や都市の姿を示した［図14］。

しかし、群衆がそうであるように、群の造形も制御できない無秩序さや美の破壊と隣り合わせている。優れた群造形は部分に機能や役割ではなく交換可能な同質性や匿名性をもたせ、変化があっても随時全体を調和できるようなシステムを内在化させている。そして優れた集落がそうであるように、豊かな同質性と差異性が常に併存し、どの部分を切り出しても優れているような仕掛けが必要である。それは均質性と偏在性の間にある。

1）槇文彦「都市と人間」『現代建築家全集19』栗田勇監修、三一書房、1971年、208頁
2）同、202頁

図14｜新宿ターミナル再開発計画（槇文彦＋大高正人）

25 フォームとシェープ

図1｜ソーク生物学研究所

見えない形＝フォーム

　目に見えている建築には形があるが、設計の過程で、建築の形がすぐに導かれるわけではない。建築の形は、図式、あるいは形式と言われる段階を経て導き出される。その反対に、スタディで導かれた多くの形を抽象化して、図式が発見される場合もある。図式からどのようにして形が決定されるのか。あるいは、形に定着することができる図式はどのようなものか。定式が存在するわけではないが、設計プロセスに対して意識的な設計者によって、さまざまな方法論が検討されてきている。こうした議論の中では、設計の過程で現れる図式をフォーム（form、目に見えない形、形式）、最終的な形をシェープ（shape、目に見える形）などと呼んで、区別している。日本語にすると両方とも形なので、注意を要する。また、フォームと言うとき、実体としての形というよりも、空間の形や連結を指す場合が多い。フォームの呼び名は、図式、形式のほ

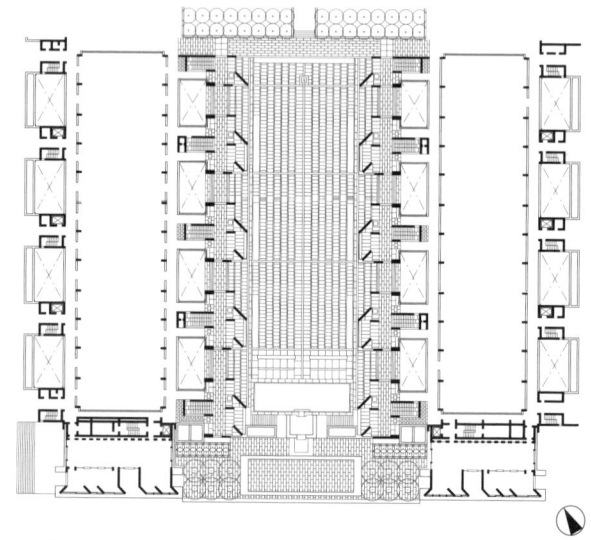

図2｜ソーク生物研究所、1階平面　S＝1:2000

25 Form and Shape

図3 | フランス国立図書館コンペ案、模型

かにも、「かた」[1]、ダイアグラムなど設計者によって異なる。フォームはシェープよりも抽象的な概念で、形而上的なるものである。必ずしもフォームが先に定まる、あるいは上位概念であるとは限らないが、実現しようとする空間の概念や、利用者のプログラムなど、建築のソフトウェア的な部分がフォームに強く結びついている。ここでは、フォームの効用について考えてみよう。

強いフォームのある建築

ここに挙げた2つの作品は、シェープもさることながらフォームに特異性がある作品である。ルイス・カーンが設計したソーク生物学研究所（1965）[図1・2]は、考える場所としての中庭と、それを囲むように配置された研究室、さらにそのまわりを囲む実験室が、平面的に完全にシンメトリーに配置されている。そして中央に水路が切られており、水路の先は地平線まで視界が開け、そこに

図4 | フランス国立図書館コンペ案、模型

レベル +19 レベル +20

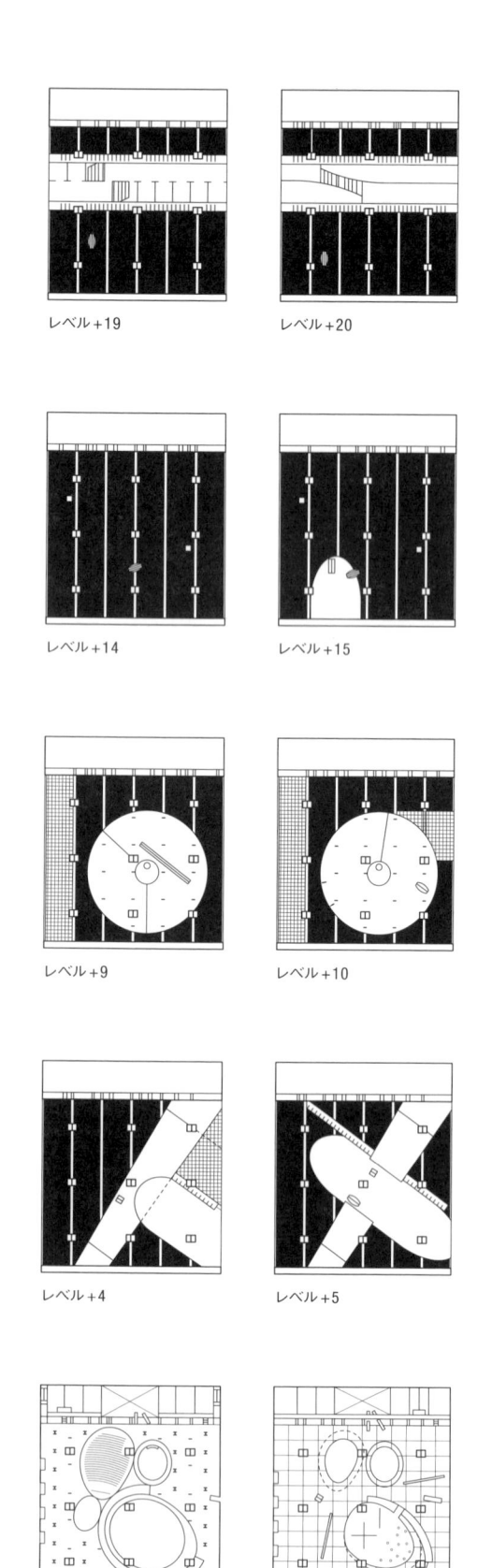

レベル +14 レベル +15

レベル +9 レベル +10

レベル +4 レベル +5

レベル -1 レベル 0

図5｜フランス国立図書館コンペ案、平面

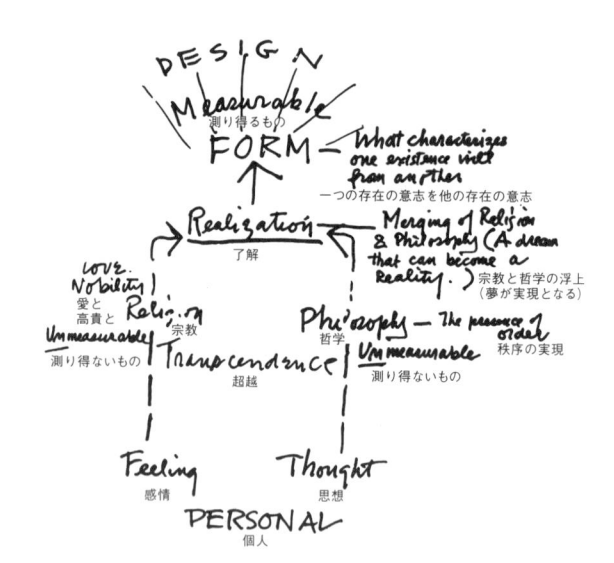

図6｜フォームのダイアグラム

太陽が沈むのである。ソークの場合、このような場所の関係性そのものがフォームであり、実体のレベルで研究室の足元に45度グリッドの個性的なポルティコが設けられていることや、中庭にトラバーチンが敷き詰められていることなどはシェープの世界に属する事柄である。一説によると、ソーク研究所の中庭はアッシジの聖フランチェスコ教会の中庭を着想の始まりとしていると言われているが[2]、これはフォームの話である。

もう1つのレム・コールハース（OMA）が設計したフランス国立図書館コンペ案（1989）［図3-5］は、実現しなかった。そのため、最終的なシェープは示されていないが、フォームの際立った特異性から、現実に建造されたドミニク・ペローが設計した図書館と同じくらい著名な提案として位置づけられている。巨大な蔵書をどのように収蔵するのかというプログラム上の課題より導かれた解答は、建物全体を本で充填されたヴォリュームと考え、そこから、公共的な空間をヴォイドとして掘削するというネガとポジが反転したフォームであった。建築の不在[3]とたとえられるこの建築のフォームは、書庫が黒、そのほかが白で塗りつぶされ、反転を示すように修辞的に表現されている。白い部分のみが空間で、黒い部分は中が詰まったソリッドに見える表現である。ところが、現実的には書庫にも空間があるので、ネガ・ポジともに空間である。白、黒で表現ができる明快な図式であるため、その後の多くの現代建築に強い影響を与えることになった。国際的なコンペティションで示された新しい概念（コンセプト）が、同時代の建築に影響を与えることはよくある現象である。

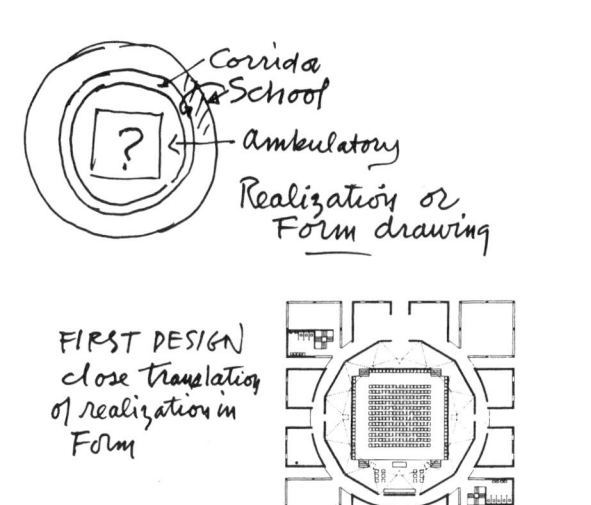

図7 | ユニタリアン教会のフォーム

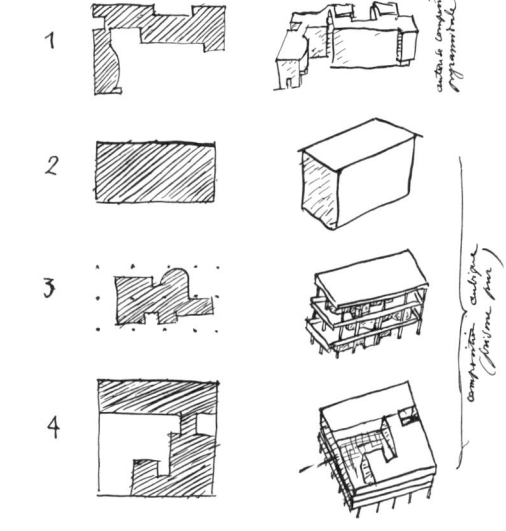

図8 | 新たな住宅の形式（フォーム）

フォームのレトリック

　フォームは、単なる図式を超えて、「修道院の広場」や「建築の不在」といった、いわば直喩や暗喩（メタファー）といった修辞（レトリック）として案を印象づけるはたらきをする。フォームを媒介にしたイメージの連想作用（まさにこれが、設計のコンセプトと言われることがある）の効果は絶大である。

　図6はルイス・カーンによるフォームのダイアグラム[4]である。人間の感情が発展して信仰となり、その一方で、思想が発展し哲学となる。それらが融合したものが認識（realization）されて、フォームになる。そのフォームが測り得る（measurable）存在へと展開していくというスケッチである。この図式においてフォームこそが本質であることをカーンは表現しており、測り得ないフォームを測り得るものに変えることがデザインなのである。つまり、フォームをシェープへ射影する、あるいは、フォームをシェープとして具現化するのを助けるのがデザインであると言うこともできるだろう。

　次にフォームの代表的な事例を順に見ていこう。図7はルイス・カーンがユニタリアン教会（1967）を設計する際に考案したフォームである。初期案のプラン（シェープ）、フォームともに、礼拝室を中心に、廊下を挟んで教室が配置されている。フォームではまわりの学校は「？」を取り囲むものとして丸く描かれているが、実際のプランでは四角い部屋が取り囲んでいる。つまり、大きな変形が与えられているにもかかわらず、フォームとシェープの関係は位相幾何学的に保持されている。位相幾何学的関係は、この場合、平面的な空間配置における人間の空間体験の順序構造を意味している。

　図8は、ル・コルビュジエが、新たな住宅の形式（フォーム）を生み出すために、ドミノ・システムを下敷きに考えたバリエーションである。柱によって積層された床に対して、外壁と内部空間の位置関係を操作することで、新たな形式が生み出されることを示している。1は内部を自由につくり、外部にはそのまま内部の凹凸が不規則に現れる形式で、ラ・ロッシュ・ジャンヌレ邸が対応する。2は純粋な外形の内部を壁で分割する形式で、ガルシュの家などが対応する、3はドミノ・システムの中に自由に屈曲する壁を立てて、内部空間を配置し、同時に余った部分がテラスになるという形式で、カタルージュ邸が対応する。そして4は3をさらに発展させ、外形をさらに拘束がきいた2に近づけながら、同時に1のように、内部を自由に構成することを可能にした形式で、サヴォア邸がこれに対応する。つまり、最も進化した形式として生み出されたのが、サヴォア邸ということになるのだが、コルビュジエのフォームは、柱や床といった具体的なシェープからのフィードバックが与えられたフォームであり、ユニタリアン教会のフォームよりもかなり具体的なのである。このように、フォームの抽象度には建築家によって、大きなばらつきがある。

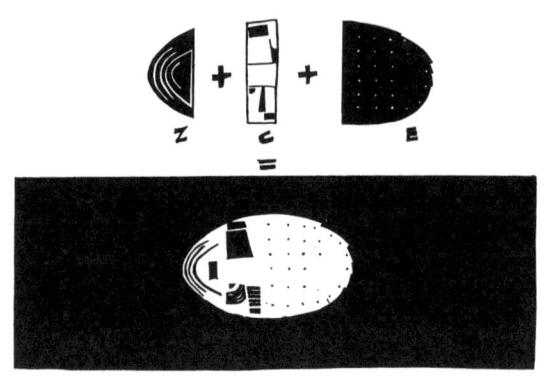

図9｜コングレクスポのフォーム

図10｜コングレクスポ

図11｜ユニヴァーサルスタジオ本社ビル計画のフォーム

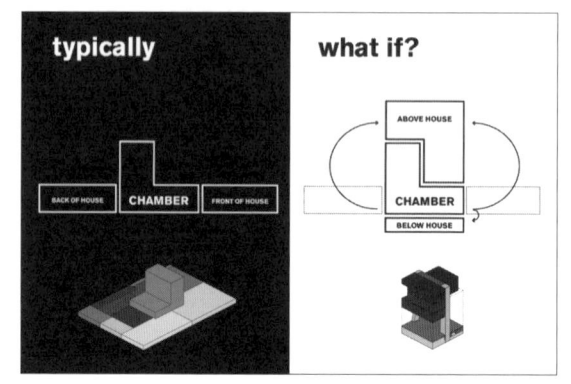

図12｜ワイリーシアターのフォーム

冒険的なフォーム

　図9はレム・コールハース（OMA）がコングレクスポ（1994）［図10］を設計する際に考案したフォームである。コングレクスポというタイトルはフォームと対応している。つまり、コングレクスポは、コングレ（会議場）とエキスポ（トレードセンター）、ゼニス（コンサートホール）がインテグレートされた新しいビルディングタイプである。中央のフライタワーを含んだコングレを媒介にして、エキスポとゼニスが背中合せに直に接続され、全体として巨大な円盤のシェープを形成しているのである。こうした冒険的な構想は、フォームにおいて新たな組合せを模索することなしに導かれることはない。

　フォームを形成するためには、複数の構成要素が必要である。したがってフォームによって、新しい建築を生み出す可能性は、構成要素の切分け方を発見する方向と、組合せを試行する方向があると言えよう。特に、大規模で複合的な建築を構想する場合、組合せを試行する方向が有効である。レム・コールハース（OMA）の提案では、ユニヴァーサルスタジオ本社ビルの計画（1996）［図11］、そして、ワイリーシアター（2009）［図12］の計画などで、大胆で、ハイブリッドな組合せのフォームが提示されている。ユニヴァーサルスタジオの計画では、フォームが建物のスケールを超えており、4本の超高層ビルを水平的につなぐ床を途中階に設けることで、地上階だけでなく、途中階に街のような空間を形成でき、かつ4本の超高層の性格づけをすることを可能にしている。そして、ワイリーシアターの計画では、一般的にはホワイエが囲む劇場という平面的なフォームを断面方向に変換することによって、これまでにない非常にオープンな劇場空間をつくることを可能にしている。これらの計画は平面だけでなく、断面方向においても明確なフォームをつくることができることを示している。

乱雑さが組み込まれたフォーム

　図13・14は、ヨコミゾ・マコトが設計した富広美術館（2005）である。大小さまざまな半径の円筒の空間が平面的に束になることによって、全体のフォームとシェープが決定されている。円筒の半径と扉の位置というパラメータを変化させることができる。それによって構造も均質でなくヘテロジニアス（異種混在的）になり、強度的に

有利にはたらく。また、大小さまざまな空間が多様な機能に対応でき、豊かな内部空間を生成することができる。このようなパラメトリックな乱雑さが、あらかじめフォームに組み込まれている。そして、これによって、使い勝手や、動線を自由に変更することができる。このような、柔軟なフォームの利点は、それが生むバリエーションの多さ、設計の自由度であり、ワークショップなどを通して、建築家とユーザーがプランを調整していく上で、求められる現代のフォームの性格であると言えよう。そして、シェープが純粋化することで、フォームとシェープが近づき、見分けがつきづらいことも現代建築の特徴である。さらに、このように、パラメトリックなシェープを支持するフォームによって、条件の変化によってシェープが多少変化することになっても、全体像への影響は小さく、プロジェクトを進めていく上ではロバスト（頑健）な案とすることができるのである。

フォームとシェープの対応関係

　以上のようにフォームを考えることは、建築のコンセプトと直接結びついていることが明らかである。フォームが重要視されるあまり、利用者のためのソフトウェアを伴わないで、フォームの純粋性だけが追求される場合がある。こうした建築は、フォルマリズムに過ぎるといった批判にさらされることがある。地に足がついた設計をするためには、フォームが独り歩きしないように、フォームの根源に遡行して、人間について考えるプロセスとともに、シェープがフォームと密にフィットして不可分な関係になるように、何度も案が見直されるプロセスが必要である。

　フォームは建築の目標の提示であり、シェープは結果である。したがって、シェープは経済状況や運に左右されるが、フォームの良し悪しは、設計者の構想力の問題と考えることができる。もっとも、実現が容易な定式化されたフォームもあれば、実現が困難でチャレンジングなフォームもあるので、フォーム→シェープという方向性の検討のみならず、シェープ→フォームというフィードバックを通して、最終的には実現可能なフォームを提案しなければならない。

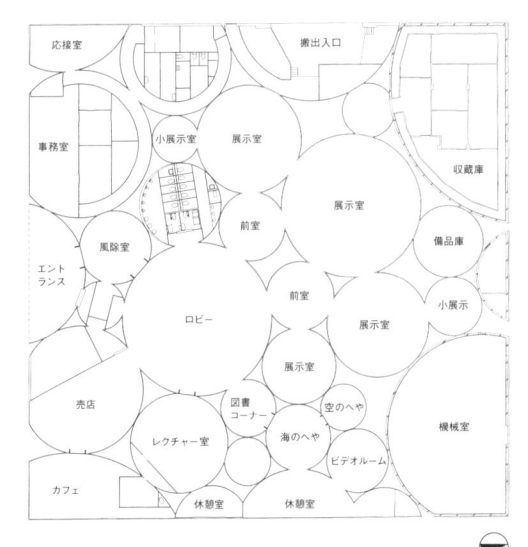

図13｜富弘美術館、平面　S=1:800

1) 『代謝建築論　か・かた・かたち』菊竹清訓、彰国社、1969年
2) *LOUIS I. Kahn Complete Work 1935-1974*, H. Ronner, S. Jhaveri, BIRKHAUSER, p133
3) "Strategy of Void"において、建物に点在するヴォイド・スペースに "absence of building"（建築の不在）というメタファーが与えられている（*S, M, L, XL*, O.M.A. Rem Koolhaas and Bruce Mau, pp.603-669）。
4) 『ルイス・カーン論　建築の実存と方法』工藤国雄、彰国社、32頁

図14｜富弘美術館

マスターピース50 作品解説

01 内と外の境界線

ロンシャンの礼拝堂
ル・コルビュジエ、1955年、ベルフォール、フランス
La Chapelle de Ronchamp Notre Dame du haut / Le Corbusier, 1955, Belfort, France

フランスとドイツの国境地帯の街、ベルフォールの丘に建造された小さな礼拝堂である。

曲線が立体的に多用された特異な造形で、コンクリートの可能性が最大限に試行された表現主義的作品である。ル・コルビュジエ初期のピュリズムの時代の端正な形態とは対照的であり、その差異についてはさまざまな批評が展開されている。

基本的には、ワンルームの連続空間でありながら、異なる幾何学の原理によって導かれた壁の集合体である。内部は、いくつかの湾曲する壁でつながり、1つの閉曲線となって囲まれた複雑な形状になっている。それらは、ハドリアヌス帝のヴィラのスケッチ（ル・コルビュジエ、1911）にあるような曲線の光の塔を構成する壁、多数の小さな奥行きのある開口が即興的に穿たれた壁、そして、外部で礼拝できるように内側に緩やかに膨らんだ壁であり、外部には、祭壇と説教台が設けられ、屋外礼拝が可能になるように設えられている。壁の開口部や壁と壁の間のスリットから内部空間に入る光は、礼拝のろうそくの煙と相まって、多くの光の筒を形成し、それらが内部を日時計のようにゆっくりと動きながら空間を照らしている。複雑な形状の壁にかかる屋根は、蟹の殻と航空機の翼の断面が融合したような有機的なフォルムで、全体的に傾斜している。端部には、豚の鼻の断面のような形状のガーゴイル（雨水スパウト）とため池が設けられ、集水する仕組みになっている。

シアトル市立中央図書館
レム・コールハース（OMA）、2004年、
ワシントン州シアトル、アメリカ
Seattle Public Library Central Branch / Rem Koolhaas (OMA), 2004, Seattle, Washington, USA

シアトルのグリッドを基本とする整然とした街区の超高層群の一角にありながら、まわりとは対比的な複雑な多面体の外観をもつ図書館である。内部空間は、図書館の機能を安定的な部門と不安定なそれに分離した上で、立体的に再構成されている。安定的な機能とは、書庫、管理、駐車場、会議室、スタッフルーム群の5つの部門で、それぞれに適した階高、構造、材料、平面計画で組み立てられる。これらを、平面的に矩形の外形に整理して収め、それぞれ、1つのプラットフォームとしている。5つのプラットフォームを平面的にずらしながら間隔をあけて縦に積層することで、隙間に4つの不定形なスペースができる。ここに、閲覧室、子供用のスペース、エントランスロビー、そして、ミキシングチャンバーなど、一般市民がアプローチできる空間が配置される。ミキシングチャンバーとは、コンピュータによる検索によって実空間とヴァーチャル空間のかけ橋となるインターメディアな空間である。

建物全体の空間構成は、5つのプラットフォームと4つの不定形なスペースにより、安定的な機能と不安定な機能が交互に積層した有機的な空間になっている。閲覧室は、吹抜けに多面体のガラスのトラス屋根がかかった伸びやかな空間で、シアトル市民に開かれており、建物全体が街のアイコンになっている。

02 空間に孔をあける

ブリオン・ヴェガ墓地
カルロ・スカルパ、1975年、
サン・ヴィトー・ダルティヴォレ、イタリア
Brion-Vega Cemetery / Carlo Scarpa, 1975, San Vito d'Altivole, Italy

北イタリア・トレヴィゾ地方にあるブリオン家一族のための霊廟。イタリアの家電メーカーブリオン・ヴェガ社のオーナー、ジュゼッペ・ブリオンが死去し、遺族がスカルパに設計を依頼して実現した。L字型をした広大な敷地の外周は内転びの塀で囲われており、日常的な村の近景と隔絶された世界をつくり上げている。エントランス棟の塀には下界と霊廟を接続する2重円の開口が設けられ、村と墓地を隔てる境界に穿たれた孔になっている。L字型の敷地の中には、ブリオン夫妻の墓のほか、池に浮かぶパビリオン、家族の墓、礼拝堂などがある。この墓地では水と光が象徴的にデザインされており、パビリオンのある池から細い水路となって墓地のそばの花入れに注ぎ、さらにその水路が礼拝堂のそばの池に流れ込む。軸線から45度傾けて配置された礼拝堂の内部は、それぞれの方角からの光を計算して開口が設けられており、内部に劇的な光の空間を実現している。空間構成、ディテールはいずれもきわめて技巧的で、さまざまな独自の建築言語が濃密にちりばめられている。それらは職人の手仕事の技術を十分に活かしたものである。素材はコンクリートを基調とし、随所に石や金属、木が効果的に使われている。息子トビア・スカルパのデザインによるカルロ・スカルパの墓もこの廟の一角にある。

カーサ・ダ・ムジカ
レム・コールハース（OMA）、2005年、ポルト、ポルトガル
Casa da Música / Rem Koolhaas(OMA), 2005, Porto, Portugal

2001年、欧州文化都市に選ばれたポルトが記念事業「ポルト2001」の一環として計画したコンサートホールである。国際指名コンペによってOMAの案が選出された。敷地は、ボアビスタ・プラザを取り囲む扇形の歴史的街区の1つにある。建物の周囲にあきを確保し、公共的な広場として利用するカーサ・ダ・ムジカの配置計画は、道路境界線いっぱいまで隙間なく建物が建つ周辺の街区と明瞭な対比を見せている。また巨大な多面体のマスが敷地の中央に鎮座することで、建物の自立性と広場と対峙する象徴性を確保している。カーサ・ダ・ムジカは、白く巨大な多面体のヴォリュームから、必要な機能のヴォリュームをくりぬくという実験的な手法を用いて空間を構成している。ホールなどの公共機能をくりぬいたあとの残余空間はホワイエ、レストランなどの補助的機能が割り当てられている。メインの機能であるホールについては、新しい形式の採用を模索したが、結局、専門家が検討した結果、音響性能を重視した一般的なシューボックス型が採用された。一般に劇場建築は外部に対し閉鎖的になりがちである。外観はよく知られていながらも、利用者以外の市民に内部空間はあまり知られていないということが起こりがちである。しかし、カーサ・ダ・ムジカでは、孔を通じて内部と外部を視覚的につなげ、劇場建築では通常生まれることがない内部と外部の新しい関係を創出している。

03 曲面で構成する

シドニー・オペラハウス
ヨーン・ウッツォン、1973年、シドニー、オーストラリア
Sydney Opera House / Jorn Utzon, 1973, Sydney, Australia

シドニー港に突き出た岬の突端に建つ世界的に有名なオペラハウス。20世紀を代表する建築の1つである。1957年の国際設計競技にて、象徴的な形態をもつウッツォンの案が採用された。曲面からなる独創的な形態と構造設計の困難さにより、1959年に着工したものの竣工したのは1973年と工期が大幅に遅れ、予算の超過も莫大なものになった。竣工後はシドニーのみならず、オーストラリアを代表するランドマークとして親しまれている。このオペラハウスは基壇とその上に建つオペラ劇場、コンサートホール、劇場を内包する3つの屋根群からなる。屋根はヨットの帆や貝殻を想起させるシェル構造で、複数の屋根が折り重なって屋根群を形づくっている。コンペ時の屋根は大小の放物線が連続するものであったが、構造設計を担当したオヴ・アラップはさまざまな構造的解決を検討した結果、実現不可能であるとの結論に達した。これを受けてウッツォンは放物線の代替案として、屋根の幾何学を同一半径の球面の一部とし、屋根全体をリブ付きPC材によって構成されるシェル構造とすることを考えた。この案が採用された結果、屋根の設計を構造的な解決に導くと同時に、工期の大幅な短縮、コストの削減につながった。1966年、ウッツォンは政治的事情から設計を離任し、後継者として政府建築家のE.H.ファーマーをはじめ、ピーター・ホール、D.S.リトルモア、L.トッドが政府から指名された。

台中メトロポリタン・オペラハウス
伊東豊雄、2005年 -、台中市、中華民国
Taichung Metropolitan Opera House / Toyo Ito, 2005-, Taichung, Republic of China

「Taiwan101」のキープロジェクトとして、台中郊外の台中市シビックセンター地区に建設される。敷地は大きな公園の中で、大ホール（2,000席）、中ホール（800席）、小ホール（200席）の3つの劇場と、アートプラザ、ワークショップと呼ばれる商業施設の複合建築であり、台中市の新しいランドマークとなることを目指している。この建築は、「エマージング・グリッド」と呼ばれるグリッドが変形した曲面による構造体で構成されている。水平方向にも垂直方向にも連続するチューブで構成された曲面の連続体は、外部空間がそのまま建築内部へ入ってきたようなイメージを与える。このシステムによってでき上がった内部空間には水平な床が存在しない。建築として要求される機能を満たすために、必要な部分にはプラグと呼ばれる床、壁が挿入されている。また、エレベーションは正面性をもたせつつも、古いシンボル性は排除したいという考えから、建築自体をキュービックな形態にしてヴォリュームを切り落とし、エレベーションは4面とも切断面そのままとなっている。水平方向、垂直方向ともに構造的な負担を多少プラグにも流しつつ、曲面のシステム自体で全体の60〜70％程度、構造体としての機能を果たす。

04 キューブの演算

フィッシャー邸
ルイス・カーン、1967年、
ペンシルベニア州ハットボロー、アメリカ
Fisher House / Louis. I. Kahn, 1967, Hatboro, Pennsylvania, USA

2つの単純なキューブを、45度ずらして連結させることによって生まれた小住宅。森の中の緩やかな傾斜地に建つこの建築は、斜めの配置を導入することにより、自然に溶け込みながらもそれに対峙して、キューブという幾何学的形態の観念を、際立った形で表出させている。

Masterpiece 50　177

2つの木造キューブは、イトスギ材の板張りによって仕上げられた、1辺約8mの木箱によって構成されている。それらを下部から支えているのが基礎部分の石造で、石と木による断面混構造をなしている。

テラスをもたない縦張りの外壁には、厳密に計算された開口部が至るところにあけられ、これらが基準立体としてのキューブを複雑に分節した外観を生み出している。すなわち、「通風のための木製窓」と「採光のためのガラス窓」を明確に分離した上で、「通風のための木製窓」は外壁からくぼませ、「採光のためのガラス窓」は外壁ラインに合わせて、意匠と機能を正確に呼応させている。その上で、水平方向の出目地や水切金物、パラペットなどを意図的に強調することにより、これらの分節を美しく整序している。

内部空間については、2つのキューブを「リビング・キューブ」と「スリーピング・キューブ」に分け、各々の機能を明快に分離させている。このリビング・キューブはさらに、20度に角度を振られた、中央を貫く半円形の石造暖炉により、リビングとダイニングに二分されている。

初めに初源的な「ルーム」を仮定した上で、それらをつなげ、あるいは分節しながら、全体の空間を豊かに織り上げていくカーンの設計手法が、最も純度の高い形で結晶化された、珠玉の住宅である。

| 群馬県立近代美術館
磯崎新、1974年、群馬県高崎市
Gunma Prefectural Museum of Modern Art / Arata Isozaki, 1974, Takasaki, Gunma

立方体を基準として、それらをひたすら組み合わせ、ずらし、反転させ、分割していくことによって生み出された建築。1辺12mの立方体の枠をもとに、それらを反復・連続させてコの字型の全体配置をつくり、その一翼を22.5度だけ外側に向けて角度を振ることによって、形態操作の意図的なズレを生み出している。

ここでは磯崎が「増幅」と呼ぶ手法により、12m立方体という最大寸法から1.2×1.2×1.2mの最小立方体が導出された上で、あらゆる表面が正方形に分割されている。すなわち、外壁を覆うアルミパネルやサッシ、コンクリートの型枠や内外を覆う床タイル、さらには軒天井のパネルやベンチまで、すべてが立方体とその射影としての正方形によって埋めつくされている。

それにより、この建築では「柱と梁」「床と天井」「壁と窓」といった通常の建築的な統辞法が分解させられ、幾何学の演算としての抽象性が立ち上がってくる。これは、磯崎が「マニエラ」（歴史的引用を含んだ手法）と呼んでいた建築創造の方法論に即したもので、内部空間もそうしたロジックが貫徹され、ホール、展示室、事務室といった諸室が、キューブの組合せと分節を通して精密にあてがわれている。

そうした手法により、磯崎は全体の構成を「形態論的レベル」「統辞論的レベル」「意味論的レベル」という3つの観点から創案し、立方体という純粋立体を、建築へと変換させていく手続きをロジカルに進めている。

立方体への偏愛を公言していた磯崎が、その手法を余すところなく発揮した、集大成的作品である。こうした手法は、1.8mのキューブを基準とした「N邸」(1964)や、9.6mの正方形を基本とする「北九州市立美術館」(1975)など、磯崎のほかの建築作品にも繰り返し、同じモチーフとなって現れている。

05 連続体

| グッゲンハイム美術館
フランク・ロイド・ライト、1959年、ニューヨーク、アメリカ
Guggenheim Museum / Frank Lloyd Wright, 1959, New York, USA

ロビー邸(1909)、落水荘（カウフマン邸）(1935)などの設計を手掛けた米国の近代建築の巨匠フランク・ロイド・ライトの晩年の作品。ニューヨークの5番街、セントラルパークに面した敷地に建つ。その姿は竣工当時から周囲の街並みから際立つ存在であり、美術館での鑑賞体験が芸術鑑賞のひとつとなるように計画された。美術館に対するこの考え方は同じソロモン・R・グッゲンハイム財団が運営するスペイン・ビルバオのグッゲンハイム美術館（フランク・ゲーリー、1997)にも通じる。この建物の展示部分は上階にいくほど外側にせり出していく逆円錐形の外観をもち、その内部がメインギャラリーになっている。来館者はエレベータで最上階に上り、この外周面に沿って設けられた螺旋状のスロープを回りながら、展示作品を鑑賞して1階に至る。中央には大きな吹抜けがあり、建設当時はその上部に巨大なトップライトがあったが、増改築によって失われている。この作品を特徴づけている円や円錐形などの幾何学的なモチーフは、ジョンソン・ワックス本社事務棟(1939)や晩年のマリン郡庁舎(1966)などにも見られる。

| 在ベルリン・オランダ大使館
レム・コールハース(OMA)、2003年、ベルリン、ドイツ
Netherlands Embassy in Berlin / Rem Koolhaas, 2003, Berlin, Germany

東西ドイツの統合による首都機能のベルリン・ミッテ（中心）地区への移転に伴って建設されたオランダ大使館。設計に際して、旧来の西ベルリン側の都市計画ガイドラインにより、都市計画的には19世紀型の街区に収まるような建物形状が求められ、オランダ政府からは公務上のセキュリティの集約が求められた。それらに対してコールハースは、既存の街区フレームに従って建てられている西側の大使館宿舎と接する「宿舎

の壁」と、主要な大使館機能が入る「キューブ」の2つのヴォリュームをつくり、街路の連続性と建物の独立性を両立している。2つのヴォリュームはL字型の中庭を挟んで配置され、レベルの異なる4本のブリッジで接続されている。「キューブ」には全8階分を一続きにつなげる経路（トラジェクトリー）が設けられ、その残余空間が執務スペースになっている。コールハースの「トラジェクトリー」は単に移動のための空間にとどまらず、さまざまなアクティビティの場へと拡張されていることが特徴である。この考え方はクンストハル（1992）やカーサ・ダ・ムジカ（2005）のスロープ空間を使ったホールなどにも見られ、パリ大学ジュシュー校図書館のコンペ案（1992）では、この考え方が建物全体にまで敷衍されている。

06 表層と装飾

| マジョリカハウス
オットー・ワーグナー、1899年、ウィーン、オーストリア
Majolika House / Otto Wagner, 1899, Vienna, Austria

　世紀末のウィーンにオットー・ワーグナーが設計した集合住宅。ユーゲントシュティール様式の建築の代表的作品である。1、2階はテナント、3階以上は住宅からなる5階建ての建築である。建物自体には造形的な特徴はほとんど見られないものの、平滑な外壁には塗装ではなくイタリア製のマジョリカタイルが使用されており、この建築名の由来となっている。マジョリカタイルには、色鮮やかな赤いバラの文様が施されており、ファサード全体を覆っている。
　マジョリカハウスに向かって右手には、ワーグナーが手掛けたメダイヨンハウス（1898）が建っている。壁面上部には、コモ・ローザがデザインしたメダイヨンと呼ばれる黄金の装飾が施されており、これもウィーンの街並みに華やかな彩りを添えている。この連続する集合住宅を合わせてリンケ・ヴィーンツァイレの集合住宅と呼ぶ。ワーグナーはこのような華やかな装飾をもつ集合住宅を連続していくつも建てたかったが、周囲の賛同が得られず、この2棟に終わっている。

| アラブ世界研究所
ジャン・ヌーヴェル、1987年、パリ、フランス
Arab World Institute / Jean Nouvel, 1987, Paris, France

　アラブ世界の情報を発信し、アラブ世界の文化や精神世界を研究するための研究所である。フランスとアラブ諸国の協力と文化的交流を促進するという目的がある。敷地はパリ5区のセーヌ川とジュシュー・キャンパスに挟まれた場所にある。セーヌ川に面するファサードは、川に合わせて緩やかなカーブを描く。反対の広場に面する側は大きな平面からなるファサードである。壁面はすべてガラス張りで、240枚のダイアフラムで構成されたカーテンウォールで被覆されている。カーテンウォールの2重ガラスの間には、カメラの絞りのようなメカニズムが内蔵されており、絞りを開閉することで採光を自動的に調整する仕組みになっている。カーテンウォールの幾何学的なパターンはアラブの建築に見られるマシュラビーヤという窓飾りをモチーフにしたものである。旧来のパリの景観と伝統的なアラブの意匠、そして最新の技術が見事に融合した傑作である。

07 柱から考える

| ジョンソン・ワックス本社
フランク・ロイド・ライト、1939年・1950年、
ウィスコンシン州ラシーン、アメリカ
Johnson & Son, Administration Building and Research Tower / Frank Lloyd Wright, 1939/1950, Racine, Wisconsin, USA

　家庭用洗剤や床用ワックスを製造、販売する会社の本社屋である。チェロキーレッドのレンガとガラスチューブによる開口部で仕上げられた外観で、研究部門が入るタワー部と執務部門が入る基壇状の事務棟で構成されている。執務室は、天井の高い大きな吹抜け空間で、そこには上部に円盤が載ったキノコのような形状の柱がずらりと立ち並んでいる。この円盤を支える柱は上にいくほど太く、下部で直径22cm、上部で直径90cm、円盤の直径は6mある。柱と梁が融合して一体となったいわゆる無梁版構造である。円盤同士の隙間は、トップライトになっており、大空間に水面を下から見上げたような光の状態をつくっている。建物の外形の角が丸いのは、グリッド状に並んだ端部の柱の円盤を含むような形になっているためである。したがって、ペリメータゾーンは無柱のキャンチレバーになっており、開口部は水平に連続する。この開口部およびトップライトは、曲げ加工が施されたPYREXのガラスチューブの束でできている。
　研究部門のタワーは、1950年に増築されたものである。センターコアの平面形式で、中央のコアにエレベータや階段が収められており、既存部の無梁版構造と同様に、ペリメータ部の床は、すべて持ち出しの構造になっている。タワー部外壁のガラスチューブを支える鋳鉄の持ち出し金物も工芸的で繊細なディテールになっており、ガラスチューブを通した拡散光が内部をやさしく照らしている。

| せんだいメディアテーク
伊東豊雄、2001年、宮城県仙台市
Sendai Mediatheque / Toyo Ito, 2001, Sendai, Miyagi, Japan

　仙台中心市街の目抜き通りである定禅寺通りに建つ複合文化施設である。機能的には、市立図書館、ギャラリー、イベ

ントスペース、ミニシアターの融合体で、仙台の文化的発信地になっている。建物は、大きくは3つの要素、すなわち、海藻のように揺らいだ13本の柱（チューブ）とそれが支えるフラットな6枚の床（プレート）、ガラスカーテンウォールの（スキン）により構成されている。

柱（チューブ）は、スチールパイプを編むようにして組まれたラティス柱で、巨大な中空の柱のようになっている。内部には、エネルギーや人の動線が割り当てられ、エレベータ、階段、ダクトスペースなどになっている。チューブの上部はトップライトになっており、各階へ緩やかに光を導き入れる。また、竪穴を防火区画するため、チューブのまわりは熱白濁高分子フィルムが積層された耐火ガラスの壁で覆われている。

床（プレート）は、鉄板を溶接して構成された鋼板サンドイッチ構造で、厚さが400mmで大梁はなく、鉄板で組まれた格子の上下に鉄板を溶接してつくられている。柱廻りの格子を構成する鉄板は肉厚が厚い。施工は造船の溶接技術を適用している。

カーテンウォール（スキン）は、ダブルスキンになっており、熱負荷を低減するだけでなく、定禅寺通りのケヤキの姿が映り込み、柱が揺らぐ風景とオーバーレイされる。

08 形態のメタファー

アインシュタイン塔
エーリッヒ・メンデルゾーン、1924年、ポツダム、ドイツ
Einstein Tower / Erich Mendelsohn, 1924, Potsdam, Germany

ドイツ表現主義の金字塔をなす作品。アインシュタインによる相対性理論の、実測検証のために建てられたこの建築は、今にも動き出しそうな流動的で彫刻的な曲面のフォルムによって特徴づけられている。下部を構成する漆喰仕上げの研究室部分には、さまざまな曲線によって切り込まれた開口部やガーゴイルが配されて、連続性を有した有機的なフォルムが生み出されている。さらにその頂部には、メタリックな仕上げによるドームの観測装置が載せられ、建築のランドマーク性を引き立たせている。

岬に立つ灯台を引き延ばしたようにも、あるいはマストを擁した船のようにも見えるこの建築は、その際立った表現により、小規模ながら、自由造形による建築表現の先駆的作品となった。一方で、自由な造形でありながらプランはシンメトリーを通してシンプルにまとめられており、神殿のような古典的な気配をも併せもっていてユニークである。

メンデルゾーンは当初、真の芸術的素材と見なしていたコンクリートを使って、この彫塑的でダイナミックなフォルムを実現させようとしていた。が、当時の施工技術がその意図に追いつかず、船大工に型枠工事を行わせるなどの試みも失敗した。その上、戦後の資材不足も相まって、実際には躯体のほとんどがレンガ積み漆喰仕上げとなっている。また、塔の中央部を貫く観測装置の櫓は木造でつくられている。

このように、アインシュタイン塔はその特異なフォルムとはうらはらに、建築の躯体そのものはきわめて一般的で簡素な形式によっており、その意味で「構成」と「形態」が意図せずして離反した建築である点が興味深い。

ケ・ブランリー美術館
ジャン・ヌーヴェル、2006年、パリ、フランス
Musée du quai Branly / Jean Nouvel, 2006, Paris, France

フランスのシラク前大統領によって構想された、アジアやアフリカなど、世界のさまざまな地域における民族学的資料を収集・展示する博物館。設計者のジャン・ヌーヴェルは、こうした展示物の特性を受け止めて、通常のホワイト・キューブ的な展示室ではなく、さまざまなオブジェやイメージが多彩に交錯し、光と色彩、自然と風景が混交する、豊穣な空間を生み出した。

その配置計画としては、敷地の中央に建物のヴォリュームを置き、地上部分の大半をピロティとして広大な庭園を計画した上で、2階レベルに、200mに及ぶ長大なギャラリーをつくり出している。また、その長いギャラリー部は、両サイドのファサードに明快なコントラストをつけ、一方は均質なルーバーにより整然とした表情がつくられ、もう片方は赤、だいだい、茶といったさまざまな大きさと色彩のボックスがランダムに飛び出して、にぎやかな外観を生み出している。さらに、河岸側のファサードは、植物学者のパトリック・ブランの協力のもと、大胆な壁面緑化が施され、自然と民族をめぐるイメージの断片が、巧妙にデザインされている。

内部空間は、180mの長さをもつスロープがギャラリーを貫通し、民族学的な展示物の数々と見事に呼応して、赤い床やスチールのメッシュ、ガラスのアトリウムやカーテンなどにより、世界の多彩な様相が際立った形で表象されている。

これに加えて、庭園はジル・クレマンが、照明はヤン・ケルサレがデザインを担当している。これらの総合により、この博物館は、いわゆるオーセンティックな建築がもつ、インテグレートやシンボリズムの次元がさまざまな位相で解体され、あたかも立体的なコラージュのような、特異な建築となっている。

09 言語と記号

カサ・デル・ファッショ
ジュゼッペ・テラーニ、1936年、コモ、イタリア
Casa del fascio / Giuseppe Terragni, 1936, Como, Italy

イタリア合理主義の建築家であるジュゼッペ・テラーニが、ファシストのために設計した建築。合理主義建築の最右翼

とも見なされる、4階建てのこの建築は、平面的には1辺が33.2mの正方形で、高さがその2分の1の16.6mというきわめて厳格な比例によって構成されている。

その延長で、東西南北の各立面とも、きわめて精確に比例と構造が可視化されており、各々が7スパンに分節され、それらを巧みに編集することにより、あたかも古典主義のオーダーを徹底したかのような、寸分の隙もない、端正で理知的な外観が生み出されている。特に西立面のファサードは、左側5スパンが柱・梁のグリッドで均質に構成され、その背後に配された複雑な開口部の分節を明快にフレーム化している。対して右側の2スパンは無装飾の白い壁面であり、その際立った対比が、キュービックで幾何学的なこの建築の抽象度を、一気に高めている。

内部空間においても、こうした厳格で理知的な構成は一貫しており、1階中央部分のホールにおいて、その構成原理が最もよく現れている。ここでは各スパンを示す柱や梁、スラブといった部位が、均質なフレームに準拠した上で意図的に分節され、ずらされながら巧みに配されており、それによって建築言語の概念要素が、よりはっきりと明示される形になっている。

こうした特徴に注目し、テラーニの建築をめぐって詳細な分析を行ったのが、アメリカの建築家であるピーター・アイゼンマンである。彼は言語論的アプローチを通して、この建築をシンタックス（統辞論）の視点から分析し、その後の建築批評と創作論において、新たな境地を拓くことになった。

| ベルリン・ユダヤ博物館
| ダニエル・リベスキンド、1999年、ベルリン、ドイツ
| Jewish Museum Berlin / Daniel Libeskind, 1999,
| Berlin, Germany

ユダヤ人建築家であるダニエル・リベスキンドの設計により、1999年に建てられた博物館。リベスキンドは、音楽や文学、哲学といった幅広い領域への関心をもとに、きわめて観念的な建築思想を展開していることで知られている。そうした延長でこの博物館も、そのきわめて過激な形態から、既成の建築的な考え方を逸脱した、デコンストラクション（脱構築）の建築を代表する作品とも見なされている。

1990年にコンペによって選出されたこの建築において、リベスキンドはまず、ユダヤの象徴であるダビデの星をモチーフとしてそれをゆがませ、ベルリンが堆積させている悲惨な歴史とユダヤの記憶を空間化するという試みを行った。そうした思考を経てでき上がったのは、亜鉛とチタンの金属で全体を覆われた、敷地をジグザグに走る過激な形態であった。また、その外壁には自由に切込みが入れられたかのように、スリット状の窓が不規則な形であちこちにあけられ、あたかも通常の建築が破壊されてしまった痕跡であるかのようにすら見える。

また、入り口は隣接する既存の旧博物館を通して地下からアプローチするようになっており、地下のトンネルをくぐると、交差する3つの地下軸（亡命の軸、持続の軸、ホロコーストの軸）に出合い、そこから徐々に上昇する、という物語的な動線が計画されている。さらに、その地上部はイスラエル建国の1948年に1を加えた49本の柱が斜めに立つと同時に、博物館の内部には全体をダイナミックに貫き、各々の棟を接続する、140mの長さに及ぶ空洞（ヴォイド）が象徴的に配されている。こうした試みの総合により、この建築はきわめて寓意的な操作に満ちた、意味論的な空間を生み出している。

10 世界を埋め込む

| ラ・トゥーレットの修道院
| ル・コルビュジエ、1959年、リヨン郊外、フランス
| Couvent de la Tourette / Le Corbusier, 1959, Lyon, France

リヨン郊外に建つキリスト教ドミニコ会の修道院。ロンシャンの礼拝堂と並ぶコルビュジエ晩年の代表作。教会堂と食堂や図書館、教室、僧房などが入ったコの字型の平面の5階建ての建物からなり、主要な部分はすべてコンクリートの打放しである。伝統的なドミニコ会の修道院は中庭を囲む形式をもっており、この修道院でもその形式が踏襲されている。外観を特徴づけている連続したガラススリット窓、すなわち波動式ガラス壁面（オンデュラトワール）は、この設計に携わり後に音楽家として活躍したヤニス・クセナキスによるとされる。その荒々しいコンクリートの表情からブルータリズムの建築として挙げられることもある。僧房などと屋根の高さをそろえている教会堂の内部は、約11×44m、高さ20mの巨大な気積をもつ質素で無彩色な礼拝空間になっている。一方で、その側面には曲面壁で覆われた小祭壇群のある空間が付属しており、上方の光の筒から導かれる自然光によって、壁や天井、筒の内壁などに塗装された赤や白、黄色や濃紺などの色彩が豊かに照らし出される劇的な空間がつくられている。コルビュジエの作品の中でも、特に多様なデザインボキャブラリーを複雑に組み上げた作品として知られ、コーリン・ロウをはじめ多くの批評家がその建築手法や意味性を論じている。

| ボルドーの家
| レム・コールハース（OMA）、1998年、ボルドー、フランス
| Maison à Bordeaux / Rem Koolhaas(OMA), 1998,
| Bordeaux, France

ヴィッラ・ダラヴァ（1991）と並ぶコールハースの代表的な住宅作品。交通事故で瀕死の重傷を負い車椅子の生活を余儀なくされた施主とその家族のための家。行動が制限された施主は自らの生活の多くがこの家で完結することを考慮して自らの世界を規定する複雑な住宅を求めた。この要求に対し、コールハースは階ごとにデザインの異なる3層の住宅を設計し

た。中央にある3×3.5mの施主のための書斎（ステーション）は油圧式のエレベータになっており、3つの階の室内を自由に移動できる。このエレベータの壁の一面には、施主の必要とする本や絵画、地下室にはワインなどが収められている。中間にガラス張りの階を設け、その上に寝室が入った重量のあるコンクリートのボックスを配置している。屋上から吊り上げる大梁（建物の外側で地中に埋められたカウンターウェイトにつながる）と、その反対側でヴォリュームを支える梁と壁柱のL字のフレーム、そして柱を兼ねた鏡面仕上げの螺旋階段によって、この最上階のヴォリュームを支えている。これらは外観にそのまま現れており、異質な階が積層するこの家の複雑さを視覚的にも表現している。

11 時間の積層

> カステルヴェッキオ美術館
> カルロ・スカルパ、1958～64年、ヴェローナ、イタリア
> Castelvecchio Museum / Carlo Scarpa, 1958-64, Verona, Italy

　1376年に建造されたゴシック様式の「城」を改修・再生してできた美術館である。1958年からスカルパが現場に通いながら、設計に長い時間を費やして1964年にいったん完成させている。さらにその後、何度か慎重に手を加えている。ヴェローナの街は、ローマ時代の遺跡があり、街そのものが世界遺産になっている。スカルパは、単に古い城を修復するのでなく、新しい要素を慎重に追加して、まったく新しい空間を創造している。アーチ形状のギャラリー入り口に、変則的な鉄製の格子の扉を取り付けたり、手すりに独特の真鍮の装飾を施したり、古い武骨な空間の中に、ガラス工芸の経験を活かして、新たに精密なディテールを追加している。中でも最も大きな改修は、西側の階段室の一部で、この部分を減築して、中庭に面したファサードの端部にスリットを入れている。ここを屋外展示室とした上で、空中ブリッジを平面的に斜めにかけている。これによって、元の中庭側のファサードのシンメトリックな外観は壊され、ギャラリー部分の独立性が強調されている。また、1階の中庭側の出入口に屈曲するガラス壁が追加されている。これには、光が反射を繰り返し、内部に拡散する効果がある。建物のみならず彫刻の配置や、展示台の向きなど、展示内容のコントロールと視線の制御も繊細に行われている。

> テート・モダン
> ヘルツォーク＆ド・ムーロン、2000年、
> ロンドン（サウスバンク地区）、イギリス
> Tate Modern / Herzog and De Meuron, 2000, Bankside, London, UK

　旧火力発電所を現代アートギャラリーにコンバージョンすべく、増改築している。国際コンペが行われ、選ばれたのは最も外観を変えないアイデアを提案したヘルツォーク＆ド・ムーロンの案である。街の風景になじみ、記憶されている煙突のシルエットをそのまま保存し、それと対比的に水平線を強調するように発電所上部に横長のガラスケースを増築している。その結果、レンガの外壁の発電所は、視覚的にこれらの要素とバランスする基壇のように見える。

　発電所のタービン・ルームの鉄骨むき出しの構造体などをそのまま残すように改修して、大ギャラリー空間とし、これに面して、ラウンジや廊下などを追加している。床面では、展示だけでなく、搬入にも用いることが可能な幅広の大きなスロープ面が追加され、大きな空間に緊張感を与えている。開口部は、上部の増築部はガラスカーテンウォールで、下部の改修部分がスチールサッシにガラスを既存の窓の内側に追加している。改修部は玄関廻りに限定して、ハーフミラーのガラスを用いたサッシを外付けにしている。階段シャフトやエスカレータなどの大規模な縦動線が、大きいスケールで追加され、これらの要素は現代アートギャラリーの大雑把なスケール感と対応している。セントポール大聖堂から、ノーマン・フォスター設計によるミレニアム・ブリッジを渡って、直接アプローチが可能である。

12 異化作用

> ポンピドゥー・センター
> リチャード・ロジャース＋レンゾ・ピアノ、1977年、
> パリ・ボブール、フランス
> Centre national d'art et de culture Georges-Pompidou / Richard Rogers and Renzo Piano, 1977, Beaubourg, Paris, France

　作家のアンドレ・マルローが提唱した「空想の美術館」構想をもとに、人気が失墜していた近代美術を盛り立てるべく、当時のフランス大領領ジョルジュ・ポンピドゥーが、ボブール地区の大型の駐車場になっていた敷地に、近代美術館の再建と進行中だった公共図書館の計画を合体させて、複合文化施設の計画を決定した。このため、ポンピドゥー・センターは通称ボブールと呼ばれている。1971年の国際コンペで、審査委員長のジャン・プルーベが周囲の反対を押し切って、無名の若手建築家2人のチーム、リチャード・ロジャースとレンゾ・ピアノを選んだ。

　建物は、内部のフレキシビリティを高めるため、ゲルバー梁による無柱空間が実現されており、建物を支える鋼管柱とトラス梁の接点として、ピーター・ライスによって、ガーブレットと呼ばれる鋳鉄製のヒンジが考案されている。ガーブレットと鋼管柱のディテールを限定する目的で、鋼管柱の外形は一定としているが、上階ほど肉厚が薄くなるように調整されている。

内部に隠蔽されていた機械類を外に露出させ、工業的なものの表現として用いている。この考え方は、後にインサイド・アウト・ビルと形容されるロジャース設計のロイズ・オブ・ロンドン（1986）に通じる美学である。ボブールはロイズ・オブ・ロンドンとともに、アーキグラムの影響を色濃く受けた、ハイテク建築の初期のものであり、プラグイン・シティのように、むき出しの配管は原色で塗装され、エスカレータチューブやガラスカーテンウォールなどとも相まって、工場のような外観になっている。伝統的なパリの街並みと相反することから、建設当時、市民から賛否両論があった。ジャン・ボードリヤールは『シミュラクルとシミュレーション』の中でボブールを批判し、文化を大衆化し堕落させる施設と位置づけている。現在のボブールはパリの一大観光スポットであると同時に、市民にも愛される施設になっており、最上階は展望台としての人気が高い。また、近年、建物手前の広場には、レンゾ・ピアノによって、ブランクーシ美術館が増築されている。

| ビルバオ・グッゲンハイム美術館
| フランク・ゲーリー、1997年、ビルバオ、スペイン
| Guggenheim Museum Bilbao / Frank Gehry, 1997, Bilbao, Spain

スペイン、バスク地方の小都市ビルバオに建築されたグッゲンハイム美術館の分館である。グッゲンハイムは世界分館構想をもっており、すでにあるフランク・ロイド・ライト設計によるニューヨーク分館、そして、ヴェネツィア分館とともに、アブダビにもフランク・ゲーリーによって半島状に突き出した立地に巨大な分館が計画中である。

巨大な彫刻のような外観はチタンのパネルで覆われ、その自由な形状の曲面は、航空機の設計などで用いられるCATIAというモデリング・解析統合環境によって設計されている。模型を3次元スキャナーで採寸し、モデリングする段階から、構造解析や部材寸法の切削などに至るまで、CATIAを経由することで実現している。船や魚を連想させる外観のモチーフは港町ビルバオの立地にフィットしているだけでなく、フィッシュダンス（1987）など、ゲーリーがこれまで、試行してきた有機的なフォルムの探求の結果導かれたものである。

内部空間は、中央のアトリウムを中心に、ウイングが四方八方に伸びる形式になっており、ウイング内の展示室はホワイトキューブと変形された展示室が交ざったような構成になっている。リチャード・セラの鉄板の彫刻をはじめとして、展示作品は内部の状況にフィットして質の高い展示空間をつくっている。建物自体が現代アートのように位置づけられ、その卓越した空間の評価が高い一方で、内部の展示品を圧倒する、特権的な建物のデザインに対する批評家の反発は強い。

13 透明性

| バウハウス校舎（デッサウ）
| ワルター・グロピウス、1926年、デッサウ、ドイツ
| Bauhaus / Walter Adolf Gropius, 1926, Dessau, Germany

1919年、ヴァイマールに設立されたバウハウスが、1926年にデッサウに移転する際に建設された校舎。設計は初代バウハウス校長のワルター・グロピウスで1932年まで使用された。バウハウスはその後ベルリンへ移転したが1933年にナチスによって閉鎖される。デッサウの校舎はカーテンウォールの実験・工房館、水平連続窓が3層重なる工学教室館、規則的な開口と跳出しのバルコニーがある6階建てのアトリエ館の3つのウイングがあり、1階がピロティになっている管理棟を中心に鉤（かぎ）型に接続されている。これらの各デザインは、その後のインターナショナル・スタイルの主要なボキャブラリーとなり、世界中へ伝播した。中でも実験・工房館は東西と北の3面で3層分にわたるガラスのカーテンウォールを実現しており、梁や柱などによって分断されない一連のガラスファサードが、その後の建築におけるガラスの使用方法を変える契機となった。平面のコンポジションは、中心性やシンメトリーなどを基底にした前近代的なコンポジションとは大きく異なり、動的な視点に応えるような流動的な空間になっている。「ヴァイマールとデッサウのバウハウスとその関連遺産群」は1996年に世界遺産に登録されている。

| カルティエ現代美術財団
| ジャン・ヌーヴェル、1994年、パリ、フランス
| Foundation Cartier for Contemporary Art / Jean Nouvel, 1994, Paris, France

フランスのジュエリーブランド、カルティエによる現代美術財団のオフィスと現代アートのための展示空間。アラブ世界研究所（1987）やケ・ブランリー美術館（2006）と並ぶパリにあるジャン・ヌーヴェルの代表的な作品。モンパルナスの深い木々に囲まれた大きな庭園とラスパイル大通りの間に建っている。道路沿いには高さが16mほど、幅が35mと25mほどのスクリーンが建物の正面左右にあり、それぞれその上半分は中央に開口のある大きなガラス面となっている。2つのスクリーンの間には詩人シャトーブリアンによって植えられた大きな杉の木が配されている。建物本体はその杉の木の奥にあるが、この建物も道路と平行する、建物自身よりも大きな、高さ32m、幅60mほどの2つのガラススクリーンに挟まれている。道路の街路樹、前面スクリーンと建物本体の間の杉などの木々、そして建物背面の庭園の木々が、これら巨大な4枚のガラス面に映り込むことで、現実と虚像が同時に視覚化された幻想的なファサード効果を生み出している。ガラスによる光学的な効果に対するヌーヴェルの関心は高く、アラブ世界研

究所ではカメラの自動絞りの機構を組み合わせてイスラム的な幾何学を象徴するようなガラスのファサードを生み出している。

14 中庭

> 夏の家（コエ・タロ）
> アルヴァ・アアルト、1953年、ムーラッツアロ、フィンランド
> Koetalo / Alvar Aalto, 1953, Muuratsalo, Finland

フィンランド中北部の湖畔に建つ、アアルト自身の実験住宅。地形を活かしてつくられたこの住居は、ボートでしかアプローチできないきわめてプライベートな立地のため、中庭型住居としてはきわめて特異な空間構成となっている。レンガ造のこの建築は、正方形平面の一角を大きな中庭が占め、外部は白く塗装されているのに対し、中庭部分はレンガの素材がそのままに表現され、あたかも内部と外部が反転したような、不思議な気配をつくり出している。中庭に面する外壁は、素材の実験のため、50の部分に分割され、さまざまに異なるレンガやタイルが貼り分けられて、複雑なパッチワークを形成している。

平面的には、この中庭をL字型に取り囲むように居室が配され、一方にリビング、ダイニング、キッチンが置かれ、もう一方に寝室がまとめられるというシンプルなプランニングとなっている。この母屋から奥に進むと、廊下で接続された小さなゲストルーム棟があり、さらにその奥には外部物置が配されて、あたかも建築が奥へと向かって徐々に消えていくような気配を見せている。

また、屋根はあえて中庭から中心軸をずらしたバタフライ屋根となっており、内部空間においても、居間の木造の天井からロフトの床が吊り下げられたりするなど、いくつもの次元において、実験的な試みがなされている。

こうした試行により、通常の中庭型の住宅において見られる、「中心に中庭があり、内に向かって開く求心的な構成」という空間の文法がここでは解体させられている。それにより、この中庭型住居は、閉鎖的とも開放的とも形容できない、微妙な気配をもった中庭が、あたかも外部化されたリビングとなって内部と共振し、特異な居住空間を生み出している。

> 住吉の長屋
> 安藤忠雄、1976年、大阪府大阪市
> Row House, Sumiyoshi / Tadao Ando, 1976, Osaka

大阪の下町に建つ、極小の2階建て長屋。内外にわたる全体がコンクリート打放しで構成された、きわめてミニマルで禁欲的な建築作品。これは木造長屋の一角が建て替えられたもので、ぎりぎりまで隣接する両隣の住居の間に挟み込まれるように、幅わずか3.5m、長さ約14.5m弱のコンクリートの箱が全体を囲い込んでいる。

その立地条件から、外部には有効な開口部をほとんどあけることができないため、外部に対しては徹底的に閉じた上で、その中心部に大きく中庭を取り、それによって内部空間を二分する構成となっている。そのため、唯一のアプローチ部分である前面道路側に開口部はなく、わずかに側面の一部や、トップライトがあけられているのみである。

内部空間は、前面道路側、中庭、奥、という形で明快に三等分されており、1階にリビングおよびダイニング・キッチン、2階に2つの寝室がそれぞれ分離して配されている。2階部分は中庭をまたぐ外部廊下によってつながれているにすぎず、そのため、居住者は常に外部と内部を行き来しながら生活を営むことになる。しかし、この建築をよく見てみれば、きわめて無駄と隙のない、緊密な設計の果てに生まれた作品であることが見て取れ、事実、安藤自身が、「1ミリの無駄もないように設計した」と言っているゆえんである。

都市のさなかに、都市に真っ向から対峙しながらも、自然の気配を感じつつ、豊かな居住空間をいかに生み出すことができるか。その最も際立った都市型住居の試みの1つとして、日本だけでなく、世界の注目を浴びた、住居作品の傑作である。

15 知覚の現象学

> サヴォア邸
> ル・コルビュジエ、1931年、ポワシー、フランス
> Villa Savoye / Le Corbusier, 1931, Poissy, France

初期ル・コルビュジエの集大成であり、20世紀における近代建築の金字塔とも言える、重要な住宅作品の1つ。1920年代に「白く、無装飾な」新しい住宅建築のあり方を模索していたコルビュジエは、このサヴォア邸において、自らの思想を最も純粋な形で実現させることになる。

平面的には約20m四方のほぼ正方形に近いシンプルな形をしており、戸建住宅としてはきわめて大きい。また、主要なヴォリュームがピロティによって浮かされているため、あたかも地面から切り離されて軽々と浮遊しているかのような、きわめて優雅で軽快な印象を与えている。

一方で、内部はさまざまな曲線や色彩豊かな建築部位によって多彩な空間が生み出されており、柱とスラブを主体とした構造により、構造的な制約から開放された、自由な空間が創造されている。コルビュジエはここで、かねてから創案していた「近代建築の5原則」を完全な形で建築化している。すなわち、「自由な平面・自由な立面・ピロティ・水平連続窓・屋上庭園」の5要素である。

これらに加えて、ここでは中央を貫くスロープが内外を通過することにより、建築を取り巻く風景が多様に変化していく「建築的プロムナード」なる概念も生み出されている。また、

ピロティに配されたエントランス部分の曲面壁は、車の回転半径を考慮して決められ、同時に駐車スペースとして計画されており、スロープの上端には屋上庭園が配されるなど、郊外の大邸宅でありながら、その後の都市型住居の先駆けとなるようなアイデアが組み込まれている。

| ヘルシンキ現代美術館
スティーヴン・ホール、1998年、ヘルシンキ、フィンランド
Kiasma, Museum of Contemporary Art / Steven Holl, 1998, Helsinki, Finland

1992年に行われた国際コンペにより、スティーヴン・ホールによって設計された、現代美術専門の美術館。開館は1998年。スティーヴン・ホールはここで、キアズマ（kiasma: 視神経の交差部を意味する）というコンセプトから全体を計画した。すなわち、建物のヴォリュームと都市のコンテクストおよびランドスケープを絡み合わせ、交差させることによって、建築の基本形態を導き出している。

その1つは、近隣に位置するアルヴァ・アアルトによるフィンランディア・ホールを考慮した「文化の線」であり、もう1つは周辺のランドスケープと港湾を結ぶ「自然の線」である。これらが建築の構成にも明示的に反映されており、リジッドなグリッドを基本とした矩形のヴォリュームに、ラッパ状に開きながら弧を描いて湾曲する曲面体が覆いかぶさるようにねじれながら絡まり合っている。

その外壁には、2つのヴォリュームに呼応するように、金属パネルや石、ガラスなどが使い分けられ、ハードエッジな印象を与えている。内部空間においても、このねじれた関係性は続いており、2つのヴォリュームをつなぐヴォイド部分が中央のホールをなして、そこにシンボリックな形で中心を貫くスロープが配されている。ただしインテリアは、外部の印象とは異なって、一部を除いて白い色調でまとめられており、連続性を帯びたニュートラルで抽象的な展示空間がシームレスに配されている。また、展示スペースの至るところに、巧みにデザインされたトップライトやハイサイドライトが設けられ、柔らかい自然光が至るところから注ぎ込むことが意図されている。

16 光と部屋

| キンベル美術館
ルイス・カーン、1972年、テキサス州フォート・ワース、アメリカ
Kimbell Art Museum / Louis. I. Kahn, 1972, Fort Worth, Texas, USA

テキサス州の平原に建築された、個人コレクションを収蔵する美術館である。ヴォールト形状の屋根が南北方向に6列平行に配置されている。ヴォールトが反復するシステマチックな風景は、工場かあるいは、農業の生産施設のように無骨な印象である。一番西側の列の屋根の下部は吹きさらしで、ポルティコ形式のメインエントランスになっている。これによりアプローチする人々が建物の仕組みと内部空間をうかがい知ることができる。屋根の構造はRC造で、1つのユニットの幅が24フィート（7.3m）、長さが104フィート（31.6m）と非常に大きい。ヴォールトの幾何学は、円弧ではなくサイクロイド曲線によるもので、中央部が円弧より少しだけ低い。この効果で、内部空間にはヒューマンでコンパクトなスケール感が充満している。屋根ユニットの中央にはスリット状の開口があり、アクリル製のトップライトがその上部を覆っている。スリットの下部には、アルミの穴あき反射板が設けられており、反射板がトップライトから入る光を天井面に均等に拡散する仕組みになっている。ヴォールト部は現場打ちのコンクリートシェルでポストテンションのケーブルで補強されており、コンクリート打放しの2連の溝型梁（幅7フィート［約2.1m］）で支えられ、さらにそれらが4隅の柱のみで支えられている。溝型梁の間の天井には、空調・電気設備が内蔵されており、その供給元は床下にある。

| テルメ・ヴァルス
ピーター・ズントー、1996年、ヴァルス、スイス
Therme Vals / Peter Zumthor, 1996, Vals, Switzerland

スイス山中の斜面に建つスパとホテルのリゾート複合施設である。スパ棟は新築で、ホテル棟もピーター・ズントーによって改装されている。スパ棟の内部には、直方体のヴォリュームが全部で20個配置されている。大きさは大小さまざまあり、表面の仕上げは、この地域で採掘される片麻岩でびっしりと覆われている。地層を意識させる片麻岩の繊細な横長の目地が、装飾的に端正な表情をつくっている。構造はRC造で、キャンチレバーで伸びた庇がそれぞれの石のヴォリュームから伸び、それらが、わずかなスリットの間隔で、せって立ち並びながら、内部空間が連続する空間の仕組みになっており、1つ1つの石塊が一体的に支えているように見える陸屋根は、実は構造的に分離されている。

石塊が絶妙な間隔で立ち並び、まるで渓谷の地形にはめ込まれた採掘現場のようである。人が行き来できる塊と塊の間の空間は連続しており、温泉が配置されている。そして、屋根に設けられた壁際のスリット開口からの抑制された明るさの光が、平滑な石柱の壁面を耽美的に照らしている。1つ1つの石塊には内部空間があり、内部にはプライベートな空間が用意されている。泥の浴室やシャワールームなどで、外側の平滑な仕上げと対照的に、内壁は凸凹した仕上げになっている部分がある。

17 空間を覆う

| ミュンヘンオリンピック競技場
| ギュンター・ベーニッシュ＋フライ・オットー、1972年、
| ミュンヘン、ドイツ
| Olympic Stadium Munich / Günter Behnisch + Frei Paul Otto,
| 1972, Munich, Germany

ミュンヘン・オリンピックのメインスタジアムとして建設された陸上競技場。吊り構造を用いた軽量建築物の世界的権威であるフライ・オットーが構造設計を担当した。オットーは、このミュンヘンオリンピック競技場で、圧縮や曲げによらず、引張力により成立する構造形式である張力構造を採用し、ひとつの構造形式として確立することに成功した。構造物は引張部材単独では成立しないため、何らかの圧縮材、たとえばマスト状の柱、コンプレッションリング、梁などの部材と組み合わせる必要がある。張力構造を建築物の屋根に使うことで、コストの削減、大スパンの実現、流麗な曲面形状などを実現できるなどのメリットがある。

オットーのケーブルネット構造や膜構造は、実際にシャボン玉をつくって実験を行い、最適な曲面を計算してつくられており、自然で滑らかな曲面と軽快感は、オットーならではのデザインがいかんなく発揮されている。

ミュンヘンオリンピック競技場の屋根は、12本の主桁、36本のパイロン支柱、全長415mの鋼索が50万個の結び目で編まれ、何千もの四角いアクリルガラスによって構成され、明るく光が差し込む軽やかな半屋外空間を実現している。

| EXPO'98 ポルトガル・パビリオン
| アルヴァロ・シザ、1998年、リスボン、ポルトガル
| Pavilion of Portugal in Expo'98 / Alvaro Siza, 1998,
| Lisbon, Portugal

1998年のリスボン万博のために建設されたパビリオンである。パビリオンは、ギャラリー・レストラン・サービス諸室などを収めた2つの建物（14,000㎡）に挟まれた半屋外広場（セレモニアル・プラザ）からなる。セレモニアル・プラザには両側のポーティコから吊り下げられた巨大なルーフ（幅58m、長さ65m）が架けられている。このルーフは、両側の建物に架け渡されたステンレスロッドを厚さ20cmのコンクリートで被覆した上でポストテンションが導入されている。ルーフの構造設計はセシル・バルモンドが担当している。ルーフを吊り下げる2つの建物のスパンが大きいため、ルーフの厚みは大変薄く見え、浮遊感と同時に緊張感をはらんでいる。

建物部分は約70×90mを基本単位とするグリッドで計画され、内部と外部にそれぞれパティオをもつ。内部空間はパティオを中心に展示室・レセプションホール・レストラン・事務室などが配置されている。パビリオン用のプログラムだけでなく、恒久的利用を見越して、改修工事にフレキシブルに対応できるように計画されている。強固で厳格な外観イメージからは想像できない柔軟なフレキシビリティを備えた建築である。

18 開放と閉鎖

| ファンズワース邸
| ミース・ファン・デル・ローエ、1950年、
| イリノイ州プラノ、アメリカ
| Farnsworth House / Ludwig Mies van der Rohe, 1950,
| Plano, Illinois, USA

米国へ移住した後の、ミースの初めての住宅作品。空間の内部を極力間仕切らず機能を限定しないユニバーサル・スペースを住宅において体現した記念碑的建築であり、IITキャンパスクラウン・ホール（1956）などへつながる均質空間モデルの祖型を示している。建物は内外装からは装飾的な要素を排し、水平な床と屋根のスラブを8本のH形鋼の柱で支えている。室内部分は間口約17m、奥行き約8.5m、4周はすべてガラス張りになっている。水廻りなどのコア部分は外周部を避けて中央付近に置かれ、その周囲にリビング、ダイニング、キッチン、寝室などの領域が間仕切りなく配置されている。H形鋼の柱は梁の外側に溶接されており、スチールのサッシはその柱の内側のフランジに取り付けられている。これによって柱は構造材というよりも列柱を思わせるようなファサードの装飾要素となっている。こうしたディテールは、レイクショアドライヴ・アパートメント（1951）やシーグラムビル（1958）の外壁のI型のマリオン（方立て）にも引き継がれ、ミースの特徴的なファサード表現になっている。床には大理石（トラバーチン）が張られ、住宅前面のテラス部分や階段を含めて、地面から建物全体が浮遊するように見せている。

| 中野本町の家
| 伊東豊雄、1976年、東京
| White U / Toyo Ito, 1976, Tokyo, Japan

伊東豊雄が独立して5年後に手掛けた鉄筋コンクリート造、平屋建ての住宅。伊東は安藤忠雄、石山修武、坂本一成、長谷川逸子らとともに野武士の世代と呼ばれ、1970～80年代を通じて近代批判を標榜する住宅を設計した。この住宅は笠間の家（1981）、シルバーハット（1984）などとともに伊東の初期の代表作とされ、中庭を囲むU字型の平面をもつことから、ホワイトUとも呼ばれる。外観はコンクリート打放し仕上げで、玄関以外にはほとんど開口をもたず、道路側に対して極端に閉鎖的な構えを取っている。屋根は中庭側に勾配をもった片流れになっており、そのまま天井にも屋根スラブの勾配が現れている。U字型の部分は約3.6m幅のトンネル状になっており、

同じ断面のまま室内の空間をつないでいる。この空間について、伊東は閉じた洞窟のような連続空間のイメージを強く意識しており、評論家の多木浩二はこの空間を「白い闇」と称した。このイメージは、その後の下諏訪町立諏訪湖博物館（1993）やゲント市文化フォーラム案（2004）、台中メトロポリタン・オペラハウス（2005-）、多摩美術大学図書館（2007）などにも形を変えて現れている。

この住宅は1997年に取り壊され、現存しない。解体後に施主である伊東の姉、後藤暢子とその2人の娘は『中野本町の家』（住まい学体系、すまいの図書館出版局、1998年）を著し、この建物の設計から解体までの20年の歩みを語った。その中で、私的な視点から建築家とともに自邸を論ずることで現代住宅に通底する問題意識の所在を指摘したことで話題となった。

19 内部に環境をつくる

ジオデシック・ドーム（モントリオール万博アメリカ館）
バックミンスター・フラー、1967年、モントリオール、カナダ
Geodesic Dome (American Pavilion of Expo 67) /
Buckminster Fuller, 1967, Montreal, Canada

一般的には「フラードーム」と呼ばれている。これほど単純かつ純粋にシェルターという概念を体現した建築は存在しない。フラードームは、フラーが提唱するダイマキシオンという哲学に基づいている。それは「最小の部材で、最大の空間を」内包する、つまり、表面積に対して体積が最も大きくなる球という幾何学が選択されている。また構造的には、効率のよいトラス構造が採用されている。ジオデシックとは測地線の意で、地球の緯線や経線のように円形だが、球表面では、局所的に最短距離を結ぶ線である。トラスの部材のラインがフラードームを構成する姿は、3方向の測地線でメッシュ化された地球のようである。

球を幾何学的に三角形の幾何学で直接分解することは難しいが、球に内接する正二十面体によって近似的に三角形分割し、各面に膨らみを与える補正を加えることで、球に近づけている。そして各面は単層のトラス構造で組み立てられている。また、地面との関係によって下部は水平に切断される。無限平面を正三角形で分割すると、三角形の頂点には6本の辺が集まる。フラードームのほとんどのトラスの交点も、6本の部材が集まっているが、たまに5本の交点がある。正二十面体の頂点には辺（稜線）が5本集まるので、その5本集まってきた交点が近似した正二十面体の頂点に対応しているからである。

トラスをさらに発展させて、四面体をねじったような形を組んだ上で、引張材にワイヤー、圧縮材のみに棒材を採用し、立体的には、圧縮材がねじれの位置に配置され、お互いに触れないように配置することができる。この浮遊感のある構造をフラーはテンセグリティと呼んでいる。

セインズベリィ美術センター
ノーマン・フォスター、1978年、ノリッチ、イギリス
Sainsbury Centre for Visual Arts / Norman Foster, 1978,
Norwich, UK

イーストアングリア大学のキャンパス内に設けられた視覚芸術センター（美術館）である。30mスパン、有効高さ7.5mの断面の門型フレームが約130m、連続的に繰り返し設置されて、それらをスキンで包むようにしてできた大空間の建物である。長手の両端部は一面ガラスで仕上げられ、緩やかな地形へ眺望が開かれている。

大空間は、展示空間やコモンスペースなどがすべて一体で、自由で開かれた空間になっており、可動式のパーティションでフレキシブルにレイアウトが変えられる。単なるアートギャラリーではなく、ところどころに配置された研究ゾーンや作業スペースによって、大学の施設であることが表現されている。門型フレームは、柱幅、梁成ともに2.4mほどで、平面および断面的には三角形で、鉄骨トラスで立体的に組み立てられており、フレーム内の空間を利用して、機械設備やエントランス回転扉、パイプスペース、写真スタジオ、トイレなどの裏方、サービス（サーバント）空間が収められている。壁だけでなく屋根の照明交換や調整についても、屋根内のキャットウォークからアプローチが可能である。

門型フレームの外側にはモールド処理されたアルミパネル、トップライトのガラスパネルがはめ込まれている。パネル間の止水は、すべてガスケットによって、乾式になされており、ガスケットは樋の機能を兼ねている。フレームの内側も、回転式のアルミの穴あきルーバーで仕上げられ、ダブルスキンになっている。トップライトや窓から、構造や設備、そしてルーバーを透かしながら外光が入ってくることで、内部は展示空間にふさわしい、柔らかい光で満たされている。

デニス・ラスダン設計のキャンパスの研究棟からは、アプローチが2階レベルでブリッジとして建物内部に貫通し、螺旋階段で地上階まで下りられる。踊場からは大空間を一望することができる。

20 地形と建築

森の墓地
エーリック・グンナール・アスプルンド、1935-40年、
ストックホルム、スウェーデン
Woodland Cemetery / Erik Gunnar Asplund, 1935-40,
Stockholm, Sweden

北欧モダニズムの基礎をつくったグンナール・アスプルンド

の傑作。1915年のストックホルム南墓地国際コンペティションにレヴェレンツと共同で応募し、1等に当選した。キリスト教国には珍しく、火葬を前提とした同国初の火葬場／墓地としても知られている。敷地はストックホルム南部にあり、もとは砂利の採石場であった。アスプルンドはこの墓地の計画に着手してから、1940年に森の火葬場が建設されるまで、約25年もの長き歳月にわたり、その仕事に情熱を注いだ。完成した作品は、コンペ当初の原案をとどめているが、この間、アスプルンドは新古典主義からモダニズムへとスタイルを変えたため、随所に変更の痕跡が残されている。

墓地には、大礼拝堂、2つの小礼拝堂、事務所、地下の火葬場が配置されている。葬儀が多い日にも、異なる家族が顔を合わせることがないように、2つの小礼拝堂を設け、それぞれ独立した前庭と動線を計画している。葬儀の最後に故人に別れを告げた後、棺はリフトで地下の火葬場へ降ろされる。機能的かつ合理的でありながら、遺族の感情にまで配慮が行き届いた細やかな設計になっている。アプローチの正面にある小高い丘の頂点には、象徴的な巨大十字架が立ち、そのそばには、300人収容の聖十字架聖堂(大礼拝堂)とロッジアが建つ。これら2つの施設は大規模な葬儀の際に使われるものとして計画されている。1994年には20世紀以降の建築作品として世界初のユネスコ世界遺産に登録されるなど、近年再評価の気運が高まっている。

アスプルンドは火葬場の完成した年に死去しており、最初に火葬された人の1人である。

| 横浜港大さん橋国際客船ターミナル
ファーシッド・ムサヴィ＋アレハンドロ・ザエラ・ポロ(foa)、
2002年、神奈川県横浜市
Osanbashi Yokohama International Passenger Terminal
/ Farshid Moussavi + Alejandro Zaera Polo (foa),
2002, Yokohama

大さん橋地区再開発計画に基づき、2002年に竣工した国際客船ターミナル。3万トンクラスの客船が4隻、それ以上のクラスが2隻係留できる。建物は長さ約430m、幅約70m、高さ約15mの規模をもち、内部にはターミナルのほか、市民利用施設が収められた巨大施設である。大さん橋は、横浜港に面し、山下公園と赤レンガパークの中間に位置している。これらウォーターフロントのオープンスペースをつなぐため、屋上はウッドデッキと芝生で仕上げられた起伏をもつ公園として一般に開放されている。この建物の形態は、各プログラムをつなぐように計画されたループ状の動線をコンピュータによって折板構造の連続体に変換させて生成されている。折板面からなる複雑な断面を長手方向に連続的に変化させて構成することにより、起伏し、分岐したりして内部に洞窟的な空間を生み出している。同時に鉄骨の折板は効率的に荷重を地面に伝達する構造システムとして働いている。コンペ時は「カードボード構造」が提案されていたが、さまざまな検討が加えられ、鉄骨による折板構造の最終案に到達した、行止りのない動線と折板構造の組合せは、内部と外部の連続性、駐車場、ターミナル、屋上広場の3層からなる複数のフロアをつなぐダイナミックな連続性を生み出している。

21 フレキシビリティ

| IITクラウン・ホール
ルードウィヒ・ミース・ファン・デル・ローエ、1956年、
イリノイ州シカゴ、アメリカ
IIT Crown Hall / Ludwig Mies van der Rohe, 1956, Chicago,
Illinois, USA

イリノイ工科大学(IIT)の建築学部、都市計画学部、デザイン研究所のために設計された建築である。ミースは1938年、シカゴのアーマー工科大学(後のイリノイ工科大学)の教授となり、1939年からその新キャンパス計画に着手した。その後1958年にIITを去りキャンパス建設から手を引くまで22棟を手掛け、その中で最も象徴的な建築がクラウンホールである。ミースはここで初めて敷地全体にグリッドをかける手法を採用している。クラウンホール完成時、「我々の考えを最もよく表現した、これまでで最も明快な構造体である」と述べ、自身の提唱するユニバーサル・スペースをこの作品によって具現化している。

18mスパンで柱を外周に配置し、短手方向にトラスを架け渡すことにより、均質で方向性のないフレキシブルな大空間を実現している。1階には大ホール、地下1階には事務室などが収められ、地下に採光を確保するため1FLは1.8m持ち上げられている。建物の正面は階段とテラスで構成されており、内部中央の展示ホールへと導く。美しいプロポーションからなるシンメトリーの外観は象徴性を帯びた「神殿」のメタファーである。1階の内部は一切の柱を排除したフレキシブルな空間であり、一時的な展示会、祝賀会を行うほか、通常は教室として使用される。可変可動壁により自由に領域を編成でき、互いに阻害することなく複数の教室活動を行うことができる。天井が高く大きな気積により騒音を無理なく吸収する大らかな空間である。

| 金沢21世紀美術館
妹島和世＋西沢立衛(SANAA)、2004年、石川県金沢市
21st Century Museum of Contemporary Art, Kanazawa /
Kazuyo Sejima + Ryue Nishizawa (SANAA), 2004, Kanazawa

石川県金沢市の中心にある現代美術を収蔵する美術館。兼六園に隣接する芝生で覆われた公園の中央に建つ。こうした敷地条件を活かし、正面性を消した円形(直径112.5m)平

面の外周をすべてガラス張りとし、あらゆる方向からアクセスできるようにすると同時に周囲との連続性を重視している。

展示室は現代美術の展示に適した抽象的なホワイトキューブであり、複数の展示室が独立した直方体ヴォリュームとして互いに間隔を保ち配置されている。円形の屋根はこれらの独立した展示室群を統合する機能を果たす。通路に沿って縦横に視線の抜けが確保されており、館内の見通しがよいだけでなく、外部の公園まで見通すことができ、インテリアに街のような広がりを与えている。

運用上、鑑賞経路は定められているものの、鑑賞者はどの展示室からでも自由に鑑賞することが可能であり、経路の選択性と迷路性を生み出す。また独立した展示室群を自由に組み合わせることで、展示プログラムによって、有料／無料ゾーン、美術館／交流施設、など多様な領域編成が可能な空間システムになっている。建物は地上1階、地下1階建てであるが、地下1階に劇場、来館者用駐車場、収蔵庫など美術館の裏方の機能をすべて収めている。この大胆なゾーニングにより、地上階に透明で開放的な空間を実現している。

22 組み立てること

| ロイズ・オブ・ロンドン
| リチャード・ロジャース、1986年、ロンドン・シティ地区、
| イギリス
| Lloyd's Building / Richard Rogers, 1986, City of London, UK

ロンドンの金融街シティの中央に建てられた保険組合・取引所の本社ビル。PCa造の構造体と、ステンレスの階段シャフト、露出された配管などからコンビナートのような外観を形成している。ハイテクスタイルを代表する建築で、環境性能を考慮して、採用されたトリプルスキンのカーテンウォール、工場生産によって高強度・製品精度、耐火性を兼ね備えたPCaコンクリート、外部からのメンテナンスが容易な設備系など、保険会社にふさわしいハイエンドの仕様になっている。平面的には、不定形の敷地形状に対して、最大限の大きさの矩形のPCaフレームによって、ロングスパンの有効スペースが最大限確保され、そのまわりの余った空地には、階段やエレベータなどが収められたシャフトが張り付くような配置計画になっている。PCaフレーム中央にはアトリウムが配置され、これによってアトリウムを通じた執務空間（ザ・ルームと呼ばれる）の一体感が得られ、柱の少ないフレキシビリティの高い空間とともに独特な保険市場の環境として機能している。床版もPCa造で、ワッフルスラブのような小梁がグリッド状に並ぶ形式で、天井面には小梁の構造フレームが露出されており、照明や設備はグリッド内に収められる。

内部と外部が反転したような姿から、インサイド・アウト・ビルとも呼ばれている。2013年に中国の平安保険によって買収された。

| 梅林の家
| 妹島和世、2003年、東京都世田谷区
| House in a Plum Grove / Kazuyo Sejima, 2003, Setagaya, Tokyo, Japan

6m角程度の平面の小住宅である。鉄板を壁とし、それを溶接して建物全体の構造がつくられているのが特徴である。外壁は断熱処理されているため、若干厚みがあるが、内壁は薄く、鉄板の厚み（16mm）しかない。壁厚100mm程度の木造の大壁構造の家では、何枚も壁を立てると、平面的に壁厚が効いてきて、室内が狭くなってしまう。しかしこの住宅の場合、鉄板構造であるため、幾重にも壁を立て、空間を分節しても失われる寸法が少なくて済む。このメリットを活かすように、小住宅でありながら、内部は多くの小さなスペースに分節されていて、中にはベッドの幅しかないような子供部屋もある。壁には扉のない開口があけられており、全体的に連続空間になっている。つまり、内部空間は、襞が多く、緩やかにつながったワンルームであり、居心地のよい場所を多くつくっているのと同時に、隅が多く表面積が広いため、物を収容するのにも有利な形式になっている。開口を通して壁が連続して並ぶ風景は、現代アートのように、光の陰影と相まって人間の視覚にはたらきかけ、距離間を攪乱（かくらん）する効果がある。2階には、畳一畳強のはなれがあり、屋上テラスと2層吹抜けのダイニングの両面に開口がある。

23 有機的建築

| カウフマン邸（落水荘）
| フランク・ロイド・ライト、1935年、
| ペンシルベニア州ミルラン、アメリカ
| Edgar J. Kaufmann House "Fallingwater" /
| Frank Lloyd Wright, 1935, Mill Run, Pennsylvania, USA

ペンシルバニア高地の森の奥深く、ミルランの渓谷の滝の上に鎮座する大富豪カウフマンの邸宅である。近代建築史上不朽の名作として知られ、ライトの長いブランクから脱する契機となった、彼が69歳のときの作品である。

岩肌から大きく突き出したキャンチレバーのバルコニーと庇により水平線が強調されると同時に、地元産の岩石を積んだ垂直要素としての壁により対比的な構成となっている。ヨーロッパのモダニズムが自然やロケーションとの関係を断絶し、どこにでも建つ建築様式を追求したのとは異なり、この住宅は、ベージに仕上げた段状のテラスや煙突の岩肌が周囲の自然と一体となって溶け込むような素材やテクスチャが採用されている。内部空間は、テラスと室内のリビングの床仕上げが

自然石で統一され、内外の空間の連続性が重視されている。また、1階の居間、2階以上のプライベートな個室は、いずれも大きなテラスに開放されている。天井と一体になった庇により、テラスと室内空間は連続性をもち、外と内の境界線があいまいになる。このように、落水荘では、自然と建築、建築の部分と部分、そして部分と全体が、それぞれ相互に依存するような関係をもち、全体として自然と人工の分かち難い結合状態を示している。

| シュレーダー邸
ヘリット・トーマス・リートフェルト、1924年、
ユトレヒト、オランダ
Schröder House / Gerrit Thomas Rietveld, 1924, Utrecht, Netherlands

未亡人のトゥルース・シュレーダーと3人の子供のためにつくられた小さな住宅である。オランダ、ユトレヒトの住宅街の一角に建つ。リートフェルトと夫人は、「生活における行為や感覚そのものに刺激を与えるような、自由で新しい空間環境の創造」という理想を共有しており、この住宅の大きな特徴の1つである可動式パネルなどは、特に夫人の要望であった。シュレーダー邸の空間は、リートフェルトと夫人の協働の賜物であると言える。

全体としては、「デ・ステイル」の活動の中心を担った画家、ピエト・モンドリアンの絵画に見られるような「赤青黄の3原色」と「白黒グレーの面構成・面分割」という特徴を、そのまま3次元にしたような建築である。また、リートフェルトが1918年に発表した「レッド&ブルー・チェア」における、水平材と垂直材が1点で納まることなく、表面で接しながら一方が勝つという納まりが活かされ、重く閉じた箱は解体され、コーナー部分の開放性が獲得されている。内部空間は、行為や活動の変化に柔軟に対応できるよう熟慮されたプランや設備設計が行われている。可動間仕切りにより、2階の構成は変幻自在である。至るところに生活行為に対する創意と遊び心が満ち溢れており、まさに家具としての建築を具現化している。

シュレーダー夫人は、1985年に亡くなるまでこの住宅で生活した。2000年に、建築分野の現代の運動の証の1つとしてユネスコの世界遺産に登録されたほか、現在は修復が行われ、ミュージアムとして開放されている。

24 群

| ヴァイセンホーフ・ジードルンク
ミース・ファン・デル・ローエ、ル・コルビュジエほか、
1927年、シュツットガルト、ドイツ
Weissenhof Siedlung / Ludwig Mies van der Rohe,
Le Corbusier and others, 1927, Stuttgart, Germany

近代建築運動の成果を展示した建築展覧会のための建築群。ドイツ工作連盟によって行われたこのプロジェクトでは、近代建築運動の旗手として国内外の17組の建築家が招聘され、近代住宅のモデルとなる住宅や集合住宅が設計された。その中でも、ミース・ファン・デル・ローエは全体計画と最も規模の大きな集合住宅の設計を担当。会場はシュツットガルト近郊のヴァイセンホーフにある緩やかな傾斜地で、ミースとその指示のもとに配置計画を行ったとされるR.デッカーは、この斜面に等高線に沿って建築を並べる計画を立案した。さらに会場の中心であり丘の頂に位置するところに大きな集合住宅を配置し、斜面の下側には小規模な戸建て住宅を置き、中世の山岳都市のように建物を地形になじませ、敷地に高低差や遠近感をもたせている。展示された多くの建築が、機能主義に基づき、無装飾で、白く、陸屋根であったことから、世界にインターナショナル・スタイルの建築の姿を強く印象づけた。その一方で、地元ではシュツットガルト派と呼ばれる保守的な建築家たちによる反発が起こるなど、近代建築批判を呼び起こす契機ともなった。展示された住宅や集合住宅の多くが現地に残されており、ミースやコルビュジエ、P.ベーレンス、M.スタム、J.J.P.アウトなどの作品を見学することができる。

| ヒルサイドテラス
槇文彦、1969-98年、東京
Hillside Terrace Apartment / Fumihiko Maki, 1968-98,
Tokyo, Japan

旧山手通りに沿って立ち並ぶ集合住宅やオフィス、店舗からなる低層複合施設群。交差点に面した第1期のA棟とB棟から始まり、第7期のヒルサイドウエストまで、約30年間にわたって段階的に整備された。槇は大高正人とともに新宿副都心計画を通じてグループフォーム（群造形）の理念を発表していた。その中で、同時代のメタボリズムの建築家、すなわち丹下健三や黒川紀章、菊竹清訓らによる都市や建築群の計画が構造や設備を永続的に支えるメガストラクチャーを前提にしていることを批判し、エーゲ海の集落などを引合いに出して、集合のルールを内在する建築群が要素によって自律的に形成されていくシステムを提示した。ヒルサイドテラスは、第1期から分棟形式を取り、建築各部を精緻に分節（アーティキュレート）するデザイン手法が取られているためグループフォーム（群造形）に基づいた形態であったと言えるが、その後7期にわたって建築群が増えていったことによって、結果としてヒルサイドテラス全体の進展を通じてもグループフォーム（群造形）の理念を体現させていったと言える。

25 フォームとシェープ

ソーク生物学研究所
ルイス・カーン、1965年、カリフォルニア州ラホヤ、アメリカ
Salk Institute for Biological Studies / Louis. I. Kahn, 1965, La Jolla, California, USA

ポリオ・ワクチン開発で著名なジョナス・ソーク博士によって創設された研究所である。アッシジの聖フランチェスコ修道院の中庭のような空間が研究所にはふさわしいという博士の示唆によって、研究棟が大理石の中庭を挟んで対称形に向かい合い、1階レベルと3階レベルでポルティコが中庭のまわりを巡る形式が採用されている。

初期案では、4つの円盤状の広場が接するように配置され、その中にリチャーズ医学研究所(1961)のような高層棟が配置されていたが、案が進むと、4棟の建築が2カ所の広場を挟む形式になり、広場は最終的に1カ所に集約され、建物は2棟が向かい合う形式となった。中庭には当初、植栽が施されていたが、おびただしいスタディの結果、最終的には、中央の細い水路以外何もないトラバーチンの中庭となった。

それぞれの建物は、実験ブロックと研究室ブロックの2つのブロックからなり、間はバルコニーと外部ブリッジで連結されている。実験ブロックには人が中に入れるほど梁成の高いフィーレンデール・トラス構造を採用し、天井懐は設備階という位置づけである。各階2層分の階高を与えることによって、設備的にフレキシビリティの高い、機能的な空間としているのに対して、研究室ブロックは、外壁にはコンクリート打放しのフレームの中に木製パネル、内部はカーペットで仕上げられ、人間的で心地のよい空間になっている。

フランス国立図書館コンペ案
レム・コールハース (OMA)、1989年、パリ・ベルシー、フランス
Tres grande biblioteque / Rem Koolhaas (OMA), 1989, Bercy, Paris, France

パリ南部ベルシーのセーヌ川のほとり、敷地面積25万㎡の敷地に、5つの独立した図書館に加え、会議センター、レストラン、オフィスなどすべてを内包するフランス一大きな図書館を計画するコンペ案である。ミッテラン仏大統領(当時)によるパリ・グラン・プロジェクトの1つとして、国際コンペが行われ、世界の指導的な立場の建築家が多く参加した。コンペを勝ち抜き実現したのは、ドミニク・ペローによる案で、巨大な矩形の中庭の4つのコーナーにL型の収蔵棟がこれを囲むように建つというものであった。レム案は敗北したが、画期的な提案であったため、実現案と同等に著名なものになった。

旧館から引き継ぐ蔵書数1000万冊以上、膨大な蔵書で充塡されたヴォリュームから、公共スペースや重要な機能をくりぬいて内部空間をつくる、"Strategy of Voids"という戦略に基づき設計されている。このように、ネガとポジが反転した印象的な図式が提示されたが、図式が一般的なフォーム(Form)よりもメタレベルにあり、変形に耐えうる形式であることから、フォームとシェープを分離して考える必要がない。境界条件による変形に対してロバスト(頑健)な現代的図式を鮮明に表明した建築である。実現しなかったことから、結果的にレトリックとして純化されることになり、頻繁に引用され、その後の現代建築のアイデアに大きな影響を与え続けている。

[参考文献]

■01 内と外の境界線
ロンシャンの礼拝堂 HP:http://www.ronchamp.fr/
Ronchamp, Maison Jaoul, and other buildings and projects, 1951-1952, Garland-Fondation Le Corbusier, 1983
『ル・コルビュジエ事典』ジャック・リュカン監修、加藤邦男訳、中央公論美術出版、2007年
『ル・コルビュジエ――幾何学と人間の尺度(建築巡礼12)』富永譲、香山壽夫監修、丸善、1989年
『建築文化』1996年10月号
Seattle Public Library OMA / LMN, ACTAR, Actar, 2005

■02 空間に孔をあける
『a+u』2005年8月号
『a+u臨時増刊:OMA@work.a+u』2000年

■03 曲面で構成する
『シドニーオペラハウスの光と影―天才建築家ウツソンの軌跡―』三上祐三、彰国社、2001年
『GA JAPAN』104号、2010年

■04 キューブの演算
『ルイス・カーン建築論集』ルイス・カーン、前田忠直訳、鹿島出版会、2008年

■05 連続体
『フランク・ロイド・ライト全集』エーディーエー・エディタ・トーキョー、1989年
『a+u』2004年2月号

■06 表層と装飾
『オットー・ワーグナー ウィーン世紀末から近代へ』鹿島出版会、1984年
『世界の現代建築』世界の現代建築編集委員会編、彰国社、1961年

■07 柱から考える
『GA No.1〈フランク・ロイド・ライト〉ジョンソン・ワックス本社1936-39』A.D.A.EDITA Tokyo、1970年
『フランク・ロイド・ライト全作品』William Allin Storrer、岸田省吾訳、丸善、2000年
『伊東豊雄/ライト・ストラクチャーのディテール』伊東豊雄建築設計事務所編著、彰国社、2001年

■08 形態のメタファー
『機能主義理論の系譜』エドワード・R・デ・ザーコ、山本学治・稲葉武司訳、鹿島出版会、2011年
『第一機械時代の理論とデザイン』レイナー・バンハム、石原達二・増成隆士訳、鹿島出版会、1976年
『空間〈機能から様相へ〉』原広司、岩波書店、1987年
『錯乱のニューヨーク』レム コールハース、鈴木圭介訳、筑摩書房、1999年

■09 言語と記号
『パタン・ランゲージ　環境設計の手引』クリストファー・アレグザンダー、平田翰那訳、鹿島出版会、1984年
『言葉と建築』エイドリアン・フォーティー、坂牛卓・辺見浩久訳、鹿島出版会、2005年

■10 世界を埋め込む
Le Corbusier Oeuvre complète 1957-1965, W. Boesiger, Les Editions d'Architecture, 1995
『a+u臨時増刊：OMA@work.a+u』2000年

■13 透明性
『新建築臨時増刊：建築20世紀PART1』1991年
『a+u臨時増刊：ジャン・ヌーヴェル1987-2006』2006年

■14 中庭
『集落の教え100』原広司、彰国社、1998年

■15 知覚の現象学
『マニエリスムと近代建築』コーリン・ロウ、伊東豊雄・松永安光訳、彰国社、1981年
『建築をめざして』ル・コルビュジェ、吉阪隆正訳、鹿島出版会、1967年

■16 光と部屋
Louis I. Kahn, Complete Work 1935-1974, H. Ronner, S. Jhaveri, Birkhauser, pp.340-347
Contemporary Concrete Structures, August E.Komendant, D.E., pp.504-508, McGraw-Hill Company
『ルイス・カーン論　建物の実存と方法』工藤国雄、彰国社、1980年、260-272頁
キンベル美術館HP：http://www.kimbellart.org/
Peter Zumthor Works Buildings and Projects 1979-1997, Helene Binet, Peter Zumthor, Birkhauser, 1998, pp.143-200
Peter Zumthor Therme Vals, Sigrid Hauser, Peter Zumthor, Helene Binet, Verlag Scheidegger and Spiess, 2007
テルメ・ヴァルスHP：http://www.therme-vals.ch/en/zumthor/

■17 空間を覆う
EL croquis 68/69+95 Alvaro Siza 1958-2000, EL croquis editorial, 2000
『アルヴァロ・シザの建築』アルヴァロ・シザ、TOTO出版、2007年

■18 開放と閉鎖
『評伝ミース・ファン・デル・ローエ』フランツ・シュルツ、澤村明訳、鹿島出版会、2006年
『SD』1986年9月号

■19 内部に環境をつくる
『バックミンスター・フラーのダイマキシオンの世界』R.バックミンスター・フラー＋ロバート・W・マークス、木島安史・梅澤忠雄訳、鹿島出版会、1978年
Norman Foster + Foster Associates, Building and Projects, volume 2 1971-1978, Watermark, 1989, pp.80-125
『a+u臨時増刊：ノーマン・フォスター1964-1987』1988年、112-127頁

■21 フレキシビリティ
『新建築』2004年11月号
『GA JAPAN』71号、2004年

■22 組み立てること
『a+u臨時増刊：リチャード・ロジャース1978-1988』1988年
『建築文化』2004年4月号
『TOTO通信』2009年夏号

■23 有機的建築
『リートフェルトの建築』奥佳弥、TOTO出版、2009年
『シュレーダーハウス 建築家リートフェルト』石原秀一、バナナブックス、2005年
『未完の建築家　フランク・ロイド・ライト』エイダ・ルイーズ・ハクスタブル、三輪直美訳、TOTO出版、2007年
『フランク・ロイド・ライトの建築遺産』岡野眞、丸善、2005年
『フランク・ロイド・ライト全作品』 William Allin Storrer、岸田省吾訳、丸善、2000年

■24 群
『評伝ミース・ファン・デル・ローエ』フランツ・シュルツ、澤村明訳、鹿島出版会、2006年
『現代の建築家 槇文彦1987-1992』SD編集部編、鹿島出版会、1979年

■25 フォームとシェープ
Louis I. Kahn, Complete Work 1935-1974, H. Ronner, S. Jhaveri, Birkhauser, pp.130-145
『ルイス・カーン論　建物の実存と方法』工藤国雄、彰国社、1980年、304-315頁
S, M, L, XL, O. M. A., Rem Koolhaas and Bruce Mau, Monacelli Press, 1995
『a+u臨時増刊：OMA@work.a+u』2000年、250-253頁

おわりに

　本書は、「一味違った建築計画（建築空間論？）の教科書をつくりませんか」という彰国社編集部の中神和彦さんの有難いお声掛けで、企画がスタートしました。そして、どのような本が教科書としてふさわしいか、東京大学生産技術研究所・原広司研究室のOBが集まり、研究室の片隅でいつもやっていた建築談義のノリで、議論を何度も重ねました。まるで同窓会のような自由な雰囲気の中で、楽しく議論をさせていただいたことで、建築計画の教科書という当初のイメージからは大きく逸脱し、設計のコンセプト集をつくるという作業に、いつのまにか内容が変わっていました。つまり、それは研究室でかつて行われていた建築談義そのものでした。
　気がつけば、2008年9月に最初にお声掛けいただいてから、2年半近く経過し、さすがにまとめなければと、原稿の締切りを2011年3月末に設定して作業していました。

　そこに3.11東日本大震災が起きました。作業は中断、それぞれの現場で対応に追われ、締切りが延びることになりました。本書に収録された25のコンセプトには、内容的に「災害と建築」が含まれていません。すでに、3.11が起きる前に内容が定まっていたので、仕方がない部分もありますが、事後的に、25のコンセプトに含めることができたかもしれません。しかし、それを解説できるほど時間も経っていませんし、また、著者ら自身が何もできていない状況では、災害について語る資格がありません。立地の選択という建築にとっての死活問題、そして、自然の脅威に逆らわないためにどうすればよいか。こういった本質的な問題が明確になっているにもかかわらず、それに対してのよい解答は今のところ明らかではなく、今後、皆で考えていかなければならない問題と深く認識しています。

　結局、最初に出版のお話をいただいてから、5年が経過してしまいました。著者らの都合や3.11の影響で、打合せの予定や締切りがつぎつぎに延期され、本当に完成しないのではないかという話が何度も出ました。しかも、内容的に一味どころか、まったく違うものになってしまったわけですが、そうした一切のことを許容していただき、なおかつ、5年という長期にわたってサポートしていただいた彰国社編集部の中神和彦さん、そして、実質的な仕事を引き継いで、最後まで粘り強くお付き合いいただいた、前田智成さんには、適切な言葉が見つかりません。ここで深く感謝の意を表したいと思います。ありがとうございました。

2013年7月　著者一同

クレジット

※最初の数字は、各コンセプトの番号を示す

■写真

アトリエ・ワン 17-図14
伊藤清忠 07-図2
伊東豊雄建築設計事務所 03-図3
伊藤幹 02-図16、03-図16
今井公太郎 02-図14、07-図8、08-図11、11-図3
上田宏 22-図17
大河内学 01-図1、02-図11、03-図8、04-図1・8、06-図2-6、08-図3・13、09-図7、10-図1・8、16-図1、17-図3、18-図14、19-図7、21-図15、23-図1・4・6・7、25-図1
大橋富夫 02-図8、09-図12、17-図5
川島平七郎 08-図5
川添善行 17-図9
国士舘大学南研究室 10-図10
斎藤公男 19-図1
彰国社写真部 03-図7・14、04-図9・12・13、05-図10・11、07-図3・4・11、08-図8・14、10-図11・12、13-図18・19、14-図2、17-図6・7、17-図16、19-図12、20-図2、22-図4・6・10・15、24-図3
彰国社編集部 01-図7、02-図7、05-図1・4、08-図1、09-図1・14、11-図6、13-図14、15-図4、23-図2・8（左）・15
新建築写真部 03-図1、04-図3、06-図1、09-図10、17-図11、20-図1、22-図1
鈴木亜生 15-図8
鈴木敏彦 14-図1、15-図18、16-図12
多木浩二 17-図2
中川敦玲 06-図14
畑拓（彰国社） 04-図10、06-図10・11、07-図17、08-図16、12-図1、15-図10、18-図9・10・11、20-図4、21-図2・17、22-図13、23-図16・17、25-図14
平井広行 18-図13、19-図9
三沢浩 04-図11
南泰裕 04-図15
村沢文雄 02-図10、08-図10、18-図7
諸角敬 20-図7
安井正 15-図2・12
山中新太郎 17-図21、24-図1
山本理顕設計工場 14-図11
吉原健一 14-図6
Arpingstone 13-図7
Bagsværd Kirke 15-図17
Bryn Mawr College 24-図6
Casa da Música 02-図2・4

CAt 06-図9
chris schroeer-heiermann 16-図3
Christian Richters 05-図13・15、15-図15
Christian Richters + OMA 05-図2・7
Christina Dinwoodie 11-図1
Daniel Steger 04-図14
Duccio Malagamba 17-図3
Eamesd 09-図8
Foster + Partners 17-図17、19-図3
Frans Parthesius + OMA 25-図10
GA photographers 03-図2
Giacinta Manfredi and Maria Ida Biggi 07-図9
Hans Werlemann 10-図5
Hélène Binet 08-図12
Herman van Doorn 24-図10
Iwan Baan + OMA 08-図17
Jüdisches Museum Berlin (Photo: Günter Schneider) 09-図2
Kunsthaus Bregenz 16-図7
Michael Brashier 01-図2
Nick Ehret 23-図14
Nicolas Larchet 09-図9
Nigel Young / Foster + Partners 7-図16、11-図7、16-図9
OMA 02-図5、05-図3、10-図3、25-図3・4
Paul Warchol 15-図3
Pete Sieger 21-図1
Philippe Ruault 12-図2、13-図3、15-図1、18-図1、23-図8（右）
Rachel Oleinick 13-図12
Renzo Piano Building Workshop 03-図11、19-図14
Renzo Piano Building Workshop (Photo: Gollings John) 23-図20
SANAA 03-図22、20-図3
schlaich bergermann und partner / Michael Zimmermann 17-図1
SC Johnson 07-図1
Scrumpled-shed 15-図11
SEIER + SEIER 23-図9
Stiftung Bauhaus Dessau 13-図1・2
The Mies van der Rohe Archive 24-図4
Toshio Kaneko 03-図19
Wang Yung 02-図1
Xavier Basiana i Vers 17-図20

■図版

安藤忠雄建築研究所 02-図9、20-図6
石山修武 22-図16
磯崎新アトリエ 03-図15、04-図4、07-図13、22-図7・8

内藤廣建築設計事務所 22-図9・11
原広司+アトリエ・ファイ建築研究所 10-図13・14、20-図5、21-図21
坂茂建築設計 04-図18、19-図8
法政大学富永研究室 23-図13
藤本壮介建築設計事務所 17-図15
槇総合計画事務所 24-図5・14
Architectuurstudio HH 24-図11
CAt 06-図7・8
Foster + Partners 07-図14・15、16-図11、19-図4・5
OMA 01-図4、02-図6、05-図8・9・16・17・18、10-図4・6、25-図5・9・11・12
Renzo Piano Building Workshop 19-図13
Rogers Stirk Harbour + Partners 22-図3
Studio Daniel Libeskind 09-図16
UNStudio 05-図14

■写真出典

『建築文化』1967年7月号 24-図8
『建築文化』1971年4月号 24-図12
『建築文化』1993年8月号 03-図20
『建築文化』1997年1月号 08-図9、21-図9
『a+u臨時増刊:ジャン・ヌーヴェル 1987-2006』2006年 01-図11
ALVAR AALTO Band Ⅰ 1922-1962, (Les Editions d'Architecture Artemis Zurich,1963) 01-図6
EL croquis 112/113 Jean Nouvel 1994-2002, (EL croquis editorial, 2002) 21-図20
Felix Candela: Engineer, Builder, Structural Artist, (Maria E. Moreyra Garlock, David P. Billington, Yale University Press, 2008) 03-図9
Frederick Kiesler: Architekt, Maler, Bildhauer, Schriftsteller, Buuhnenbildner, Designer, (Peter Weiermair, Allerheiligen Presse, 1975) 15-図16
Jean Nouvel: The Elements of Architecture, (Conway Lloyd Morgan, Universe, 1998) 11-図4
Landesbildstelle, Berlin 14-図12
Mies in America, (Phyllis Lambert, Harry N. Abrams, 2001) 21-図11

■図版出典

『アーキグラムの実験建築 1961-1974』(水戸芸術館現代美術センター編、ピエ・ブックス、2005年) 12-図8
『建築文化』1971年4月号 24-図13

『建築文化』1993年8月号をもとに作製 03-図21
『建築文化』1996年10月号 04-図6
『建築文化』1998年3月号 03-図17、12-図4
『建築文化』1998年5月号 09-図15
『西洋建築史図集 三訂版』(日本建築学会編、彰国社、1983年) 07-図5
『ディテール』148号をもとに作製 18-図12
『ディテール』150号をもとに作製 07-図12、13-図4・5・6・20、16-図10、19-図10・11、
『ディテール』164号をもとに作製 06-図12
『ディテール』168号をもとに作製 06-図13
『ディテール』170号をもとに作製 22-図12・14
『ディテール』184号をもとに作製 23-図18・19
『ディテール』187号 20-図8
『都市住宅』1972年4月号 24-図9
『ドナルド・ジャッド 建築』(ドナルド・ジャッド、大島哲蔵訳、ギャラリーヤマグチ、2000年) 04-図7
『西澤文隆のディテール―自然と共棲する術』(西澤文隆・金澤良春、彰国社、1987年) 14-図16
『日本建築史図集 新訂第三版』(日本建築学会編、彰国社、2011年) 14-図7
『リートフェルト・シュレーダー邸 夫人が語るユトレヒトの小住宅』(イダ・ファン・ザイル+ベルタス・ムルダー、田井幹夫訳、彰国社、2010年) 23-図3
『ルイス・カーンの空間構成 アクソメで読む20世紀の建築家たち』(原口秀昭、彰国社、1998年) 11-図5
『ルイス・カーン論 建築の実存と方法』(工藤国雄、彰国社、1980年) 25-図6・7
『ローマ建築(図説世界建築史4)』(ジョン・ブリアン・ウォードパーキンズ、桐敷真次郎訳、本の友社、1996年) 14-図5
『a+u』1975年5月号 04-図17
『a+u』1980年1月号 09-図13
『a+u臨時増刊:ルイス・カーン その全貌』1975年 21-図18、24-図7
『a+u臨時増刊:ヘルツォーク&ド・ムーロン 1978-2002』2002年 18-図15・16
『SD』1997年10月号 13-図13
Bruno Taut 1880-1938, (Kurt Junghanns, Kunst und Gesellschaft, 1970) 13-図10
Digital Gehry, (Bruce Lindsey, Birkhäuser, 2001) 12-図7
EL croquis 88/89 Worlds one, (EL croquis editorial, 1998) 16-図4
El Lissitzky: Life, Letters, Texts, (Sophie Lissitzky-Küppers, 1967) 08-図15
Jean Nouvel: The Elements of Architecture, (Conway Lloyd Morgan, Universe, 1998) 17-図10
Le Corbusier Oeuvre Complete 1910-1929, (W. Boesiger, O.

Stonorov, Les Editions d'Architecture, 1995) 07-図6、14-図8、
15-図12、25-図8
Le Corbusier Oeuvre Complete 1946-1952, (W. Boesiger, Les
Editions d'Architecture, 1995) 15-図13・14
LEONARDO DA VINCI Engineer and Architect, (The Montreal Museum
of Fine Arts, 1987) 08-図6
Louis I. Kahn: In the Realm of Architecture, (Rizzoli International
Publications, Inc., 1991) 09-図11
Mies van der Rohe, (Museum of Modrn Art, 1947) 13-図9
Renzo Piano Building Workshop: Complete Works Volume 1, (Peter
Buchanan, Phaidon Press, 1999) 12-図3・5・6、21-図16
Richard Rogers: Complete Works Volume 1, (Kenneth Powell,
Phaidon Press, 1998) 12-図9、22-図2
The Language of Post-Modern Architecture, (Charles Jencks,
Rizzoli, 1991) 04-図16、07-図10、08-図7、12-図10
UTZON AND THE NEW TRADITION, (The Danish Architectural Press,
2004) 14-図9
http://www.google.com/patents/US2682235 19-図2

■カバー、表紙、章扉

コラージュ：溝端貢
写真：大河内学、彰国社編集部、Casa da Música、
Christian Richters + OMA、Foster + Partners、Philippe Ruault、
SC Johnson、Wang Yung

■文章

「マスターピース50作品解説」の執筆は、各コンセプトに収録されたマスターピースについて、そのコンセプトの執筆を担当した著者が行った。また、「はじめに」「おわりに」「章扉導入文」の執筆は、著者を代表して今井公太郎が行った。

■編集協力

国士舘大学南研究室
市橋健一
菊地翔悟
木下雅樹
黒岩克人
進藤遼太郎
鈴木光多郎
千明弘典
遠矢善徳
直嶋裕之
西川良輔

日本大学山中研究室
朝倉亮
亀井一帆
酒井誠
寺岡良祐
永嶋竜一
檜垣幸志
松本晃一
三平奏子
矢嶋宏紀
山達郎

明治大学大河内研究室
新谷真由
石川北斗
笈川竜
大谷拓樹
菊池孝平
木村宜子
齋藤和也
佐々木翔
鈴木将平
若田優樹

著者略歴

今井公太郎（いまい こうたろう）
1967年、兵庫県生まれ。1990年、京都大学工学部建築学科卒業。1992年、東京大学大学院建築学専攻修士課程修了。1994年、同博士課程中退。1994-2007年、東京大学生産技術研究所助手、東京大学キャンパス計画室兼務。2001年、Cubicstation設立。現在、東京大学生産技術研究所教授。博士（工学）
主な作品＝Double Square（2003）、カサオカ・ラウンジ（2004）、東京大学生産技術研究所アニヴァーサリーホール（2013）、東京大学生産技術研究所千葉実験所研究実験棟I（2017）、PENTA-HARD（2021）ほか
主な著書＝『20世紀建築研究』（共編著、INAX出版）、「挑発するマテリアリティ 素材の進化とデザインの可能性」（『SD』1999年5月号、鹿島出版会）、『14歳からのケンチク学』（共編著、彰国社）ほか

大河内学（おおこうち まなぶ）
1967年、東京都生まれ。1992年、東京都立大学工学部建築学科卒業。1994年、東京大学大学院建築学専攻修士課程修了。1997年、同博士課程単位取得退学。1997-98年、原広司＋アトリエ・ファイ建築研究所。1998-2002年、東京大学生産技術研究所助手。1999年、インタースペース・アーキテクツ設立。2002-05年、明治大学理工学部建築学科専任講師。2006-2015年、同准教授。現在、同教授 博士（工学）
主な作品＝CELLS HOUSE（2004）、学園の大通りの家（2007）、DOUBLE CUBE（2007）、西原の階段長屋（2021）ほか
主な著書＝『建築設計テキスト 住宅』（共編著、彰国社）、『ルイス・バラガン 空間の読解』（共編著、彰国社）

南泰裕（みなみ やすひろ）
1967年、兵庫県生まれ。1991年、京都大学工学部建築学科卒業。1993年、東京大学大学院建築学専攻修士課程修了。1997年、同博士課程単位取得退学。同年、アトリエ・アンプレックス設立。現在、国士舘大学理工学部教授
主な作品＝PARK HOUSE（2002）、南洋堂ルーフラウンジ（2006）、アトリエ・カンテレ（2012）ほか
主な著書＝『住居はいかに可能か』（東京大学出版会）、『トラヴァース』（鹿島出版会）、『ブリコラージュの伝言』（アートン新社）、『建築の還元』（青土社）ほか

山中新太郎（やまなか しんたろう）
1968年、神奈川県生まれ。1992年、日本大学理工学部建築学科卒業。1994年、東京大学大学院工学系研究科修士課程修了。2000年、山中新太郎建築設計事務所設立。2001年、東京大学大学院工学系研究科博士課程修了。2007-12年、日本大学理工学部建築学科助教。2013-19年、同准教授。現在、同教授。博士（工学）
主な作品＝シリンダーハウス（1995）、日本大学理工学部船橋キャンパス新サークル棟（2010）、旧澤村邸改修（2012）ほか
主な著書＝『20世紀建築研究』（共編著、INAX出版）、『「まちづくり」のアイデアボックス』（共著、彰国社）、『建築デザインの基礎 製図法から生活デザインまで』（共著、彰国社）ほか

Profile 197

建築のデザイン・コンセプト

2013年 9月10日　第1版　発　行
2024年 4月10日　第1版　第6刷

著　者	今井公太郎・大河内　学	
	南　　泰裕・山中新太郎	
発行者	下　　出　　雅　　徳	
発行所	株式会社彰国社	

著作権者との協定により検印省略

162-0067　東京都新宿区富久町8-21
電話　03-3359-3231（大代表）
振替口座　00160-2-173401

自然科学書協会会員
工学書協会会員

Printed in Japan

Ⓒ 今井公太郎・大河内学・南泰裕・山中新太郎　2013年　　印刷：壮光舎印刷　製本：ブロケード

ISBN 978-4-395-02312-7 C3052　https://www.shokokusha.co.jp

本書の内容の一部あるいは全部を、無断で複写（コピー）、複製、および磁気または光記録媒体等への入力を禁止します。許諾については小社あてご照会ください。